U0453841

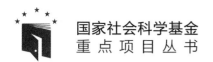
国家社会科学基金
重 点 项 目 丛 书

论刑法修正的基础

高永明　著

知识产权出版社
全 国 百 佳 图 书 出 版 单 位
—北 京—

图书在版编目（CIP）数据

论刑法修正的基础/高永明著. —北京：知识产权出版社，2021.10
ISBN 978 - 7 - 5130 - 7712 - 5

Ⅰ. ①论… Ⅱ. ①高… Ⅲ. ①刑法—法的制定—研究—中国
Ⅳ. ①D924.04

中国版本图书馆 CIP 数据核字（2021）第 182605 号

责任编辑：薛迎春   责任校对：王　岩
封面设计：智兴设计室·任珊   责任印制：刘译文

论刑法修正的基础

高永明　著

出版发行：**知识产权出版社** 有限责任公司   网　　址：http：//www.ipph.cn
社　　址：北京市海淀区气象路 50 号院   邮　　编：100081
责编电话：010 - 8200860 转 8724   责编邮箱：471451342@ qq.com
发行电话：010 - 82000860 转 8101/8102   发行传真：010 - 82000893/82005070/82000270
印　　刷：三河市国英印务有限公司   经　　销：各大网上书店、新华书店及相关专业书店
开　　本：710mm × 1000mm　1/16   印　　张：16.25
版　　次：2021 年 10 月第 1 版   印　　次：2021 年 10 月第 1 次印刷
字　　数：270 千字   定　　价：69.00 元
ISBN 978 - 7 - 5130 - 7712 - 5

出版权专有　侵权必究
如有印装质量问题，本社负责调换。

国家社会科学基金重大项目"我国刑法修正的理论模型与制度实践研究"（16ZDA061）阶段性成果

目　录

绪　论

　　1979 年《刑法》之后，我国以若干单行刑法对其进行修正。国内对刑法修正的研究始于 1983 年，采用阶级分析的方法，认为为了维护资产阶级的统治，适应新形势的需要，资本主义国家随时都可能修改那些不利于其阶级统治的刑法；同时对日本、英美、俄罗斯等国的刑法修改进行述评性研究，此后开始关注刑法修改的指导思想等一般性问题。1997 年《刑法》的出台，对刑法修改一般问题的研究暂时出现断层。基于 1999 年第一个刑法修正案的出台，2002 年出现了对修正案立法权的研究，认为全国人大常委会无权以修正案的方式修改刑法。直到 2010 年，对刑法修正一般问题的研究还是零散的，研究重点仍然集中于对修正案修正的具体罪名、具体制度的研究。研究内容主要包括刑法修正案制定主体、方式、刑法修正模式以及刑法修正后的适用问题。到 2011 年，形式上研究成果剧增，但从内容上看，其绝大多数仍然是对修正的具体罪名和制度的研究，而关于刑法修正的一般理论并未受到特别的关注。此时出现了对刑法修正案作为唯一修正方式的质疑，认为刑法修正案不应当成为刑法修改的唯一途径，特别是对行政犯来说，更应该采取附属刑法的立法与修改形式，应当制定单行刑法，死守刑法修正案作为唯一刑法修改模式的理由已经不再充分。2012—2015 年，刑法修正的研究成果大幅下降，其中 2014 年仅有 59 篇。但此段时间，研究进一步拓展，对刑法修正与社会舆论、人文精神、刑法修正案的合理性与合宪性进行研究。2016 年，关于刑法修正研究迎来了目前为止成果最为丰硕的一年，该年度论文共 277 篇；而 2017 年的研究文献数量又大幅下降。但这两个年度的研究出现了一个明显的特点：研究刑法修正的文章首次出现在《中国法学》《法学研究》等重量级期刊，并且文章数量较多，其他诸如《法学评论》《法制与社会发展》《比较法研究》《清华法学》等也首次刊载了这类文章。在研究内容上增加了刑法修正的维度、策略，刑法修正的立法观、国际视野等问题。具体还包括刑法修正案合法性研究、刑法修正立法观研究、刑法修正后条文适用研究、刑法修正指导思想研究以及刑法修正模式研究。研究指出我国刑法修改体现出鲜明的时代特征和注重立法创新的主要特点，其立法经验主要是坚持正确的立法方向、坚持从国情出发、以问题为导向。基于严而不厉理念和结构控制方法，刑法修正应体现"结构还原""比例控制""罪刑有序"三个原则。晚近20年我国刑法立法修正表现出三种明显的态势，即处罚范围的不断扩张、处罚上的日趋从严与立法条款的概括化发展，因而刑法立法应确立功能主义的刑法立法观。刑法修法频率总体上应当进行一定的限制与调控，不宜继续进行大规模的修改；刑法调整范围的过度扩张倾向值得反思。应适时启动对刑法的全面修订，并且超越刑法典单轨立法模式，构建刑法典与行政刑法的双轨立法模式。我国刑法修法总体上坚持了刑法修正案模式，刑法立法的民主性得到提升，刑法立法日趋科学。未来我国刑法发展应当坚持理性的立法观，合理回应重大社会关切。在立法模式上，我国刑法立法应当继续坚持统一的刑法典模式，适当限制全国人大常委会的修法职权。从一个较长历史时期看，国外刑法修正也具有其自身的典型特征。

德国刑法承继日耳曼相关成文的刑事法律，并于1751年出现了其历史上第一部刑法典《巴伐利亚刑法典》，这部法典成为1871年统一的《德国刑法典》的基础。二战之前刑法典的修正主要采用"法令"的形式。二战之后德国刑法历经大幅修改，制定了大量的单行刑法、刑法修改法、刑法改革法修改刑法典。这种修正的方式导致刑法规范日趋繁多。"两德"统一后刑法修改采用的方式仍然是单行刑法、刑法修改法、刑法改革法。德国刑法修正方式多样，刑法修正案在刑法修正中极其式微。刑法修改法、刑法改革法和单行刑法是其刑法修改的主要方式。刑法修正都是由联邦议会投票通过，且修正频繁。在内容上，社会现实、观念的变化以及民意对刑法修正影响甚巨。日本现代刑法以《法国刑法典》为蓝本，制定了1880年《日本刑法典》，即"旧刑法"。由于该法典背后法国式的个人主义和自由主义，而且一些内容与日本的国民性和生活习惯不符，在很短的时间内，为补充旧刑法的不足，日本通过了一些单行刑法。此后经过五次刑法修正案，形成 1907 年《日本刑法典》，即"新刑法典"。该法典施行后，原来的一些单行刑法继续有效。二战之后，日本通过直接在法典上增删或修改条文的形式对新刑法予以修改，还通过了附属刑法、经济刑法以及刑事特别法等单行刑法以适应日本政治经济发展的需要。1960 年日本准备全面修改刑法典，但一直到今天仍未成功。刑法修正案在日本是刑法修正的主要方式，同时其还保有大量的单行刑法、附属刑法等，但对刑法典全面修正慎之又慎。英国刑法最初是盎格鲁－撒克逊时期各王国的成文法典，是分散的，并具有浓厚的习惯法色彩。英国被诺曼人征服后，普通法与衡平法发展起来，刑法形成了制定法、普通法和衡平法三大主要模式。1215年，《大宪章》产生，其中有 63 个条款与刑法相关。资产阶级革命后，商业与贸易等新经济的大发展，客观上要求刑法进行调整，出现了大量的单行性制定法，二战以来，制定法更是不断增加。关于美国殖民地时期的刑法样态主要是英国普通法还是自身独立的法律体系，存在较大争议；独立之后，美国刑法在总体趋向于现代化的同时，存在混乱与多样性。19 世纪末期，美国划分了联邦与州的刑法立法权，开始出现大量制定的单行刑法，这种情况一直持续到今天。在其附属刑法中也含有大量的刑法规范。由于宪法修正案中含有许多刑法规范，导致美国刑法的修改事实上以修正案的方式出现。二战之后，美国刑法出现了明显的法典化趋势，《模范刑法典》被许多州采用。可以发现，通过单行刑法立法的方式对之前的内容自然修正，不采用专门的修正法案修正，大量的单行刑法和附属刑法构成刑法的主要内容，出现了典型的法典化运动。

　　从我国的研究现状看，对刑法修正基本理论日益重视，研究成果日趋增多。对国外刑法修正具体制度和罪名的研究远远多于对其一般理论的研究。但国外对修正一般理论的研究关注甚少，而是在立法学中将其作为一种立法技术。但是，刑法修正的逻辑起点、技术以及修正进路等这些刑法修正的理论基础并没有得到关注，这是刑法修正合理性与合法性的源头。在刑法修正时间"随意"的表面下，存在修正前提、理念和技术上的固有规律。刑法修正的机制在于：在合法性修正的前提下，兼具内容理念和技术形式要素，内容要素通过形式要素予以表达，达到修正的科学化。其中，修正前提构成了修正合法性的起点，构成刑法修正"问题之真"；修正理念是刑法修正的实质，促使刑事良法善治的产生，构成刑法修正"内容之善"；修正技术构成刑法修正运作的基本公式和外表，构成了刑法修正的"形式之美"。我国刑法主要采用修正案的方式，从世界各国刑法修正比较来看，这种情况是少有的。从修正现实看，存在较多值得反思的问题，刑法修正的背后应有基础性理论支撑。本书意在构建刑法修正的理论基础模型，丰富刑法修正的基础理论，提供刑法学知识新的理论增长点。可能为刑法修正的运作提供具体的动态指引，规范我国刑法修正的立法实践，调和不同修正方式之间的冲突，真正提高立法质量。在提升刑法立法质量的基础上，能够进一步确立刑法权威，增强民众对刑法的信仰，推动我国刑事法治建设。

第一章

刑法修正的基本动向

第一节　刑法的修正历史

中华人民共和国第一部《刑法》诞生于 1979 年 7 月 1 日，并自 1980 年 1 月 1 日起实施，这标志着我国终于走上了刑事法制化的轨道。1997 年刑法的修订，使得我国刑法更加科学完善，我国刑法真正进入市场经济时代的权利刑法阶段。

一、我国刑法修正的历史

（一）对 1979 年《刑法》的修正

客观地说，1979 年《刑法》是一部保护人民、惩罚犯罪、维护社会秩序、保障改革开放和现代化建设的好法。[1] 但基于当时的社会背景、"宜粗不宜细"的立法指导思想以及立法技术的限制，该刑法的政治刑法色彩浓厚。尤其是对刑法所谓"阶级本质"的认识，使刑法对经济关系的调整缺乏前瞻性。在同一年开始的改革开放很快使得刑法无法适应社会巨变的现实。

从形式上而言，对 1979 年《刑法》的修正主要采用单行条例、补充规定和决定的形式进行。根据统计，有 1 个条例：《中华人民共和国惩治

---

[1]　高铭暄：《中华人民共和国刑法的孕育诞生和发展完善》，北京大学出版社 2012 年版，第 3 页。

军人违反职责罪暂行条例》；14 个决定：《关于严惩严重破坏经济的罪犯的决定》《关于严惩严重危害社会治安的犯罪分子的决定》《关于惩治侮辱中华人民共和国国旗国徽罪的决定》《关于惩治劫持航空器犯罪分子的决定》《关于惩治生产、销售伪劣商品犯罪的决定》《关于惩治侵犯著作权的犯罪的决定》《关于惩治违反公司法的犯罪的决定》《关于处理逃跑或者重新犯罪的劳改犯和劳教人员的决定》《关于禁毒的决定》《关于惩治走私、制作、贩卖、传播淫秽物品的犯罪分子的决定》《关于严惩拐卖、绑架妇女、儿童的犯罪分子的决定》《关于严禁卖淫嫖娼的决定》《关于惩治破坏金融秩序犯罪的决定》《关于惩治虚开伪造和非法出售增值税专用发票犯罪的决定》。有《关于惩治走私罪的补充规定》《关于惩治贪污罪贿赂罪的补充规定》《关于惩治泄露国家秘密犯罪的补充规定》《关于惩治捕杀国家重点保护的珍贵、濒危野生动物犯罪的补充规定》《关于惩治盗掘古文化遗址古墓葬犯罪的补充规定》《关于惩治假冒注册商标犯罪的补充规定》《关于惩治偷税、抗税犯罪的补充规定》《关于严惩组织、运送他人偷越国（边）境犯罪的补充规定》等 8 个补充规定。[1] 当时的刑法修正主要采用上述决定和补充规定的形式，这两种形式实际上为单行刑法。1979 年《刑法》制定时，许多犯罪并不存在，因此此后不得不采用单行刑法的形式重新规定，或者已经规定的犯罪出现了新的情况，又采用补充规定的形式进行修正。因此，有些犯罪在 1979 年《刑法》中无法找到可以依附的条文，无法采用修正案的方式进行修正，只能另起炉灶采用单行刑法的方式重新立法。以单行刑法或者附属刑法的形式对刑法予以修正，实际上是新的立法。

从内容上来看，修正乃基于社会现实的变化对社会新情况、新问题作出的反应，如对单位犯罪的增加、对新罪名的增加、罚金刑的设立等。总的来看，以经济犯罪方面的修正为主。对外部刑法理论的接纳，对经济犯罪的研究以及对刑法学认识的深入使 1979 年《刑法》浓厚的政治色彩在这种修正中逐渐减退，也逐步奠定了犯罪去政治性、去阶级性的观念。

（二）对 1997 年《刑法》的修正

如果从 1979 年《刑法》以及此后的单行刑法规定的内容来看，刑法

---

[1] 理论上对我国具体存在多少个单行刑法存在争议。

规范基本上涵盖了应予规制的各个方面。但也正是由于存在众多的单行刑法，刑法规范严重分散，且难免有重合、矛盾之处，这在相当程度上影响了刑法的稳定性、统一性和权威性。同时，基于我国刑法立法的法典化传统以及世界主要国家刑法的法典化影响，整合 1979 年《刑法》、众多单行刑法，追求一部统一的刑法典成为目标。1997 年《刑法》成为新中国历史上最完备、最系统、最具有时代气息的刑法典。它基本实现了中国刑法的统一性和完备性，加强了刑法保护社会和保障人权的功能。[1] 但在社会急剧变化的现实下，以原 1979 年《刑法》及单行刑法、附属刑法为基础的 1997 年《刑法》很快体现出滞后性。尤其是随着国家对人权、财产等物权保护的强化，原有的刑法立法指导思想也不再契合立法要求，对 1997 年《刑法》的修正逐渐体现出必要性。

对 1997 年《刑法》的修正主要有以下三种形式，一是刑法修正案，目前共有 11 个［《中华人民共和国刑法修正案（一）》至《中华人民共和国刑法修正案（十一）》］。二是单行刑法，共有 5 个：《关于惩治骗购外汇、逃汇和非法买卖外汇犯罪的决定》《关于取缔邪教组织、防范和惩治邪教活动的决定》《关于维护互联网安全的决定》《关于特赦部分服刑罪犯的决定》《关于修改部分法律的决定》。三是立法解释，目前共有 13 个，主要是对 1997 年《刑法》第 93 条第 2 款"其他依照法律从事公务的人员"的解释，对第 228 条、342 条"违反土地管理法规"的解释，对第 410 条"非法批准征收、征用、占用土地"的解释，对 294 条第 1 款黑社会性质组织的特征的解释，对第 384 条第 1 款挪用公款归个人使用的解释，对第 313 条人民法院的判决、裁定的解释，对第九章渎职罪主体适用问题的解释，对有关信用卡规定的解释，对有关文物的规定适用于具有科学价值的古脊椎动物化石、古人类化石的解释，对有关出口退税、抵扣税款的其他发票规定的解释，对第 30 条单位犯罪的解释，对第 158 条、第 159 条适用范围的解释，对第 266 条诈骗公私财物的行为的解释，对第 341 条第 2 款、第 312 条第 1 款明知是犯罪所得而予以购买的行为的解释。从对刑法规范修正的比例来看，修正案占据修正方式的绝对多数，目前关于刑法

---

［1］ 王渊：《从 1997 年刑法颁行 20 周年看修法变化与未来发展》，《检察日报》，2017 年第 19 期。

修正的方式主要是刑法修正案。1997 年之后，刑法修正的指导理念已经发生较大变化，政治刑法色彩已经被权利刑法取代，并向民生刑法转向。犯罪圈不断扩大、惩罚与打击不再是刑法的唯一任务，带有人性关怀的内容使刑法具有温情的一面。立法技术更加成熟，罪名体系、法定刑设置也更为合理。但修正仍然存在修正频率过高、缺少总体规划以及总则分则不够协调等问题。[1] 这些将在下文详述。

二、国外刑法修正现状

（一）大陆法系国家刑法修正现状

1. 德　国[2]

在刑法修正的形式上，德国刑法承继日耳曼相关成文的刑事法律，并于 1751 年出现了其历史上第一部刑法典《巴伐利亚刑法典》，这部法典成为 1871 年统一的《德国刑法典》的基础。二战之前《德国刑法典》的修正主要采用"法令"的形式，纳粹时期尤为如此。二战之后德国刑法历经大幅修改，其形式有 1946 年的"四国管委会法令"、1949 年的基本法、1953 年的刑法修正案，此后德国制定了大量的单行刑法、刑法修改法、刑法改革法修改刑法典。这种修正方式导致刑法规范日趋繁多，因此 1975 年刑法典的问世水到渠成。"两德"统一后，刑法必然要修改。采用的方式仍然是单行刑法、刑法改革法、刑法修改法，1998 年时联邦宪法法院采用判例的形式否定了刑罚执行法的条款效力。根据统计，刑法改革法共有 29 部，刑法修改法共有 6 部。

在刑法修正的内容上，德国刑法的修正大体上分三个阶段，第一阶段是对刑法总则的修改，这主要是 1969 年之前的修改。第二阶段主要是对刑法分则的修改，主要是 1970 年后的修改。如，1971 年通过两部刑法修改法，增加了危害航空安全罪、绑架罪与扣留人质罪；1974 年通过刑法改革法，对堕胎罪进行了修正；1976 年通过刑法修改法扩大了恐怖主义犯罪的范围；1976

---

[1] 林乐鸣：《我国刑法修订模式的反思与展望》，《中国社会科学报》，2020 年 9 月 9 日。

[2] 本书所述德国刑法修正，在二战之后东德、西德形成到 1990 年两德统一之间，"德国"特指西德。——笔者注

年其在第一部反经济犯罪法中增加了援助金诈骗罪与信用诈骗罪；1980 年在刑法修改法中统一了保护水源和大气、禁止有害的噪声和放射性辐射的规定；1986 年在第二部反经济犯罪法中规定了滥用欧洲支票、投资诈骗以及与计算机相关的犯罪。进入 20 世纪 90 年代，德国刑法修正进入活性时期，修正加快。1990 年第 25 部刑法修改法扩大了侵犯言论秘密的范围，1992 年第 26 部刑法修改法对拐卖人口罪予以加重处罚，1992 年通过有组织犯罪法，1993 年通过反洗钱法，同年第 27 部刑法修改法增加了对下属的性虐待的处罚，扩大了儿童性虐待的适用范围，1994 年通过犯罪防治法，1995 年废除了堕胎犯罪，1998 年通过改善与有组织犯罪作斗争法，扩大了洗钱犯罪的范围并加重了对其的处罚力度。第三阶段的修正突出对量刑以及保护范围的调整，主要是第 6 部刑法改革法对量刑范围、对个别犯罪的加重构成、对特别危险领域的刑法保护、对有期自由刑余刑的缓刑交付考验、对特定犯罪人扩大适用保安处分、引进不定期的行为监督等作出修改或者增加。

1998 年德国立法机关公布新的刑法典，也是目前适用的版本。此后，德国针对新形势下的恐怖主义犯罪等进行新的立法。2002 年德国立法机关公布了《制裁与量刑法》。2004 年公布了定罪后的《人身剥夺令法》。2005 年针对恐怖主义袭击，联邦德国颁布《航空安全法》规定了劫持客机、破坏航空器与通过恐怖袭击的方式危害航空安全所需要承担的刑事责任（虽然该罪名的相关规定，即《航空安全法》第 14 条第 3 款被联邦宪法法院于 2006 年 2 月的判决认定违宪并宣布其无效，然而在 2012 年，联邦宪法法院重新裁定，如果该犯罪行为会导致灾难性后果，那么作为迫不得已而使用的手段，联邦国防军可以用军用武器阻止恐怖袭击）。德国刑法修正受刑事政策影响较大，如对严重危害国家安全的暴力犯罪以及恐怖主义犯罪采取严厉打击重惩罚的立法方式。对严重危害国家的暴力犯罪行为，其在犯罪预备阶段就可以由国家司法机关追诉，将预备行为正犯化，对该类犯罪的刑法介入予以提前。

德国刑法修正的主要特征在于：第一，刑法修正方式多样，刑法修正案在刑法修正中并非主流。刑法修改法、刑法改革法和单行刑法是德国刑法修改的主要方式。因此在德国不关注刑法修正案的一般理论研究。第二，在形式上，刑法修正都是经过联邦议会投票通过，且修正频繁。第三，在内容上，刑事政策、社会现实、观念的变化以及民意对刑法修正的影响甚巨。

2. 日　本

从日本刑法修正的形式以及历程来看，最早的日本刑法主要是以唐律为参照，如 1868 年《暂行刑律》、1873 年《改定刑律》。此后起草刑法草案，则以《法国刑法典》为蓝本，制定 1880 年《日本刑法典》，即"旧刑法"。基于上文所述原因，某些内容与日本现实和生活习惯不符，此后很短时间内，为补充旧刑法的不足，日本通过了一些单行刑法。后经过五次刑法修正案，形成 1907 年《日本刑法典》，即"新刑法"。该法典施行后，原来的一些单行刑法继续有效。二战之后，日本通过直接在法典上增删或修改条文的形式对新刑法予以修改。此后的修改都是以"ⅠⅠ年法律第ⅠⅠ号"的形式进行。1926 年，日本完成《刑法改正纲领》，1927 年予以公布，1940 年发表《刑法总则与各则（未定稿）》，此后由于对外侵略战争，刑法修正工作中断。1956 年日本法务省重启刑法全面改正工作，成立了"刑法改正准备会"。1960 年日本准备全面修改刑法典，制定了《改正刑法准备草案》，至 1976 年，草案最终没能通过，全面修改刑法不了了之，一直到今天。此外，日本还通过了附属刑法、经济刑法以及刑事特别法等单行刑法适应日本政治经济发展的需要。

日本刑法的修正内容和修正过程体现出典型的现代化特征。1941 年废除被认为违反宪法规定的男女平等原则的通奸罪、大逆罪、对皇室的不敬犯罪等。1947 年废除援助外患罪等战争期间针对盟国的规定。1953 年增加了关于保护观察制度的规定。1954 年增加了日本航空器内的管辖和保护观察的暂时解除规定。1958 年增设证人胁迫罪、凶器准备集合罪、斡旋受贿罪，将轮奸行为非亲告罪化。1960 年增设不动产侵夺罪与边境界标毁损罪。1964 年增设以勒索赎金为目的的绑架罪。1968 年将业务上过失致死罪、重过失致死罪的法定刑从 3 年以下的禁锢提高至 5 年以下的惩役、禁锢。1980 年提高了单纯受贿、事前受贿、第三者行贿、事后受贿、斡旋受贿等犯罪的法定刑。1987 年基于计算机犯罪的新情况，增设与计算机相关的犯罪以及关于公、私文书的犯罪。1991 年罚金刑数额全面提高。1992 年刑法典用语全面现代化，废除尊亲属杀人罪、伤害致死罪等违反宪法中平等原则的规定。2001 年增设关于支付卡电磁记录的犯罪、危险驾驶致死伤罪。2004 年将有期惩役、禁锢的上限提高至 20 年，在加重的场合或者从死刑或者无期刑减轻的场合，上限提高至 30 年，新增了集团强奸罪，加重了对危险驾驶致死伤罪的处罚，并且改正公诉时效期间。2005 年，将假出狱改为假释。同年将逮捕监禁罪、拐骗未成年人罪的刑罚上限从 5 年提高至 7 年，修改了人身买卖罪，在收受被拐骗者的行为中增加了运送、送交行为。2006 年在盗窃罪、妨碍公务执行罪、职务强要罪中增加了罚金刑，提高了业务上致死伤罪、重过失致死伤罪的罚金刑的数额。2010 年日本又通过刑法与刑事诉讼法部分修正案，对行刑时效与追诉时效进行了修改。

日本刑法修正采用大量的单行刑法和附属刑法的方式。比较典型的如 1948 年的《轻犯罪法》与 1970 年的《公害犯罪处罚法》。在经济犯罪领域，垄断行为被重点规制，共计 20 余部反垄断法律颁行。对私人垄断、不当交易限制和经营者团体的竞争限制行为，处 3 年以下的徒刑或 500 万日元以下的罚金；对国际卡特尔，限制经营者团体的人数、限制组成经营者团体的机能和活动的行为，处 2 年以下的徒刑或 300 万日元以下的罚金；对违反禁止控股公司、限制公司持有股份和干部兼任的，处 1 年以下的徒刑或 200 万日元以下的罚金。

日本刑法修正的主要特点表现在：第一，在刑法修正方式上，以刑法修正案为主，同时有大量的单行刑法、附属刑法等，但对刑法典的全面修正慎之又慎。第二，在内容上，日本刑法修正因应政治与经济发展，同时进行了大量的微罪立法以及国际条约的国内化。第三，日本刑法修正过程中，注重修正草案的起草，吸纳众多理论及实务界专业人士参与。第四，大量的保护不平等的条款被废除，体现出日本刑法修正的现代化、民主化特征。第五，在修正内容上，与德国一样，日本刑法对恐怖主义犯罪、环境犯罪、国际犯罪、计算机犯罪的修正，典型地体现出其社会背景的影响，刑法带有"积极刑罚主义"的浓重色彩。

3. 法　国

现行《法国刑法典》颁布于 1994 年 3 月 1 日，取代了之前 1810 年的旧《刑法典》。但新法仍保持较强的继承性。[1] 其修改的主要内容在于：

---

[1]　何鹏、张凌：《法国新刑法总则的若干特色》，《法制与社会发展》，1995 年第 3 期。

将危害人身安全罪放在《刑法典》分则的第一章，提出对公民个人权益的保护，修改了某些专门术语，并对诈骗罪、恐怖活动罪等个罪进行补充或修改，加大重罪与轻罪之间的差别，轻罪的量刑幅度变得"狭窄"了。在刑罚方面，从"严格的法定观念"到"刑罚多样化"，并承认"刑罚个别化原则"，对某些重罪确定了"不可缩减的刑罚"，排除了提前释放的可能性。在新刑法的修改中，最明显的特征是一贯的谨慎，其体现出新法典"演变中的连续性"特征。[1]在对新罪的规制上，法国在20世纪90年代之前通过了大量的单行刑法对劫持航空器犯罪、恐怖活动犯罪、歧视犯罪以及环境犯罪等进行规定，并通过修正《刑法典》新增了侵犯私生活罪、侵犯数据资料自动处理系统犯罪、假冒影像作品犯罪、侵犯人种的优生主义犯罪、胚胎实验犯罪、非法提取器官或组织犯罪以及遗传基因犯罪等。[2]同时，法国对堕胎、卖淫等行为予以非犯罪化，保安处分和刑罚的社会化适用，使得刑罚出现了明显的轻刑化特征。最近20余年来，法国分别通过了《加强国内安全和反恐法》《反公路暴力法》等着眼于确保公民安全权利的单行刑法。

4. 意大利

意大利现行《刑法典》于1931年7月1日起生效，一直沿用至今。但随着犯罪形势的变化，意大利在20世纪70年代后以法令的形式颁布了一些"紧急法"，加强对恐怖主义犯罪和有组织犯罪的打击。意大利修改刑法有两个基本态度，一是使刑法条文适合国民共通的法律意识；二是制定出沿着国家实现民主秩序发展方向的条款。[3]意大利的特别刑事立法在补充刑法典的功能上发挥着重大的作用，这些形式包括以法令、法律的形式修改刑法典，也包括一些附属刑法，如在《航海法典》《银行票据法》《破产法》中都规定了一些刑事条款。由于大量的单行刑法和附属刑法规范的存在使得《刑法典》出现了日益弱化的趋势，一些意大利学者甚至认为，《刑法典》分则已经逐渐退变为次要的和辅助的刑事罪状渊源。

---

〔1〕《法国新刑法典》，罗结珍译，中国法制出版社2003年版，序言第5页。
〔2〕 王宏玉主编：《刑事政策学》，中国人民公安大学出版社2011年版，第298—299页。
〔3〕 何鹏：《评意大利刑法的修改》，《政法论坛》，1987年第6期。

（二）英美法系国家刑法修正现状

1. 美　国

美国殖民地时期的刑法样态主要是英国普通法，是否存在独立的法律体系，存在较大争议。独立之后，美国刑法总体趋向于现代化的同时，混乱与多样性并存。19世纪末期，美国划分了联邦与州的刑事立法权，开始大量制定单行刑法，这种情况一直持续到今天。在其附属刑法中也含有大量的刑法规范。同时其宪法修正案的修改含有许多刑法原则和规范，事实上导致刑法的修改以修正案的方式出现。二战之后，美国刑法出现了明显的法典化趋势，《模范刑法典》被许多州采用即是明证。

作为判例法国家，美国的刑法有自身的特性。美国1987年以前的刑法是从英国习惯法的母体中发展而来的判例法和随时制定的成文法的混合物，不是一部完整的刑法典。所谓的《联邦刑法典》，是《美国法典》（共分五十编）中的第十八编（全称《犯罪和刑事诉讼法》），这部"法典"实际上是美国历年颁布的单行刑事立法的汇总，但其在州并没有强制施行效力。1962年美国律师协会制定了《模范刑法典草案》，并于1975年通过，但它也并不是美国有效力的正式刑法典。总的来看，美国刑法实际上由三部分构成：一是数量众多的单行刑法性质的规定，如1998年美国国家安全局（NSA）制定了《信息保障技术框架》（IATF），提出深度防御策略以预防计算机犯罪，[1] 2001年10月26日通过了《爱国者法案》，这是一部使用适当之手段来阻止或避免恐怖主义以团结并强化美国的法律。另外还有《诈骗影响和腐败组织法》《洗钱控制法》等单行刑法实现犯罪化，同时将赌博、卖淫、流浪、乞讨、吸食毒品等行为予以非犯罪化。二是判例，由于遵循先例原则的限制，前判决成为后判决事实上必须参照的类似于成文法的规定。三是有些州的刑法典，但并不是各个州都有自己的刑法典。

2. 英　国

从英国刑法发展修正的总体来看，刑法最初是盎格鲁-撒克逊时期各

---

〔1〕　赖宇：《论当代资本主义国家的刑法修改——兼谈刑事立法的新趋势》，《法学评论》，1983年第1期。

王国的成文法典，因而是分散的，并具有浓厚的习惯法色彩。英国被诺曼人征服后，普通法与衡平法发展起来，刑法形成了制定法、普通法和衡平法三大主要模式。1215 年《大宪章》产生，其中有 63 个条款与刑法相关。资产阶级革命后，商业与贸易等新经济大发展，客观上要求刑法予以调整，出现了大量的单行性制定法。二战以来，制定法更是不断增加。

二战后，英国为了改变过去从习惯到习惯的传统做法，试图从犯罪与刑罚两方面进行彻底的改革，以建立"法典化"的国家。[1] 但英国的法典化更多的是通过单行刑法的形式进行。如较早的 1867 年《堕胎法》、1898 年《习惯酗酒法》、1911 年《间谍活动法》、1913 年《伪造文件法》、1916 年《窃盗法》、1957 年《杀人法案》、1976 年《性犯罪法》、1993 年《刑事司法法》、1977 年《刑法法案》、1986 年《危害公共秩序法》等。

英国刑法修正体现出四个典型特征：第一，注重立法清理。大量零散的单行立法导致众多规定相矛盾，为避免冲突导致的实践适用问题，新法对此前相关规定进行清理，在附录中明确列出被废止的内容。第二，在立法清理过程中，新法对之前的内容予以自然修正，因此不采用专门的修正法案予以修正。第三，大量的单行刑法和附属刑法构成刑法的主要内容，出现了法典化运动。第四，判例是刑法的重要渊源，通过判例对有关刑法规则予以修改。

（三）其他国家刑法修正现状

1. 俄罗斯

1991 年 12 月苏联解体，俄罗斯联邦仍然沿用苏联的刑法，于 1994 年 12 月提交国家杜马审议，经过修改和完善，于 1996 年 5 月 24 日经国家杜马通过，同年 6 月 5 日联邦委员会表示同意，最后由总统颁布成为联邦法律，并于 1997 年 1 月 1 日生效，1998 年 7 月通过了《关于修订和增补〈俄罗斯联邦刑法典〉的联邦法律》对总则和分则的部分内容进行修改。[2] 从 1998 年起至 2003 年经历了 24 次类似于单行刑法的修改。

---

〔1〕 赖宇：《论当代资本主义国家的刑法修改——兼谈刑事立法的新趋势》，《法学评论》，1983 年第 1 期。

〔2〕 ［俄］Н. Ф. 库兹涅佐娃、И. М. 佳日科娃：《俄罗斯刑法教程（总论）上卷·犯罪论》，中国法制出版社 1999 年版，第 64 页。

2. 加拿大

加拿大不存在单一的刑法典，其刑法是与刑事诉讼法规定在一起的，形成了《加拿大刑事法典》。从 20 世纪 50 年代开始，法典历经重要修改。在刑法的修改上，废除了普通法上的犯罪，确立了严格的罪刑法定原则，并排除了英国法上的犯罪以及现加拿大各省在加入加拿大联邦之前规定的犯罪在加拿大的适用。总的来看，加拿大对其刑事法典的修改从未间断，使这部"陈旧"的法律尚能应付日益更新的社会。[1] 除此之外，加拿大通过《食品与药品法》《毒品控制法》《青少年犯罪法》《竞争法》《海关法》《渔业法》《逃犯法》《官方秘密法》《加拿大权利法案》等其中含有大量附属刑法规范的"相关刑事法规"。加拿大的上千部工商行政法规文件中包含有刑法条文，判例法也是其刑法的重要渊源。[2]

3. 瑞　典

《瑞典刑法典》于 1962 年通过，1965 年 1 月 1 日生效。在这以后近 20 年间，从 1967 年起到 1984 年止，每年又经数次修改，其次数多至十余次。对于性犯罪等犯罪新增的一些行为方式等进行修改。[3] 除《瑞典刑法典》以及宪法性的《出版自由法》和《表达自由法》外，数百个法律和条例都有关于犯罪和刑罚的规定，如《道路交通犯罪法》《走私货物处罚法》《麻醉品处罚法》《税收犯罪法》《支票法》等。随着本国政治、经济、文化等形式发展和变化的需要，瑞典又通过颁布修正案的形式对这部法典进行了数次修改。[4]

4. 澳大利亚

经由模范刑法典委员会多次修改和讨论，澳大利亚形成了《1994 年联邦刑法典法案》，这一法案在 1995 年 3 月由联邦会议通过，形成《1995 年刑法典法令》，此后以修正案的形式对《1995 年刑法典法令》进行了多次补充和修改。据统计，从《1995 年刑法典法令》颁布以来直至 2005 年 3 月 1 日，澳大利亚议会几乎每年都制定法令，对《1995 年刑法典法令》的

---

〔1〕　M. L. Friedland, *A Century of Criminal Justice*, Carswell, 1984, p. 107.

〔2〕　《加拿大刑事法典》，卞建林等译，中国政法大学出版社 1999 年版，第 5 页。

〔3〕　［日］中谷瑾子：《瑞典性刑法的修改》，董扬译，《国外法学》，1987 年第 3 期。

〔4〕　《瑞典刑法典》，陈琴译，北京大学出版社 2005 年版，第 31—103 页。

440 多处条文进行补充、修改和废止。[1] 针对世界的恐怖主义局势，澳大利亚在 2004 年通过了《反恐怖主义法》，构建了严密的法网。[2] 该法与《澳大利亚刑法典》第 72 节共同构成较为完整的打击恐怖主义犯罪的刑法规定。

5. 泰　国

泰国现行《刑法典》于 1956 年 11 月 15 日公布，自 1957 年 1 月 1 日起施行。此后随着泰国政治、经济、文化和社会生活的发展和变化，泰国立法机关以刑法修正案或法令的形式，对《刑法典》进行了多次修改，涉及条款多达 77 处。为满足惩治犯罪的需要，除对分则条文进行修正，提高了某些罪的法定刑，并加大打击力度外，对刑罚、保安处分和数罪并罚也进行了较大的修改。[3]

6. 蒙古国

蒙古国建国后一共出现了 6 部《刑法典》。第一部《刑法典》是 1926 年 10 月 21 日制定的，并于 1929 年 9 月 23 日、1930 年 9 月 12 日、1933 年 12 月 9 日对其做了部分修改，形成了第二部《刑法典》。1934 年 5 月 4 日通过了第三部《刑法典》。1942 年 1 月 17 日通过了第四部《刑法典》。此后对该《刑法典》进行了多次修改，并于 1961 年 1 月 31 日颁行了第五部《刑法典》。1991 年 11 月 21 日"蒙古人民共和国"更名为"蒙古国"，在第一部《蒙古国刑法典》的基础上制定了现行的《蒙古国刑法典》。其间也制定了《和平保护法》等单行刑法以修改刑法典的规定。[4]

7. 芬　兰

芬兰刑法的基础是《1889 年刑法典》，此后对该法典做了部分修改。20 世纪 70 年代后对其进行全面修改，至 2003 年，条文已由原来的 39 条增加到 650 条。其修改大致分为三个阶段：1988—1994 年为第一阶段，对 1/3 的《刑法典》条款和 65 个特别法中的分散规定进行修改。第二阶段是

---

[1] 《澳大利亚联邦刑法典》，张旭、李海滢等译，北京大学出版社 2006 年版，第 1—10 页。

[2] 杜邈：《反恐背景下澳大利亚刑法修正及其借鉴》，《南都学坛：南阳师范学院人文社会科学学报》，2007 第 1 期。

[3] 《泰国刑法典》，吴光侠译，中国人民公安大学出版社 2004 年版，导言第 3—4 页。

[4] 《蒙古国刑法典》，徐留成译，北京大学出版社 2006 年版，第 2—5 页。

1995—1996 年，对《刑法典》12 章内容进行全面修改，并修改了 185 个特别法。从 1997 年开始进入第三阶段，并于 2004 年 8 月 1 日颁行了现行刑法，对一些刑罚条款进行改革，并增加了传播儿童色情图像、提供性服务、有组织犯罪团伙贩卖人口等犯罪。[1]

8. 挪　威

挪威于 1828 年成立了刑法起草委员会，1935 年草案面世，1939 年通过，并于 1842 年 8 月 20 日施行。此后对该刑法典进行了修改，最近的主要修改是 1994 年 6 月 6 日第 50 号法令的修改。挪威于 1980 年成立了刑法委员会以起草一部新刑法典，目前已经制定了几个刑法典的修正案。[2]

第二节　我国刑法的修正现状

一、刑法修正根据的文本考察

"根据"一词有"基础""缘由"以及"佛教上的道根、根性"三个意思，此处谈修正的根据意为修正存在的基础。西原春夫教授在《刑法的根据与哲学》中谈及刑法的根据问题，将处于刑法背后的、促使制定刑法的原动力作为刑法的根据。[3] 如果用西原教授使用的"根据"一词来看刑法修正的根据，也可以作同一理解，即指刑法修正存在的深层次动因。刑法修正的根据是不言自明的，社会形势的变化导致刑法的滞后，刑法的修正就成为必然。既有研究对此并没有专门涉及，偶尔论及也是零星数语。刑法修正的最深层因素源自深刻的社会背景，这体现在刑法对社会规制的意义上，征表为刑法的实用性。刑法修正的根据是多种因素的作用，其中刑法对社会的有用性最为明显，法学根本上就是一门实践科学，其目

〔1〕《芬兰刑法典》，肖怡译，北京大学出版社 2005 年版，第 1—3 页。
〔2〕《挪威一般公民刑法典》，马建松译，北京大学出版社 2005 年版，第 1—2 页。
〔3〕［日］西原春夫：《刑法的根据与哲学》，顾肖荣等译，法律出版社 2004 年版，第 3 页。

的就在于规制社会行为、调整社会利益。[1] 刑法更是社会冲突的直接调节剂，因而实用性应是其适用的最直接立场。

论证刑法修正存在的根据多是从思辨的角度进行，本书为增加结论的说服力，选取我国刑法修正案草案说明作为研究对象，采用实证研究的方法对结论进行论证。

（一）研究对象的选择

法律草案说明是法律案的提出者向国家立法机关就法律草案中的有关问题所做解释而制作的一种公文，其制作目的与立法目的一致，法律草案说明应包括它所要说明的对象——拟出台法律的制定目的、法律和事实依据、起草经过和协调情况，以及对主要条款的说明。[2] 因此可以从立法草案中了解草案起草背景，明确制定目的等内容。从我国刑法修正案颁行的情况来看，除第二个修正案之外，其余十个修正案均有关于修正案草案的说明，[3] 这为了解修正案的立法背景提供了重要资料，恰恰是刑法修正案存在根据的说明和体现。基于此，本文选取现有的十个修正案草案说明作为分析对象，从中透视刑法修正案存在的现实依据。

（二）关键词的词频分布

刑法修正案草案立法背景必然以语言为载体体现出来，除了规范性内容的表述外，其他表述基本反映了修正案的立法背景。本部分采用词频分析法对修正案草案说明进行研究。词频分析法是利用能够揭示或表达文献核心内容的关键词或主题词在某一研究领域文献中出现的频次高低来确定该领域研究热点和发展动向的文献计量方法。这种研究方法认为，一篇文献的关键词或主题词浓缩和提炼了文章的核心内容，所以可以根据某一关键词或主题词在其所在领域的文献中出现的频率来反映该关键词或主题词所表征的研究主题是否属于该领域的研究热点。将该方法和内容分析法结

---

〔1〕　常安：《国家社会科学基金法学类立项项目分析——从基金的角度看当代中国法学发展状况》，《法商研究》，2006年第1期。

〔2〕　马利和：《试述立法活动中的法律草案说明》，《法学杂志》，1991年第2期。

〔3〕　高铭暄教授和赵秉志教授合编的《中国刑法立法文献资料精选》是目前我国较为全面的刑法立法资料，其中没有收录《刑法修正案（二）（草案）》的说明，在全国人大网站上也没有找到该说明。由于该修正案时间已较为久远，通过其他方式也没有找到该说明，因此推断《刑法修正案（二）》没有草案说明。

合起来，能够发现通过其他方法不能识别的很多现象和规律，因而该方法目前广泛应用于科学学、文献学、情报学等研究领域。[1] 从 1999 年 10 月 25 日第一个修正案草案说明到 2020 年 6 月 28 日《刑法修正案（十一）（草案）》说明，前后共 21 年的较大跨度时间中，某些词汇在修正案草案说明中频繁出现（表 1）。[2]

表 1 刑法修正案草案中的高频词汇（1999.10—2020.6）

关键词	有关部门	专家	司法实践	司法机关	人大代表	最高人民法院	最高人民检察院	其他中央机关	各国
出现次数	69	17	10	20	26	20	18	13	2
关键词	国际公约	联合国	人民群众	新情况	近年来	一些地方	为了	中国特色社会主义	
出现次数	3	1	12	28	21	5	13	3	

1. 表明修正主体的词汇

在修正案草案说明中，表明修正主体或修正建议主体的词汇共有"有关部门""专家""司法机关""人大代表""最高人民法院""最高人民检察院""人民群众"以及"其他中央机关"等。这几个词汇除了模糊性用语"有关部门"外，大体上可以分为以下几类：

第一，权力主体。在所有修正主体或修正建议主体中，"人大代表"共出现 26 次，是所有修正主体或修正建议主体中出现次数最多的，如果再加上"有关部门"中隐含的，其使用频率会更高。从修正案草案说明对"人大代表"的使用看，基本上可以分为两种情况，一是对刑法补充修改提出议案，二是对修正的条款直接提出修改意见。可以看出，刑法修改的启动主要源自作为权力主体组成的人大代表，这说明权力主体对刑法修改的重要性，以及政治精英在刑法修正中决策的重要性。[3] 事实上，国家的

[1] 马费成、张勤：《国内外知识管理研究热点——基于词频的统计分析》，《情报学报》，2006 年第 2 期。

[2] 对"有关部门"的统计包括"有关部门""有些部门""一些部门""主管部门""有的部门"等，对"专家"的统计包括"专家"和"学者"，"新情况"包括"新的情况""新问题""新情况"，"近年来"包括"近年来"和"近几年来"，"其他中央机关"包括全国人大科教文卫委员会出现 1 次，国家人口与计划生育委员会 1 次，中央纪委 1 次，国家工商总局 1 次，中央军委法制局 4 次，司法部 3 次，国务院法制办 2 次，国务院办公厅 2 次。

[3] 梁根林：《公众认同、政治抉择与死刑控制》，《法学研究》，2004 年第 4 期。

政治决策和刑法的变革从来都是联系在一起的。[1] 在我国,《立法法》规定人大代表并不能单独提出法律修改议案,因此在修正案草案说明中所说的"人大代表"实际上应该是指作为一个代表团或一个至少 30 名人大代表的联合,这意味着修正案草案说明中的"人大代表"具有一定的立法者性质。立法者的认识看来是影响刑法修正的重要因素。

第二,司法主体。在十个修正案草案说明中,"最高人民法院"和"最高人民检察院"分别出现了 20 次和 18 次,"司法实践"出现了 10 次,"司法机关"出现了 20 次,这几个词数量之和远超"人大代表"的 26 次,但考虑到最高人民法院和最高人民检察院作为司法机关的共同性质,因而二者同时出现的地方实际上可以计作一次。即便这样,司法实践主体词汇出现的次数仍远高于权力主体出现的次数。这似乎意味着基于司法实践的需要修正刑法要比立法者的修法愿望更为迫切。苏力认为,中国的法治之路必须依靠中国人民的实践,而不仅仅是几位熟悉法律理论或外国法律的学者、专家的设计和规划,或全国人大常委会的立法规划。[2] 这里的实践是全面的,不仅限于司法实践,但无疑司法实践是发现刑法既有问题的直接途径。其实若刑法在实践中不足以应对现实的需要,对此感受最深的应该是司法机关,这当然容易引起司法人员的修法热情与积极性。看来我国刑法修正的最重要因素应该是司法实践的需要。

第三,专家学者。"专家学者"在修正案草案中一共出现了 17 次,也属于在草案说明中出现频次较高的词汇,法律和专家学者等知识分子在刑法修正案中产生交集。事实上,法律的内容绝不可能离开反映自身人文社会背景的文学、历史、艺术等知识而被理解和解释,法律知识分子必须把法律问题的解决作为一件表现自己良知的工作,法律判决中的说理也是一个法律问题,所以在西方出现了霍姆斯、卡多佐、波斯纳那样的法官出身的学者或者学者出身的法官。[3] 当前在我国,陈兴良教授倡导一种刑法学知识论的立场,追求刑法学中在刑法教义学或刑法解释学的进路中,通达人文精神的诉求,建立刑法的知识论立场,使刑法学人成为真正具有社会

〔1〕 高铭暄、孙晓:《论国家政治决策与刑法的变革》,《法学杂志》,2009 年第 1 期。
〔2〕 苏力:《法治及其本土资源》,中国政法大学出版社 2004 年版,第 21 页。
〔3〕 葛洪义:《法律人与知识分子的良知》,《人民法院报》,2002 年 3 月 25 日。

关怀的专业知识分子。[1] 知识分子在立法中的角色也越显重要，甚至出现了由学者起草的法律专家建议稿。我国刑法修正案草案说明出现了 17 次"专家学者"这一词汇，充分说明专家学者在刑法修正中的影响。

第四，人民群众。在上述词汇中，"人民群众"共出现 12 次，从实际使用的情况看，《刑法修正案（八）（草案）》的说明第 4 条第 1 点将人民群众作为修正的建议主体，《刑法修正案（十一）（草案）》的说明用于"适应新时代人民群众日益增长的美好生活需要"，其余均作为保护对象使用。《刑法修正案（八）（草案）》的说明第 4 条第 1 点的表述为"对一些社会危害严重，人民群众反响强烈，原来由行政管理手段或者民事手段调整的违法行为，建议规定为犯罪"。这是唯一的因人民群众反对某种现象进而要求修改刑法的表述。从群众反响强烈的对象看，主要是醉酒驾车、飙车等危险驾驶的犯罪，不支付劳动报酬的犯罪，非法买卖人体器官的犯罪等。"醉驾""飙车"每一个人可能都会遇到，遭遇恶意欠薪的多为普通群众。"人民群众对立法应有发言权""扩大群众参与立法途径"以及"立法的群众参与"等更重要的应该是指普通人民群众参与立法的进程。在"群众是历史创造者"的意义上，除专家、学者等之外，在立法上，普通群众的参与更能真切反映社会对法律的需求和普通群众的愿望。对普通群众关注的缺乏似乎表明刑法修正较为忽视普通群众的意义。人大代表都是普通群众的代表，但"让人民群众参与立法"中的"群众"应是指普通群众而非人大代表。从修正案草案说明中"人民群众"一词的使用情况来看，似乎普通群众对刑法修正的影响偏弱。

群众参与立法关系到另外一个问题，即刑法的专业化。在我国，陈兴良教授提出刑法"专业槽"概念，提倡刑法的专业化。其认为刑法学作为一门严谨的学科，非经严格的专业训练不能随便"伸进头来吃上一口"。[2] 但刑法的专业化和刑法事关普通群众利益并受普通群众影响的普通化并不是对立的。刑法的专业化需要专业人士的构建、解读和传播，刑

---

[1]　陈晖：《刑法学科学主义倾向之反思》，陈兴良主编：《刑事法评论》（第 19 卷），北京大学出版社 2007 年版，第 170 页。

[2]　陈兴良：《法学：作为一种知识形态的考察——尤其以刑法学为视角》，陈兴良主编：《刑事法评论》，中国政法大学出版社 2000 年版，第 249 页。

法的普通化则要求刑法必须能够解决社会矛盾，必须能适应世俗社会，刑法不应是超凡脱俗的。另外，正义性和道德性是刑法的根本属性，这两个方面离不开社会普通群众之通念，因而在一定程度上刑法的精神是由社会普通群众构造的。在此意义上刑法的修正也不应脱离普通群众。

2. 表明修正受国际因素影响的词汇

在现有修正案草案说明中，共出现了"各国""国际公约"和"联合国"等三个表明刑法修正受国际因素影响的词汇，三者合计出现 6 次，次数不多，但这仍显示了刑法修正受国际因素影响的特征。从这些词汇使用的实际情况来看，其主要体现在洗钱罪、强迫劳动罪以及恐怖活动犯罪上，这说明在某些罪名的设定上我国刑法已经和国际社会接轨，也体现了我国政府履行国际条约的诚信原则，我国刑法的发展正融入国际社会。这也契合张明楷教授提出的我国刑法的发展应具有国际化特征的观点。[1] 影响刑法修正的国际因素也是不可忽视的。

3. 表明实际修正需要的词汇

除上述表明刑法修正实用性的词汇外，还存在直接体现刑法修正实际需要的词汇。

第一，"一些地方"。一个社会中现代法治的形成及其运作需要大量的知识，包括具体的地方性知识，由此一国法律的发展离不开本土资源和本国传统，[2] 刑法的修正也完全遵从此规律。在刑法修正案草案说明中共 5 次出现"一些地方"这一词汇，分别是"一些地方过失破坏武器装备军事通信和军事设施的，一些地方进行非医学需要的胎儿鉴定的，一些地方组织未成年人从事扒窃、抢夺等违反治安管理活动的，一些地方出现的纠集他人、横行乡里、严重扰乱社会治安秩序、扰乱人民群众的正常生活的新式寻衅滋事行为的"。从修正案最终的立法情况看，除了"非医学需要进行胎儿性别鉴定"没有入刑外，其他几种情况最终被正式立法。该词的实际使用情况体现了解决具体问题的需要对刑法修正的影响，反映了刑法修正的实用性指向。从另一个角度看，我国出现的实际问题也是刑法发展的

---

〔1〕 张明楷：《刑事立法的发展方向》，《中国法学》，2006 年第 4 期。

〔2〕 苏力：《法治及其本土资源》，中国政法大学出版社 2004 年版，第 20 页。

本土资源。合适的就是最好的，或许是永远的真理。[1]

第二，"近年来"和"新情况"。"近年来"一词在刑法修正案草案说明中共出现 21 次，"新问题"出现了 28 次，使用频率较高。归纳其使用的实际情况，基本上是近年来出现的新问题使刑法修正需要这种表述，刑法的修正因而是随着社会情况的变化进行的，是为解决近年出现的新问题而修正，这更为清楚地反映了刑法修正的实用性指向。

第三，"为了"。"为了"在刑法修正案草案说明中共出现 13 次，该词汇更明显地体现出刑法修正为解决问题的目的性。本书在刑法修正的语言规则中将对此做详细论述。

4. 表明修正具有中国特色的词汇

在修正案草案说明中，出现"中国特色社会主义"仅 2 次，这与我国倡导的建立中国特色社会主义法律体系似乎不相吻合。实际上，刑法规定的犯罪粗略分类有自然犯和法定犯两种。就自然犯而言，杀人、放火等行为无论在哪个国家、在何种时代都不会被容忍，均无一例外规定为犯罪。这其实也是由世界各国在一些犯罪上具有共同的价值观和道德意识决定的。就法定犯的规定来看，各国存在较大差别，但在市场经济一体化的当今世界，许多规范都是相似的，对一些经济犯罪各国基本上能够达到一致的认识，这在很大程度上消减了各国对犯罪规定的差异性，刑法的国际性趋势也说明世界各国刑法的趋同性。因此，"中国特色"在其他法律中或许有清晰的体现，但在刑法中并不明显。

"中国特色"是在《刑法修正案（八）（草案）》的说明第 3 条开头使用的，表述形式为："根据宽严相济的刑事政策，在从严惩处严重犯罪的同时，应当进一步完善刑法中从宽处理的法律规定，以更好地体现中国特色社会主义刑法的文明和人道主义，促进社会和谐。"实际上，刑法文明和人道主义是人类的普世真理，是人类的共同追求。在西方"重重轻轻"刑事政策下，刑法人道化的刑罚轻缓化也正是西方刑法现今的特点。我国刑法修正案草案的这一表述也充分说明了我国刑法的价值定位是符合世界趋势的。"中国特色"在《刑法修正案（十一）（草案）》的说明中表述

---

〔1〕　王牧：《我国刑法立法的发展方向》，《中国刑事法杂志》，2010 年第 1 期。

为："刑法是国家的基本法律，在中国特色社会主义法律体系中居于基础性、保障性地位，对于打击犯罪、维护国家安全、社会稳定和保护人民群众生命财产安全具有重要意义。"该词语使用的目的仍然在于从一般意义上表述我国法律的特征，和刑法具体修正关系并不大。

"社会主义"的用语在修正案草案说明中共出现 3 次，两次使用是和"中国特色"连起来的，一次是《刑法修正案（七）（草案）》的说明第 2 条的标题中使用的"关于破坏社会主义市场经济秩序犯罪"，由于后一种情况实际上是对刑法中既有犯罪类型的重复，因此对"社会主义"一词的使用实际上就只有 2 次。《刑法修正案（十一）（草案）》的说明中使用是："维护社会主义核心价值观，保护英雄烈士名誉，与英雄烈士保护法相衔接，将侮辱、诽谤英雄烈士的行为明确规定为犯罪。"此处"社会主义"一词的使用体现了社会主义核心价值观进入立法的中国特色。"社会主义"这种具有明显政治意识形态的词语在我国刑法中曾经广泛使用。一个很明显的对比是在 1979 年《刑法》中该词语共出现 11 次，在 1997 年《刑法》中出现 7 次，虽然下降的绝对数并不多，但考虑到 1979 年《刑法》共 192 个条文，相对于 1997 年《刑法》的 452 个条文，"社会主义"一词使用的比例是绝对下降了。这说明我国刑法修正中意识形态的色彩在逐渐减弱。

（三）基于修正案草案说明的结论

从上述分析可以观察到影响刑法修正的以下因素，如立法者认识、司法实践需要、专家学者的意见、普通群众的参与、国际因素以及出现新情况的需要等。从修正案草案说明对关键词语的使用来看，影响修正的首要因素是属于社会经验事实的司法实践的需要，其次是属于观念因素的立法者的态度，同时受其他几个因素的影响。很明显，社会经验事实、观念因素以及其他因素作为刑法修正的背景是互动的，社会经验事实若影响刑法修正首先必须符合观念认识和社会的理想图景，社会的理想图景作为对社会现实的反思，同时也会对观念认识产生影响。哈耶克为社会秩序确立了演进理性和建构理性这两种模式，演进理性认为只要人类制度是为了实现人的目的而刻意设计出来的，那么它们就会有助于人之目的的实现。一项制度之存在的事实，恰恰证明了它是为了实现某个目的而被创造出来的，同时它还始终如一地主张，我们应当重新设计社会及其制度，从而使我们的所有行动都完全受已知目的的指导。关于演进理性，哈耶克认为，社会的有序性极大地增进了个人行动的有效性，但是社会所具有的这种有序性并不只是因那些为了增进个人行动有效性这个目的而发明或设计出来的制度或惯例所致，而在很大程度上是由那个起初被称为"增长"尔后又被称为"进化"的过程所促进。[1] 或许刑法的修正在于社会发展演进过程中基于人类的认识勾画出理想图景并进行建构的结果。萨维尼认为，一切法律均缘起于行为方式，在行为方式中，用习常使用但却并非十分准确的语言来说，习惯法渐次形成；也就是说，法律首先产生于习俗和人们的信仰，其次乃假手于法学——职是之故，法律完全是由沉潜于内、默无言声而孜孜矻矻的伟力，而非法律制定者的专断意志所孕就的。[2] 法律就像风俗、语言一样是演进的而非人为制作的，大致在最基底的意义上这种观点是成立的，但也并不能完全否认其他因素的意义。因此刑法修正存在的根据就在于司法实践需要和立法者态度主导下的多种因素的综合，在这几种因素共同作用下刑法修正的实用性指向成为刑法修正的主导。西原春夫教授在其《刑法的根据与哲学》中指出，刑法制定的原动力即根据有刑罚机能的现实，规定国家存在之必要性，经济基础以及基于法、政治、经济之上的人的欲求等几个方面。从本书上述论证来看，刑法修正案的存在实际上也具有上述因素。

但是，刑法修正的实用性指向会不会产生刑法修正的工具主义和技术理性的陷阱呢？这应该是在刑法实用性修正指向下必须回答的问题。"主义"一词含有强力推行的主张或学说之意，具有极强的排他性。因此所谓"工具主义"有时难以和刑法的人文关怀兼容。工具主义及技术理性是机器化的、冷冰冰的规范适用，其和情感、道德等没有关系。刑法修正的实用性并不排斥刑法的人文关怀，刑法的正义性和道德性是其人文关怀的终极体现。在今天以自由、博爱、公正和人道为价值取向的刑事政策作为刑法的精髓，[3] 刑法的人文关怀会始终存在，刑法学的人文精神在现代科学

---

[1]　[英]哈耶克：《法律、立法与自由》（第一卷），邓正来等译，中国大百科全书出版社2000年版，第2—3页。

[2]　[德]弗里德里希·卡尔·冯·萨维尼：《论立法与法学的当代使命》，许章润译，中国法制出版社2001年版，第11页。

[3]　李卫红：《刑事政策学》，北京大学出版社2009年版，第72—76页。

主义膨胀下必须解决人文精神诉求的路径，这即是对真理价值的推崇。[1]因而，刑法修正下对正义、人道等基本真理价值的张扬实际上体现出刑法修正的人文关怀，我国《刑法修正案（八）》和《刑法修正案（九）》共废除 22 个罪名的死刑，被认为是彰显人文关怀精神的修正，体现出刑法的正义和人道等价值。[2]当下一些新型刑事司法方式也在诉讼的层面上体现了刑法的人文关怀，如认罪认罚从宽处罚制度、刑事和解制度等。

刑法修正的实用性主要体现在对刑法分则的修正上。目前全部修正案共修正 204 个条文，总则方面的修正有《刑法修正案（十一）》第一个条文、《刑法修正案（九）》前 4 个条文、《刑法修正案（八）》前 19 个条文，共 24 个，其他均是对刑法分则的修正。而且对分则的修正中以经济犯罪修正为主，经济犯罪的罪刑规范是以法定犯的形式存在的，这种规定建立在行政规制的前提下，通常具有技术性。这种技术性条款更多体现的是实用性，当然，在人权保障背景下的今天，对死刑的废止、入罪条件的严格和犯罪圈的缩小等无疑也可以解读为刑法的人文关怀。刑法的人文关怀属性或许更多的是由刑法的基本原则等总则性规定直接规定或体现的，从我国刑法对总则修正的现实来看，刑法倡导的基本理念和原则并没有受到影响，相反，刑法修正案对刑法总则的修正使刑罚体系、行刑方式和个别群体处遇上更加人性化和科学化。刑法修正案草案说明体现的刑法修正的实用性指向并不影响刑法的人文关怀。

二、刑法修正案的条文修正类型

刑法修正案的类型具有单一性，即其仅以"刑法修正案（×××）"的形式来表现，但刑法修正案条文的具体类型因修正内容的不同而有多种形式，且不同形式具有不同的意义和功能。在我国法律修改过程中，依法律被修改的不同幅度，对修改有不同的表述方式。"修正"用于个别修改

---

〔1〕 蔡桂生：《中国当代知识分子角色之检讨：刑法学科学主义反思》，http://www.china-lawedu. com/news/16900/173/2008/8/wy094564850111880021058 - 0. htm，最后访问日期：2021 年 1 月 30 日。

〔2〕 赵雪浩：《刑法修正案：彰显人文关怀精神》，《法制周报》，2011 年 3 月 1 日。

或部分修改，而"修订"主要用于全面修改的情况。[1] 这种划分只是按照修正幅度进行的，本书不将此作为讨论的内容。拉兹将法律类型划分为以下几种，即 D 类法律（义务性法律），S 类法律（规定制裁的法律），O 类规范（规定性规范 PR、授予立法权的规范 PL），P 类法律（授权性法律），M 类法律（保证允许的法律）。[2] 拉兹的分类是按照法律体系的结构要素进行的，[3] 受此启发，本书也按照刑法修正案条文的结构形式对其分类做一简单讨论。刑法修正案条文的修正方式有多种，其中删去和附加是优先方式。[4] 在我国刑法修正案中，基本是依据修正内容的需要进行修正的，对修正的方法和类型并没有做选择。统计我国 11 个刑法修正案，对原条文进行变更修改的共 143 个，增加的条文共 69 个，删除的条文共 4 个。[5] 刑法条文的 45.4% 已经变动，前两种修正占刑法修正的绝对多数，其中不仅有社会情势变化导致的修正，也有原条文不够合理产生修正需求。我国刑法修正方法的适用基于修正的实际需要，这也导致在我国刑法修正案中不存在修正方式的优先适用问题。

（一）变更原文型修正

对刑法原有条款做变更是修正案修正的主要方式，社会现实的变化需要对原有条文做修正，变更原文型修正在任何时候可能都是最重要的选择。

变更条文型修正主要有以下几种情况：一是以新的内容代替原条文，使原条文发生变化。这种修正主要适用于原条文的规定不再适应新的社会现实的情况。这种变更仍然是以旧有规定为基础的，只是规定需要更新而已。具体又分两种情况。一种情况是原条文被完全删除，之后以新的内容填入。如《刑法修正案（四）》第 3 条以两项内容取代了原有的三项内容。另一种情况是原条文的部分内容被删除但不以新的内容代替。如《刑法修

---

[1] 杨斐：《法律修改研究：原则·模式·技术》，法律出版社 2008 年版，第 26 页。

[2] ［英］拉兹：《法律体系的概念》，吴玉章译，中国法制出版社 2003 年版，第 184 页。

[3] 李旭东：《法律话语论——法律本位之研究》，山东人民出版社 2009 年版，第 71 页。

[4] ［美］安·赛德曼、［美］罗伯特·鲍勃·赛德曼、［斯里兰卡］那林·阿比斯卡：《立法学——理论与实践》，曹培、刘国福译，中国经济出版社 2008 年版，第 447 页。

[5] 在修正案同一条文中有的有数款，本书将增加条款的修正作为一个独立的修正方式，因此在同一条文中出现的数款按照款的数量进行统计。对于增加新的款项同时对原条文进行修正的，分别作为变更类型和增加类型进行统计。

正案（八）》第 21 条将《刑法》原第 109 条中的"危害中华人民共和国国家安全的"内容删除。

二是原有条文的一部分内容仍然保留，将原条文中的另一部分内容删除并以新的内容代替。目前我国的刑法修正案还没有这种修正方式。

三是原有条文不变，但在原有条文的基础上增加部分内容，该新增加的部分与原有内容一起组成新的法条。如《刑法修正案（六）》第 8 条在《刑法》164 条第 1 款的基础上增加了"其他单位的工作人员"这一犯罪主体。

四是原有条文不删减，只是单纯更改处罚方式。这又分三种情况。第一种情况是将原作为同一档次法定刑处理的分开处理。如《刑法》原第 303 条规定"聚众赌博、开设赌场或者以赌博为业的"处三年以下有期徒刑、拘役或管制，并处罚金。《刑法修正案（六）》修正为："以营利为目的，聚众赌博或者以赌博为业的，处三年以下有期徒刑、拘役或者管制，并处罚金。开设赌场的，处三年以下有期徒刑、拘役或者管制，并处罚金；情节严重的，处三年以上十年以下有期徒刑，并处罚金。"第二种情况是修改犯罪构成中的定量要素。如《刑法修正案（六）》第 13 条将原第 188 条中"造成较大损失的""造成重大损失的"分别修改为"情节严重的""情节特别严重的"，其他均不变。第三种情况是单纯改变刑罚。如《刑法修正案（八）》第 39 条删除了《刑法》原第 264 条中死刑的规定。《刑法修正案（十一）》对第 271 条职务侵占罪法定刑的修正，将第一档次法定刑"5 年以下"修改为"3 年以下"，并增加罚金刑。

五是几种方式综合使用，有增加、删除以及对原有内容删除之后的代替。由于变更原文型修正涉及条文变化的情况较多，因此修正最重要的是能够向读者阐明修改了什么，应避免盲目修正。虽表明修改了现行法律中的哪些字词，但没有表明究竟修改了什么内容的修改方式是不可行的。假如某《中央银行法》规定："在决定是否要增加或减少货币供给时，管理委员会应该考虑，货币供给的可能变化对价格、金融系统稳定和发展需求的影响。"如拟删除"发展需求的影响"就不应采用"删除'金融系统稳定'后面的所有内容"这一方式[1] 这样虽然产生了实际的修正结果，

---

[1] ［美］安·赛德曼、［美］罗伯特·鲍勃·赛德曼、［斯里兰卡］那林·阿比斯卡：《立法学——理论与实践》，曹培、刘国福译，中国经济出版社 2008 年版，第 445 页。

但除了该修正法案的起草者外，恐怕没有人能够理解这一修正案该种方式的表述，如此修正就无法产生实际效果。修正案的起草者能够理解修正的内容，但生效后成为法律的修正案并不是专为起草者阅读的，因此为突出修正内容，应在修正案中将修正后的内容以区别于没有修正的内容的形式，如将字体变为黑体等突出似乎更好。

（二）增加条款型修正

增加条款型修正是在原有条文没有作完善规定的情况下适用的，就增加条款的内容而言，有增加犯罪型条款和增加刑罚型条款两种具体类型。增加犯罪型条款基于刑法的谦抑性原则必须慎重适用，不在万不得已的时候不能对行为入罪。我国《刑法修正案（八）》将醉驾入刑引起了广泛争议，[1] 原因即在于这种行为本由行政处罚加以规定，现在以刑法处理，有刑法越位之嫌。增加刑罚型条款即增加了新的刑罚方式，如《刑法修正案（八）》第2条第2款增加了对判处管制犯罪分子的社区矫正。《刑法修正案（十一）》对第271条职务侵占罪增加了一个量刑档次"数额特别巨大的，处10年以上有期徒刑或者无期徒刑，并处罚金"。从刑法修正现实来看，刑罚修正有一定的轻缓化、人道化的趋势，[2] 增加刑罚型条款一般情况下应体现刑罚发展的轻缓化趋势，因而在原刑罚基础上需要增加刑罚的时候须慎重处理，应有足够的提高刑罚的理由。

增加条款型修正出现在以下两种场合：第一种是由于社会生活的变化，社会上出现了新的犯罪类型，而原来的刑法囿于当时的社会形势未能对这些犯罪行为作出规定，需要对刑法作出补充规定，[3] 如《刑法修正案（八）》第37条关于组织他人出卖人体器官犯罪的规定。这种情况经常是个罪的增加，罪名的增加使刑法分则膨胀，犯罪化的修正特征非常明显。《刑法修正案（十一）》新增的18个罪名均是如此。第二种场合是需要对特定对象进行新的处理。这种情况仅出现在我国《刑法修正案（八）》中，该修正案第1条、第2条、第3条、第8条和第19条分别对75岁以上的

---

〔1〕 王政勋：《危险驾驶罪的理论错位和现实危险》，《法学论坛》，2011年第3期。
〔2〕 侯艳芳：《刑罚轻缓化趋势及其价值基础研究》，《河南大学学报》（社会科学版），2008年第4期。
〔3〕 王政勋：《刑法修正论》，陕西人民出版社2001年版，第14页。

老年人、被判处管制的犯罪分子以及犯罪时不满 18 周岁的未成年人做了特殊处理。《刑法修正案（十一）》对第 17 条增加的"已满十二周岁不满十四周岁的人，犯故意杀人、故意伤害罪，致人死亡或者以特别残忍手段致人重伤造成严重残疾，情节恶劣，经最高人民检察院核准追诉的，应当负刑事责任"，属于这种情况。

　　刑法的这种修改深受刑事政策的影响，刑事政策是刑事立法的重要思想资源和刑法规范的指引，在刑事政策刑法化的趋势下这种影响更为明显。刑事政策刑法化有刑事政策思想的刑法化、刑事政策与刑法一体化以及刑事政策实体的刑法化三种类型，[1] 刑事政策思想的刑法化可以在刑法总则和刑法分则中体现出来。因而在增加条款型修正中，对总则的修正更应注意刑事政策的影响。针对增加条款型修正涉及的不同内容，应遵循刑法谦抑性和刑罚轻缓化的趋势，需妥善处理犯罪圈的扩大问题。

（三）废止原文型修正

　　废止原文型修正是指废除刑法中的某些条款，与上述变更原文型修正删除原条文中的部分内容但并不以新的内容取代的形式不同，废止原文型修正仅是指将刑法中的某些条款完全废除且没有新内容将其取代的情况。我国刑法修正案中的这种修正仅仅是《刑法修正案（八）》中出现的第 9 条、第 32 条和第 34 条这 3 个条文，第 9 条废止了《刑法》第 68 条第 2 款"犯罪后自首又有重大立功表现的，应当减轻或者免除处罚"的规定，第 32 条废止了《刑法》第 205 条第 2 款"有前款行为骗取国家税款，数额特别巨大，情节特别严重，给国家利益造成特别重大损失的，处无期徒刑或者死刑，并处没收财产"的规定，第 34 条废止了《刑法》第 206 条第 2 款"伪造并出售伪造的增值税专用发票，数量特别巨大，情节特别严重，严重破坏经济秩序的，处无期徒刑或者死刑，并处没收财产"的规定。《刑法修正案（九）》第 12 条废除了《刑法》第 199 条关于死刑的规定，第 43 条废除了嫖宿幼女罪。这种刑法修改方式在国外使用率较高，如《法国刑法典》第 132 - 57 条中"被告不在场的情况下"由 1995 年 2 月 8 日 95 - 125 号法律废止，而最后 3 款由 1992 年 12 月 16 日第 92 - 1336 号

---

[1]　柳忠卫：《刑事政策刑法化的一般考察》，《法学论坛》，2010 年第 3 期。

法律废止；第 421 - 1 条第 4 项则废止了 "1870 年 9 月 4 日关于制造战争武器之法令的 1871 年 6 月 19 日法律第 3 条所指的制造或持有杀人或爆炸用装置、器械之犯罪"。再如在《日本刑法典》中，内容被删除仅存条文顺序的条款非常多见，如该法第 2 条第 2 款、第 40 条、第 55 条，第二编的第一章等。[1] 废止原文型修正发生于以下两种场合，一种是由于社会生活的发展变化，某些犯罪行为已不再可能发生或其社会危害性已大大降低，需要对其予以废除。另一种是随着人类文明程度的提高和人类对刑法发展基本规律的认识深化，刑法中的一些不人道、不科学的规定被废除。[2] 我国刑法修正案对死刑的废除即属于这种情况。从内容上来看，条文废止型修正存在个罪的废除和总则部分内容废除两种。个罪废除型修正意味着社会形势和社会通念的变化，从而需要刑法依社会形势变化，在通常情况下这意味着刑法的进步。由于总则通常是对刑法中最基本问题的规定，因此废止总则中的部分内容尤要慎重。

在一部刑法修正案中，上述三种修正方式是综合使用的，有时在一个条文的修正中也会同时使用三种修正方式。但三种修正方式适用的条件与规则不尽相同，因此修正时的操作应作不同处理。

三、刑法修正案的功能定位

刑法修正案的功能定位关系到刑法修正案的性质，影响其实际效能的发挥。从目前既有文献来看，刑法修正案基本上被认为是一种立法技术——确切地讲是刑法修改的技术。不可否认，刑法修正案首先是修正技术，但如果将其仅仅作为一项刑事立法技术，其对刑法典赋予的开放性功能、对犯罪圈的调整作用就会在这种技术性的语境中丧失真正意义。因此刑法修正案首先是一种刑事立法技术，但其刑事立法的实体功能更为重要。

（一）刑法修正案的立法技术功能

刑法修正案的立法技术功能是指其首先是立法技术的一种，与单行刑

---

[1]　黄明儒：《论刑法的修改形式》，《法学论坛》，2011 年第 3 期。
[2]　王政勋：《刑法修正论》，陕西人民出版社 2001 年版，第 15 页。

法的单行式立法、附属刑法的附属式立法等方式一样，都是刑事立法的方式之一，这是刑法修正案的最基本功能。作为一项立法技术，刑法修正案的功能具体有两个方面，一是修正刑法典的基本功能，二是在修正刑法典的基础上，维护刑法典系统的功能。

1. 修正刑法典的基本功能

修正刑法典的基本功能是其对刑法典的部分变更功能。有观点将此论述为刑法修正案的现实功能，其内容包含两个方面，一是修改刑法典原有内容，二是补充刑法典的新内容。"修改"是指对刑法典中原有过时的或者不适合现实需要的刑法条文加以改正。"补充"是指对刑法典中已有内容的缺漏或不完备之处加以补正或完备。[1] 但这无法包含修正案的"废止"功能，按照上述对修正方式的划分，该基本功能有变更原条款、增加新条款和废止原条款三种基本方式。在共同的意义上，刑法修正案是对刑法典本身的修正，这种修正是在刑法典的原有体系内进行的，它不但要考虑打击犯罪的需要，还要顾及与刑法典的协调与统一。[2] 这三种修正方式虽然都实现了刑法的修正，但各自应遵循的修正规则仍具有相当差异，这也决定了三种修正方式在基本功能一致的基础上存在细微差异。

第一，变更修正的补充功能。补充功能是对刑法某些具体规定的补充，补充的内容可以是对犯罪构成的补充，也可以是对具体犯罪的数罪并罚的补充。[3] 补充功能使原有规定更加精细、完备，从上述对我国刑法修正案的统计来看，变更补充成为使用最多的一种修正方法，这潜在地表明了我国刑事立法由原来"宜粗不宜细"的粗糙化转向立法的精细化，这从我国1997年《刑法》与1979年《刑法》的条文数量及罪状描述的对比中也清晰地体现出来，对于刑法修正案而言，补充功能是首要的功能。

变更修正乃基于补充刑法的现有规定而对刑法原有条文作出调整，这仍然是以原有规定为基础的，无论是对原有犯罪构成的补充，还是刑罚方式的补充，均不是创设新的犯罪或刑罚。

第二，增加修正的创设功能。如上文所述，增加修正有增加犯罪型条

〔1〕 张勇：《刑法修正案立法功能及其矫正》，《时代法学》，2011年第9期。

〔2〕 柳忠卫：《刑法立法模式的刑事政策考察》，《现代法学》，2010年第3期。

〔3〕 郭立新：《刑法立法正当性研究》，中国检察出版社2005年版，第169页。

款和增加刑罚型条款两种类型，相应地，增加修正即具有创设新罪和新刑功能。从我国刑法修正案的具体情况看，还包括对刑罚方法的创设。[1] 废止修正因此不仅具有规范更新功能，还具有观念更新效果，这种观念更新使新规范具有更好的规制社会关系的效果。刑法修正案创制、补充和更新功能的存在是由刑法修正案自身的结构决定的。刑法修正案条文的结构须体现出"修正"之意，在修正案中这表现为"在×××条后增加一条作为×××""将刑法第×××条修改为×××""删去刑法第×××条"三种表述方式。因此刑法修正案除了罪状和法定刑这些基本的规范性内容之外，还有表明如何修正的修正语言，这使刑法修正案的结构具有典型的"如何修正＋修正内容"的结构，这是刑法修正案除生效时间条款外任一条文都必定具有的结构，显然和刑法仅具有规范性内容的结构不同。而"如何修正"的"增加""修改"和"删去"的表述使得刑法修正案具有了变更修正的补充功能、增加修正的创新功能以及废止（删除）修正的更新功能，因而刑法修正案的结构使得其自身必然具有创新、补充和更新功能。这些功能的集合使修正案在修正刑法的基础上具有对刑法发展的直接促进作用。法律形成的推动力来自社会，它伴随着从国家、经济或社会地位中产生的力量对比关系。[2] 刑法修正案成为刑法变迁的载体并以法律文件的形式体现出来，刑法正是在修正案不断修正之下使其自身不断走向完善。在刑法修正案累积到一定程度时需要编纂新法典，这成为法典编纂的模式之一。[3] 在这个意义上，刑法典是刑法修正案的作品。

2. 维护刑法典系统的功能

刑法修正案生效之后其内容就成为刑法典的一部分，刑事判决的依据是新生成的刑法典中的相关条款，刑事判决从不会关注原有的刑法修正案，因此，在规范效用的意义上，刑法修正案"生效"后就"失效"了。从刑法立法史的角度看，刑法修正案仅仅具有立法史的意义，只有研究刑

---

〔1〕《刑法修正案（八）》规定了社区矫正，但社区矫正并不是一种新的刑罚种类，只能认为是刑罚的一种施行方法。

〔2〕［奥］欧根·埃利希：《法社会学原理》，舒国滢译，中国大百科全书出版社 2009 年版，第 212 页。

〔3〕封丽霞：《法典编纂论——一个比较法的视角》，清华大学出版社 2002 年版，第 301 页。

法理论的学者才会关注，对于司法者来说无须考虑。[1] 因此刑法修正案在产生完善的刑法典这一作品之后仅具有学术研究的价值。在促成刑法典的产生这一意义上，刑法修正案具有维护刑法典统一性和连续性的功能。

第一，维护刑法典的统一性功能。刑法修正案依附于现有刑法典而存在，没有刑法典自然没有所谓的刑法修正案。在这个意义上，刑法修正案源自原刑法典。在修正案对刑法典进行修正的过程中，修正案又促使新的刑法典产生，正如上文所言，刑法典是刑法修正案的作品。因此，在最原初的意义上，刑法修正案必定要依附于刑法典，但在此之后，刑法修正案和刑法典的关系就好比"鸡"和"蛋"的关系了。这种"你中有我、我中有你"的关系使刑法典和刑法修正案的血缘关系比刑法典与单行刑法、附属刑法的关系更加密切，这也决定了刑法修正案更能与现行刑法典协调统一。

刑法修正案促成刑法典的新生，在生效后其"修正内容"成为刑法典的一部分，无论有多少刑法修正案，都不会有与刑法典并列的因修正案产生的其他刑事法律存在，刑法修正案自始至终只为一部刑法典的产生服务。相对于单行刑法和附属刑法具有的分立、独立于刑法之外的状况，刑法修正案更能避免刑事法律的繁多和混乱。因而维护刑法典的统一性就成为刑法修正案独具优势的特征。单行刑法和附属刑法经常发生在需要突破刑法典现有规定的情况下，不仅与刑法典体系难以统一，更重要的是突破性规定有时难以和刑法典的原有理念相统一，而且在司法适用中也不方便。从我国以前的立法实践看，制定单行刑法、附属刑法具有很大的随意性。[2] 萨维尼指出，"如果法律制度行其之所当行，行其之所能行，则在下秉此权威即足以自处，不，即完全堪称卓越，因为，如果我们考虑一下我们的实际状况，我们就将发现自己处于时代传递、累计的浩瀚无际的法律概念和法律理论之中。此时我们就将为这一切所操控和掌驭，这是法律的一切诟病之由来。"[3] 但并不能说修正案之外其他刑法立法方式不需要，

〔1〕 张波：《论刑法修正案——兼谈刑事立法权之划分》，《中国刑事法杂志》，2002 年第 4 期。

〔2〕 王政勋：《刑法修正论》，陕西人民出版社 2001 年版，第 115 页。

〔3〕 ［德］弗里德里希·卡尔·冯·萨维尼：《论立法与法学的当代使命》，许章润译，中国法制出版社 2001 年版，第 83 页。

只是修正案更能保持刑法典的统一而已。有观点认为刑法修正案具有系统功能，即将刑法修正案与其他刑法体例有机结合起来，进行合理的功能界定和划分，最大限度地发挥其系统性功能。[1] 这其实只是整个刑事立法方法的系统功能而已。

第二，维护刑法典的连续性功能。法律的连续性是指同一个国家政权所制定的法律虽然随着本国政治经济发展变化，前后有所发展有所不同，但必然有着内在联系。[2] 法律只有是连续的，才能保证人们能够预测在法律变化后自己的行为方式。法律的连续性因而只有在法律发生变动时才会涉及。法律的连续性和法律的稳定性相关，稳定性是维护法律权威所必需的要素。但法律必须在变动中实现稳定，这种稳定因此只是相对的稳定。作为基本法的刑法典其最大的特征是稳定性，刑法典的稳定性使刑法规范长期维持对一种行为的命令模式和处罚模式，因此刑法典的连续性只有在刑法典发生变动时才会涉及，在刑法典的变动通过刑法修正案实现的情况下，刑法修正案具有了维护刑法典连续性的功能。这种连续性是和法律的可预测性分不开的。

可预测性是指根据法律规定，人们可以预先估计到他们之间的行为，国家及其工作人员将如何行为。例如，由于《治安管理处罚法》的存在，人们就可以预见到哪些行为是违反治安管理法的行为，会受到什么种类、什么程度的处罚。再如，《集会游行示威法》的颁布和宣传，人们可以预见到组织非法游行的后果。总之，由于法律具有预测的作用，人们就可以根据法律来确定自己的行为方向、方式、界限，合理作出安排，采取措施。[3] 有学者对法律的可预测性赋予更重要的意义，甚至认为这是法律权利义务的全部，"一项所谓的法律义务并非别的，而是一项预测，即，倘若某人作为或者不作为某些事情，他将会遭受法庭判决的这种或者那种方式的制裁。对于一项法律权利也是如此。"[4] 如果法律失去了可预测性，意味着法律对社会生活的调整有可能出现了不合社会通念的乃至相反的变

---

[1] 张勇：《刑法修正案立法功能及其矫正》，《时代法学》，2011年第1期。

[2] 周新铭、陈为典：《试论法律的稳定性、连续性和权威性》，《社会科学》，1979年第4期。

[3] 张文显：《法哲学范畴研究》，中国政法大学出版社2001年版，第41页。

[4] Oliver Wendell Holmes. Jr., "The Path of the Law", *Harvard Law Review*, Vol. 10, 1897.

化，这显然不利于社会关系的调整。法律的可预测性在法律的连续性运动中更为重要，也只有在这种相对稳定的变动中才体现出可预测性的意义。可预测性在刑法修正案维护刑法典连续性的修正过程中其意义更为清晰和突出。一言以蔽之，刑法的连续性保证其在变动情况下的可预测性，在连续性由修正案所维系的情况下，刑法修正案在可预测性基础上的保证刑法典连续性的功能就必然会产生。[1]

（二）刑法修正案的实体功能

相对于刑法修正案的技术性功能而言，其实体功能因修正案的立法技术性质经常被忽视。刑法典本身是一个较为封闭的系统，正是通过刑法修正案实现了与社会的对话和互动，因此刑法典因修正案产生开放性，这种开放性使刑法典具有调整犯罪圈和调节刑罚的功能，也正是这种开放性，使刑法在修正案的促进下具有了自身发展的动力，或许可以说，刑法修正案是刑法典的动力装置。

1. 赋予刑法典的开放性功能

对于法律的开放性特征，学者论及不多，法典尤其如此。从目前现有文献看，一般从三个方面认识法律的开放性，一是法律与非法律规则的沟通与交流，共同作为社会治理模式。[2] 二是法律能够吸收非本土资源，具有国际性眼界。[3] 三是能够容纳某一领域最多数情况并能适用于最大多数场景的权威性范畴，典型的如重大事由、显失公平、情势变更等，这被学者称为"伸缩性概念""模糊性术语"。[4] 这是从内容上论及法律的开放性。法律的开放性实际上具有两个方面的内容，一是形式的开放性，二是内容的开放性。刑法修正案赋予刑法典内容的开放性功能主要体现在犯罪圈的变化和刑罚的调节上。形式上的开放性功能主要是指刑法修正案能够改变刑法典的封闭性所导致的不周延性和滞后性。

成文法尤其是法典具有固有的缺陷，无论多么完美的法典都不能包罗

---

〔1〕 刘利：《法律的开放性——中国法治建设的模式选择》，《阜阳师范学院学报》（社会科学版），2007 年第 4 期。

〔2〕 同上。

〔3〕 焦富民、盛敏：《论荷兰民法典的开放性、融和性与现代性——兼及对中国制定民法典的启示》，《法学家》，2005 年第 5 期。

〔4〕 周赟：《法典的未来——论原则性法典》，《现代法学》，2008 年第 6 期。

万象。因此，法律绝不可能发布一种既约束所有人又对每个人都最有利的命令，法律在任何时候都不能完全准确地给社会的每个成员作出何谓善德、何谓正确的规定。由此产生的不周延性以及稳定性导致的灵活性不足和滞后性成为其主要缺陷。[1] 事实上，法典规定的不周延性和滞后性是同一个问题，因为原来较周延的规定在立法当时是适应社会形势的，只是社会的变化才导致原先的周延性规定不能再包含新的问题，因此产生了不周延，也正是社会形势的变化才使刑法滞后于社会发展。因此，法典的不周延和滞后实为同一问题，都反映了刑法典的封闭性。事关公众生命和财产安全的刑法典在对稳定需求更高的现实下，其不周延性和滞后性可能就更为明显，然而刑法典的编纂并不会也不可能经常进行，在我国这种单一刑法典的立法模式下，如何克服刑法典的固有缺陷成为刑法有效规制社会关系的必要前提。刑法典的进一步编纂是必要的，但在新的刑法典编纂之前通过修正案的方式可以在一定程度上改变刑法典的滞后性和不周延性，从而首先在形式上赋予刑法典开放性特征。这能够在一定程度上使刑法具有灵活性，而灵活性可以使刑法保持一种持久的生命力，[2] 此为现代刑法所必需。

　　刑法修正案通过变更修正可以实现对刑法规范的补充功能，从修正案对刑法规范补充的实际情况来看，有犯罪主体、行为方式、情节等方面的补充，因此能够在一定程度上改变原刑法规范的不周延性。增加修正在修正案语境下是对刑法既有犯罪侵害客体的更完善保护，也能够实现刑法规定的周延及进一步完善。这种周延性规定同时使刑法适应社会发展的现实，刑法典的滞后性缺陷能够在一定程度上得到改变。废止修正是专门针对不适应变化的社会现实从而废除原条款的修正，这种修正对改变刑法的滞后性作用也非常明显。由于单行刑法和附属刑法是和刑法典并列的独立刑法渊源，虽然二者的立法和修改都能完善一个国家的刑事法律，但对于不发生改变的刑法典而言，这种完善有时会和刑法典相冲突，使刑法典处于一种更为尴尬的地位，其封闭性特征就越明显地凸显出来。单行刑法和

---

〔1〕 何泽锋、李永广:《成文法典局限性及其克服》,《河南科技大学学报》（社会科学版），
　　 2007 年第 2 期。
〔2〕 周少华:《刑法之灵活性及其意义》,《现代法学》，2011 年第 1 期。

附属刑法只能使一个国家的刑事立法整体发生改变，对刑法典而言，只是凸显其自身不足的尴尬参照。因此，在刑法典编纂之前改变其滞后、不周延的较好形式就是刑法修正案，刑法通过刑法修正案实现了和变化社会的及时对话，可以在相当程度上打破其封闭性，实现开放性功能。

在这个问题上必须澄清一个误区，即单行刑法和附属刑法只能促进一国整个刑事法律体系和刑法规范的完善，其对于刑法典而言意味着"尴尬"。这是从单行刑法、附属刑法与刑法典均作为一国刑事法律的渊源而言的。在现实中，当法制发展到一定程度时国家会对刑事法律进行整理，进而编纂刑法典，这时单行刑法和附属刑法规范均可以被吸收进刑法典，此时前两者也成为刑法典的资源。但这种情况只能发生在法典编纂的情况下，而法典的编纂并不是可以随意进行的，这一点从我国《民法典》创设的艰难之路中也可以看出来。从我国的现实情况来看，刑法修正案几乎可以随时进行，不受法典编纂所应遵从的条件的限制，因此刑法修正案可以实现刑法典的开放性功能。

2. 调整刑法典处罚范围的功能

刑法修正案赋予刑法典开放性的形式功能，在具体内容上一方面完善了某些犯罪构成的有关要件，另一方面实现了新旧犯罪出入刑法的功能和对刑罚的调节功能。因而通过修正案，刑法典能够合理调整犯罪圈和刑罚量，实现处罚范围的合理性和处罚结果的有效性。

第一，犯罪圈调整功能。犯罪的形势是动态变化的，应当根据本国的政治、经济、文化和社会情况，建立健全刑法的出入罪机制，在个人权益与国家和社会利益的博弈中寻求一种平衡。[1] 刑法修正案对犯罪圈的调整功能也是与诸多利益相协调的。在刑法修正案成为目前刑法主要修改模式的前提下，刑法典对犯罪圈的调整主要通过修正案完成。

从我国刑法修正案对犯罪圈调整的现实来看，除《刑法修正案（八）》《刑法修正案（九）》删除了一些罪的死刑刑罚外，20 年来的刑法修正案不断地为刑法典增加罪名和刑罚，未见以刑法修正案或其他方式删减罪名

---

〔1〕 钊作俊、刘蓓蕾：《犯罪化与非犯罪化论纲》，《中国刑事法杂志》，2005 年第 5 期。

和刑罚。[1] 在《刑法修正案（八）》中尽管对刑罚作了一定调整，但犯罪圈仍然处于扩大的态势。即便新行为不能被纳入已有的罪名体系，刑法修正案仍可以对新的行为全面犯罪化，那么修正案当然也可以对既有罪名进行删除，对嫖宿幼女罪的删除即是适例，说明了修正案的此种功能。刑法修正案的这种调整使刑法典具有了适应社会形势对犯罪圈动态调整的功能。

第二，刑罚调节功能。即便不需要考虑复杂的犯罪情节等影响新罪设定的因素，刑罚的调整也不是很简单的事。边沁从法律的目的在于增长幸福、所有的惩罚都是损害以及本身是一种恶的思想出发，提出在下列情况下不应当施加惩罚：惩罚无理由、惩罚必定无效、惩罚无益和惩罚无必要。[2] 边沁同时提出惩罚的可变性特征，即一套惩罚在量上可变，以符合罪过的收益或损害所能有的每一不同分量。[3] 边沁论及的刑罚因罪过不同产生的可变性在同一罪具有不同档次的法定刑下体现出来。但从一种刑罚自身以及整个刑罚体系来看，二者都会随社会形势发生变化。在刑罚设立之后，这种可变性就成为刑法变化的主要形式，其意义也更为重要。在边沁看来选择的刑罚一定要具有如下特质：可变性或可分割性、本身平等、可成比例、与罪行的相似性、示范型、经济性并可以减轻或免除。[4] 既定的刑罚通过修正案可以实现其可变性等特质。修正案对刑罚的调节体现为三种情况，即在原刑罚基础上的加重、减轻和废除。我国刑法修正案对这三种情况均有采用。

3. 促进刑法发展的动力功能

刑法发展的深层动力源于社会需求，但修正案的质量直接影响刑法的完善程度。在这个意义上，刑法修正案是促进刑法发展的直接形式和动力。刑法修正案名为对刑法的修正，实际上其中包含许多创制内容。我国刑法修正案中增加条文修正的比重达到全部修正条文的34%，刑法修正案

---

[1] 张笑英、谢焱：《动态犯罪圈的完善——以刑法修正案的实体考量为视角》，《法学杂志》，2009 年第 3 期。
[2] ［英］边沁：《道德与立法原理导论》，商务印书馆 2000 年版，第 216—217 页。
[3] 同上，第 236 页。
[4] ［英］边沁：《立法理论》，李贵方等译，中国人民公安大学出版社 2004 年版，第 387—390 页。

处于修正与创制的双重轨迹上。无论修正还是创制，都意味着刑法修正案对刑法典的更新和促进。

四、刑法修正案的形式特征

（一）修正的时间特征

刑法修正案的修正时间体现了刑法应对社会变化现实的特征以及刑法修正本身变化的特征。我国《刑法》历次修正的时间见表2。[1]

表2　我国《刑法》历次修正时间

名称	修正时间	间隔时间
1997 年《刑法》	1997 年 3 月 14 日	——
《刑法修正案（一）》	1999 年 12 月 25 日	2 年 9 个月
《刑法修正案（二）》	2001 年 8 月 31 日	1 年 8 个月
《刑法修正案（三）》	2001 年 12 月 29 日	4 个月
《刑法修正案（四）》	2002 年 12 月 28 日	1 年
《刑法修正案（五）》	2005 年 2 月 28 日	2 年 2 个月
《刑法修正案（六）》	2006 年 6 月 29 日	1 年 4 个月
《刑法修正案（七）》	2009 年 2 月 28 日	2 年 8 个月
《刑法修正案（八）》	2011 年 2 月 25 日	2 年
《刑法修正案（九）》	2015 年 8 月 29 日	4 年 4 个月
《刑法修正案（十）》	2017 年 11 月 4 日	2 年 2 个月
《刑法修正案（十一）》	2020 年 12 月 26 日	3 年 1 个月

1. 修正时间审势即时

从刑法修正的时间来看，在月份上是按照全国人大常委会开会的日期通过的，年份上完全是"即时"性修正，体现出修正时间的任意性。这种任意性实际上是由刑法修正的实用性导向决定的，即在社会形势发生变化

---

〔1〕　表中统计的时间间隔精确到月份，从具体到日的时间间隔看，误差不过几日，因而对本研究不会产生实际影响。另外第一个修正案由于其名称为《中华人民共和国刑法修正案》，这里为便于区分将其名称直接简写为《刑法修正案（一）》。

刑法不足以应对的时候，产生刑法修正之需要。由此看来，刑法的修正是"即时"的，这种即时性是基于应对社会变化的需要，不受立法规划限制，刑法修正的实用性导向也可以从此中窥见一斑。

2. 修正前瞻性较弱

从表 2 可以发现，各刑法修正案的间隔时间不等，其中《刑法修正案（二）》和《刑法修正案（三）》之间间隔仅为 4 个月，最长的是《刑法修正案（十）》和《刑法修正案（十一）》之间，间隔时间为 3 年 1 个月。以间隔时间最短的《刑法修正案（二）》和《刑法修正案（三）》来看，《刑法修正案（二）》仅仅修正了《刑法》第 342 条这一个条文，可见，在《刑法修正案（二）》修改相关内容时，完全没有考虑到《刑法修正案（三）》可能需要解决的问题。这里体现出修正有时"就事论事"的修正特征，修正的前瞻性较差。除非是事关国家形象与重大利益的修正，这种一个修正案仅仅修正一个刑法条文的修正方式实际上是对立法资源的浪费。事实上，在 1999 年年底的时候已经发生数起违反土地管理法规、非法占用林地改变其用途的情况，[1] 完全可以在《刑法修正案（一）》中对此作出修正。

3. 修正频率较高

从 1997 年《刑法》颁行到 2020 年 24 年的时间里，《刑法》共修正了 11 次，平均两年多的时间修正一次，和我国其他法律相比较，修正的频率都是最高的。这似乎反映了我国刑法并不像法学理论上宣称的那样法典应具有稳定性——这种高频率的变化实在难言是稳定的。从比较的视角看，日本现行刑法是 1907 年制定的，近百年时间，日本社会发生了重大变化，刑法需要修改，从第二次世界大战之后就着手修改刑法，至 1974 年正式提出刑法修正案并公开出版供讨论，至今 47 年过去了，修正案仍未被通过，[2] 联邦德国 1871 年制定的刑法，经多次补充之后，到 1962 年提出修

---

〔1〕 云南大理州祥云县自 20 世纪 90 年开始就出现因采矿大量毁林的现象，周晓辉：《"淘金"十年　毁林成坑》，新浪网，http://newssina.com.cn/c/2010 - 10 - 25/092018282215s.shtml，最后访问日期：2020 年 7 月 30 日。

〔2〕 ［日］有斐阁：《判例六法》，2001 年日文版，第 1273 页，转引自李洁：《慎重修改刑法论》，陈兴良主编：《刑事法评论》（第 11 卷），中国政法大学出版社 2002 年版，第 320 页。

正案，直到 1975 年（总则）、1976（分则）年才正式通过[1] 法国 1810 年的刑法典到 1994 年 3 月 1 日才被新刑法典取代[2] 如果以这些国家几十年乃至上百年刑法才发生变化来看我国刑法的修正，可以认为我国刑法不具有稳定性。当然，修正的频繁也说明了刑法修正应对社会的必要性。但快速立法虽然能够适应及时惩罚某些严重危害社会行为的需要，由于缺乏立法尤其是刑法立法所必需的深思熟虑，无法保证立法的质量，很容易使所立之法成为缺乏价值合理性和技术合理性的不当之法[3]

（二）条文数量特征

11 个刑法修正案的条文数量，总计 213 条，除去每个修正案最后的生效条款，共 206 条（表 3）[4]。1997 年《刑法》除去附则共 451 条，修正案修正的条文占《刑法》总条文的 45.7%。

表3　我国《刑法修正案》条文数量

名称	刑法修正案（一）	刑法修正案（二）	刑法修正案（三）	刑法修正案（四）	刑法修正案（五）	刑法修正案（六）	刑法修正案（七）	刑法修正案（八）	刑法修正案（九）	刑法修正案（十）	刑法修正案（十一）
条文数量	8	1	8	8	3	20	14	49	46	1	48

1. 条文数量过于悬殊

表 3 的数据反映出在前 5 个修正案中，修正案的条文数量都维持在个位数，其中《刑法修正案（二）》除去生效条文外，实际上只有一个条文，《刑法修正案（五）》也只有 3 个条文。从《刑法修正案（六）》起，条文数量开始增加，至《刑法修正案（八）》已经有 49 个条文。在今后的修正中，修正案的条文可能会进一步增加，但是对总则的修正会减少，客观而言，总则被进一步修改的余地已经很小了。

2. 一般条文关注较少

修正案条文数量的巨大差异也说明立法机关对刑法并没有进行过系统

[1] 《西德刑法改正论争》，成文堂 1981 年版，第 96—97 页，转引自李洁：《慎重修改刑法论》，陈兴良主编：《刑事法评论》（第 11 卷），中国政法大学出版社 2002 年版，第 320 页。
[2] 《法国新刑法典》，罗结珍译，中国法制出版社 2003 年版，序言第 1 页。
[3] 刘仁文：《刑法修正应注意的几个问题》，《人民法院报》，2010 年 8 月 11 日。
[4] 表中条文数量是指除去修正案最后一条的生效时间条款的条文数。

梳理。从修正的内容来看，许多被修正的问题并不是新近发生的，如从《刑法修正案（三）》对《刑法》第114条和第115条的修正来看，只是将"投毒"细化为"投放毒害性、放射性、传染病病原体等物质"。《刑法修正案（二）》对《刑法》第174条的修正将"商业银行或其他金融机构"明确为"商业银行、证券交易所、期货交易所、证券公司、期货经纪公司、保险公司或其他金融机构"。《刑法修正案（六）》对《刑法》第186条第1款和第2款的修正将"违反法律、行政法规"修正为"违反国家规定"。《刑法修正案（八）》对《刑法》第358条第3款原来的"协助卖淫行为"行为进一步明确为"招募、运送人员或者有其他协助组织他人卖淫行为"。上述几种具有解释性的修正乃因立法的粗疏所致，在《刑法》中存在已久，其实只要对文本进行系统梳理，这些问题早就可以发现。更为明显的是，《刑法修正案（四）》将《刑法》第338条原条文中的"土地、水体、大气"字样删除，是因排放、倾倒或者处置有放射性的废物、含传染病病原体的废物、有毒物质或者其他有害物质只能向这三种空间进行排放，不存在第四种排放空间，原刑法用语实属多余，理应删除。这种情况说明立法机关在《刑法》出台后可能没有关注法条的梳理工作，更倾向于对新出现的问题或极为明显的问题进行调研，修正案中新增条文较多或许可以说明这个结论。《刑法》是善待的对象，立法之后，立法机关仍需持久地关注每一个法条可能出现的问题。

（三）施行时间特征

施行时间是除宪法外所有法律的重要组成部分，修正案也不例外。我国刑法11个修正案的施行时间见表4。

表4 我国刑法修正案施行时间

名称	刑法修正案（一）	刑法修正案（二）	刑法修正案（三）	刑法修正案（四）	刑法修正案（五）	刑法修正案（六）
施行时间	公布之日	公布之日	公布之日	公布之日	公布之日	公布之日
名称	刑法修正案（七）	刑法修正案（八）	刑法修正案（九）	刑法修正案（十）	刑法修正案（十一）	
施行时间	公布之日	公布后3个月	公布后2个月	公布之日	公布后3个月	

1. 溯及力的依附性

对刑法修正案规定减轻处罚的罪名或者废除死刑的罪名，在修正案生效后尚未判决或判决尚未生效的案件，可以适用修正案吗？对于这个问题我国学者的观点并不一致。[1] 刑法修正案对其溯及力并没有作出规定，但就刑法修正案与刑法典的关系而言，其作为促进刑法典更新的一种方式，"修正内容"取代原刑法典条文后"修正内容"即成为刑法典的一部分，因此，修正案的溯及力应遵从《刑法》第12条的"从旧兼从轻"的规定。刑法修正案的"修正内容"本就是刑法典的一部分，无须对溯及力问题重新加以规定，在这个角度上，修正案的溯及力是附属于刑法典的。因此在原规定为有罪、修正案规定为无罪的情况下，应遵从此原则适用修正案的规定。

2. 生效时间的应急性

从表4看修正案的生效时间有两种，一是公布之日生效，二是公布后一段时间后生效。第一种情况主要适用于条文较少的修正的，学者认为这和刑法典生效的方式不一致，[2] 而且直接生效的方式有"不教而诛"的嫌疑。[3] 第二种情况主要是针对修正案条文较多的《刑法修正案（八）》《刑法修正案（九）》及《刑法修正案（十一）》规定的，这样可以给民众以及司法机关留下学习研究修正内容的时间，才能让人们更好地预测、调整自己的行为，司法机关才能对条文有效适用，因而理想的做法应该是第二种方式。刑法修正后的"修正内容"即成为刑法典的组成部分，基于刑法典的"法典"特性，修正案不应该是"应急性"的，为了惩罚一个新出现的犯罪行为修正刑法且立即适用有情绪化立法倾向，这并不合现代刑事法治的基本理念。即使如《刑法修正案（二）》仅有一个条文修正的情况也不宜采用立即生效的方式，虽然条文极少的修正采立即生效的方式不会

---

〔1〕 相关著作及论文有赵秉志：《刑法修正案的最新理解适用》，中国法制出版社2009年版；黄京平、彭辅顺：《刑法修正案的若干思考》，《政法论丛》，2004年第3期；黄太云：《刑法修正案和刑法立法解释溯及力问题探析》，《人民检察》，2006年第10期（上）。

〔2〕 高铭暄、吕华红：《刑法修正案对刑法典的修订》，《河南省政法管理干部学院学报》，2009年第1期。

〔3〕 赵秉志、蒋熙辉：《试论刑法修正案》，http://bnulaw.bnu.edu.cn/fvzx/2007/0709/fvzx_414.htm. 2011-01-10。

对民众、司法机关学习产生实质影响，但这种次要意义不应成为修正案立即生效的理由。从《刑法修正案（八）》"危险驾驶罪"实际适用的情况来看，入刑之前产生较大争议，入刑之后如何适用，是一律入罪还是勿一律入罪，争议更甚。因此问题的焦点并不是生效后留下多少时间以供学习，而在于刑法修正不应是应急性的，采用应急式的立法且急于生效或即使有一定时间的缓冲，也必然由于立法的非理性化导致争议。

其他法律的修正一般都会有过渡条款，即"规定法律施行时，各种法律关系之调整及法律施行之准备事宜"的条款。其设立的目的在于使主管机关充分之准备及于过渡时期为必要措施之时间，俾使新旧法律秩序的变革不致对社会造成过大的冲击。[1] 刑法修正如何设立过渡条款是一个问题，但在没有设立过渡条款的情况下，给刑法修正案的适用留下缓冲时间能够在一定程度上起到过渡条款的效果。因而刑法修正案公布一定时间后生效并不是单纯学习熟悉刑法的形式问题，而是刑法适用效果的实质问题。基于此，刑法修正案应采上述第二种生效方式为妥。

3. 生效时间规定的重复性

在对修正案条文进行统计时本书没有将生效条款数额统计进去，因为如果要以修正案的"修正内容"为统计标准，生效条文是不能计算在内的。此外，在修正案中本来就无须另行规定一个生效时间的条文。

从我国刑法修正案公布的方式来看，其均是以"主席令"的方式公布的。主席令的内容格式如下：

中华人民共和国主席令第××号

《中华人民共和国刑法修正案（××）》已由中华人民共和国第××届全国人民代表大会常务委员会第××次会议于××年××月××日通过，现予公布，自公布之日起施行（或现予公布，自××年××月××日起施行）。

中华人民共和国主席×××

---

[1] 罗传贤：《立法程序》，龙文出版社股份有限公司1993年版，第94页。

中华人民共和国刑法修正案（××）

（××年××月××日第××届全国人民代表大会常务委员会第××
次会议通过）

一、……

二、……

……

××、本修正案自××年××月××日起施行。

11 个修正案的主席令无一例外有修正案生效时间内容，以公布之日生
效还是公布后一段时间生效，有两种表达方式："现予公布，自公布之日
起施行"或"现予公布，自××年××月××日起施行"。刑法修正案是
以主席令的方式公布的，其中生效时间的表述也是主席令的正式内容。从
主席令公布的具体方式来看，名称均是"中华人民共和国主席令"，主席
令的内容是《中华人民共和国刑法修正案（××）》……从这种公布方式
来看，主席令号、通过机关、通过时间、生效时间、发布机关、发布时间
以及修正案具体内容，均属于正式官方文件的必需内容。这样在主席令之
后修正的具体内容中就没有必要再对修正案的生效时间作出规定，否则即
为重复。而且主席令后就是被"修正"的规范，而生效时间条款与此没有
关系，从内容上看，也不应在修正案具体条文中规定修正案的生效时间。

（四）修正案编号特征

刑法修正案的编号看似是个没有讨论价值的问题，但其与修正内容具
有深层关系。

1. 编号的适当性

我国刑法修正案共有 11 个，其中第一个修正案的名称是"中华人民
共和国刑法修正案"，没有编号，从第二个修正案开始编号分别从
"（二）"到"（十一）"。立法者在第一个修正案制定之时并不是没有想到
以后还会有第二个、第三个甚至更多修正案，对第一个修正案没有列明编
号，虽然导致和其他修正案编号形式上的不统一，但这并不是大问题。从
上述修正案和刑法之间的关系看，修正案并不可以直接被援引，修正案在
促成刑法新文本产生后其意义仅具有告诉读者刑法何时被修正的意义，或

者是理论研究的价值。因而并不会出现学者所言的适用上的难处。[1]

2. 编号的必然性

我国宪法也是采用修正案的方式修正的，目前 4 个宪法修正案都没有编号。美国宪法修正案采用的是第××条修正案的形式，从 1791 年 12 月 25 日至 1992 年两百年的时间里共有 27 个（条）修正案，平均每 7.4 年发生一次修正。我国宪法分别于 1988 年 4 月、1993 年 3 月、1999 年 3 月和 2004 年 3 月出台了 4 个修正案。从 1982 年宪法颁行后至今约 30 年的时间里平均每 7 年半的时间修正一次，这和美国宪法修正时间间隔相差无几。这种时间的相似性并不是巧合。宪法规定的是一个国家的社会制度和国家制度的基本原则、国家机关的组织和活动的基本原则、公民的基本权利和义务等重要内容，有的还规定国旗、国歌、国徽和首都以及统治阶级认为重要的其他制度，涉及国家生活的各个基本方面。这决定了宪法的规定都是原则性的，特别是关于国家政治制度的规定，除非发生政变等极为特殊的政治事件或革命，政治制度是不会改变的，由此宪法修正的频率远远低于刑法修正的频率。可以设想，宪法再怎么修正也不会有太多的修正案。因此宪法修正案不加序号也不会出现认识上的混乱。刑法恰恰相反，它是直接规定具体行为的规范，一个条文可能会被多次修正，其易变性显然强于宪法，今后还会出现若干个刑法修正案。这决定了在数量较多的情况下刑法修正案必须有编号。

有学者认为我国刑法修正案应采用刑法修正案第一条、刑法修正案第二条……连续标号的形式，[2] 但这样只会徒增麻烦，因为正如上述所言，刑法的修正是经常性的，修正涉的条文也会较多。如果采用这种方式，刑法修正案的数量甚至会超过刑法典的条文数。

（五）条文序号特征

1. 条文序号的适当性

刑法修正案条文编号采用的是"一""二"……的方式，且每一个修正案重新编号，修正案之间编号不连续。对于这种编号方式学者多有异

---

〔1〕　王磊：《法律修正案的形式问题》，《法制日报》，2003 年 1 月 30 日。
〔2〕　同上。

议。有学者认为修正案编号方式和刑法典的编号方式不统一，刑法典采用的是"第一条""第二条"……的编号方式，修正案也应采用这种方式[1]；也有学者认为修正案之间应采连续编号的方式，[2] 估计这是受美国宪法修正案连续编号的影响。刑法修正案如何编号是由刑法修正案的性质决定的。

前已述及，刑法修正案并不是刑法典的组成部分，它的意义只在于生成新的刑法文本，告诉读者刑法究竟被修正了哪些内容，此后其仅有学术研究的价值。换言之，刑法修正案并不是纯粹的刑法规范，不可直接援引适用，这是其和刑法典的根本区别。因此，刑法修正案就无须和刑法典条文序号一致，也无须按照刑法典分则规定的犯罪类别或总则各章节的规定去规划修正的内容。现刑法修正案的条文序号按照刑法典的条文顺序做修正，实际上也反映出刑法修正案不是纯规范性法律文本的特征。修正案直接使用"一""二"等序号的排序方式实际上更为简明、醒目、便利。

2. 生效时间的条文序号应予以变通

存在的问题是各刑法修正案不应将生效时间条款添加序号。除《刑法修正案（二）》《刑法修正案（十）》的生效条款没有添加条文序号外，其他修正案的生效时间条款均添加了条文序号。如果按照其他几个修正案的条文排序规则，《刑法修正案（二）》《刑法修正案（十）》对生效时间条款也应添加序号，这两个修正案就包括了两个条文。按照立法者的思维，关于生效时间条文也应标上序号，或许基于上述两个修正案仅修正了一个法条，因此未对其条文加序号。作为一项立法活动，这多少有些不严肃。

如果按照对生效时间条文不添加序号的做法，则所有修正案的生效时间条文均不应添加序号。实际上，如上所述，因为在公布修正案的主席令中已经有修正案的生效时间规定，且修正案属于主席令内容的组成部分，从避免重复的角度看，对生效时间条文不应添加序号。在今后的修正中或

---

[1] 左良凯：《试论我国刑法修正案的现状、问题与完善》，《广西政法管理干部学院学报》，2007 年第 1 期。
[2] 王磊：《宪法如何面对未来？修宪与宪法的稳定性和连续性》，《中外法学》，2005 年第 1 期。

许这种情况很难改变，因为立法者可能要考虑和此前时间条文添加序号方式的协调，但这不应成为维持一种不合理形式的理由。

五、刑法修正案的内容特征

刑法修正案的内容基于对其实体规定归纳而来，我国11个刑法修正案在指导思想、修正内容、犯罪圈调整以及刑事政策影响等四个方面具有鲜明的特征，反映了刑法修正的基本动向和趋势，对刑法未来的修正会产生一定的预测和指引作用。

（一）以实用性为修正的指导思想，同时突出民生的刑法保护

1. 刑法修正以实用性为指向

刑法的任务是保护人类社会的共同生活秩序。没有一个人能够永远与世隔绝地生活，相反，人们基于其生存条件的要求，需要生活在一个彼此交往、合作和信任的社会里。在维护人类社会关系的和平秩序和保护秩序方面，刑法具有重要意义。[1] 刑法的生命在于其对正义的维护，但这种抽象的价值必须通过刑法的基本功能体现出来，这种功能就是维护社会秩序，从通俗的角度讲就是刑法的用处。刑法的追求无论有多崇高，它最基本的使命必须是解决实际问题——对危害社会的犯罪予以惩罚进而预防犯罪，说到底这就是刑法的实用性。刑法具有实用性说明刑法具有一定的功利性，但这并不是功利主义。任何一部刑法的存在都必须以能够解决既有问题为出发点，在其不足以应对新问题时，其修正也必须以解决新问题为出发点。不夸张地说，刑法的生命即在于可以解决犯罪问题，公正、谦抑和人道都是为了更好地协调解决实际问题，在一定意义上是为实用性服务的，实用性是刑法的基础和其之所以存续的直接且根本的前提。我国古代法律制度极其发达，但并没有形成发达的法律理论，在这方面刑法体现得更为明显，现在所谓"犯罪构成"理论、"刑事责任"理论等均是舶来品。中国古代的刑事法律缘何发达，盖因当时中国社会经济远较西方发达，纠

---

[1]　［德］汉斯·海因里希·耶塞克、托马斯·魏根特：《德国刑法教科书》，徐久生译，中国法制出版社2001年版，第3页。

纷甚多，需要法律来解决这些问题，因而自古以来中国的刑法就是以实用性为基础的，或许也正是这种实用性甚至"超实用性"在一定程度上抑制了刑法对更高理想层次的追求，才使得刑法一直停留在"形而下"的层次上。中国古代司法者在很大程度上解释运用法律，具有息事宁人的特征，不是首先寻求其"真理"而是追问其是否"实用"。[1] 这被李泽厚一语点破：血缘基础是中国传统思想在根基方面的本原，那么，实用理性便是中国传统思想在自身性格上所具有的特色。"实用理性"就是它关注于现实社会生活，不做纯粹抽象的思辨，也不让非理性的情欲横行，事事强调"实用""实际"和"实行"，满足于解决问题的经验论的思维水平。[2] 我国刑法修正体现了典型的实用性指导思想，前文从我国刑法修正案存在的根基上已加以论证。实际上，刑法修正案对新问题的解决更清晰地体现这一点。在美国"9·11"事件发生后，我国为应对恐怖活动犯罪，在《刑法修正案（三）》中对有关恐怖活动犯罪条文进行修改、补充；针对信用卡犯罪的实际，《刑法修正案（五）》对与信用卡犯罪有关的条款进行修改；面对全国范围内生产安全事故频发的实际，《刑法修正案（六）》修改补充了刑法有关生产安全事故方面的犯罪，[3] 修正了《刑法》第 134 条生产、作业安全事故罪，针对普遍存在的安全事故发生后隐瞒不报的情况，在第 139 条后增加了不报或谎报事故罪。随着国家经济发展和人民生活水平逐步提高，各类群众性文化娱乐体育活动广泛开展。在公园、风景区、游乐园、广场、体育场（馆）、展览馆、俱乐部、公共道路、居民生活区等公共场所举办演唱会、音乐会、游园、灯会、花会、展销会、体育比赛、民间竞技等文艺活动、民间传统活动和群众性体育活动日益增多，参加人数少则几百人，多则成千上万人。由于安保措施不到位，大型群众性活动中现场秩序严重混乱、失控，以致产生人员挤压、踩踏等恶性伤亡事故。[4] 基于此，《刑法修正案（六）》第 3 条增加了大型群众性活动事故罪。《刑法修正案（七）》针对领导干部家属等隐性"权力磁场"的受贿

---

〔1〕　谢晖：《中国古典法律解释中的目的智慧——追求法律的实用性》，《法学论坛》，2005 年第 4 期。

〔2〕　李泽厚：《中国古代法律思想史论》，人民出版社 1986 年版，第 303—305 页。

〔3〕　龚培华：《我国刑法修正的特点及发展》，《东方法学》，2010 年第 5 期。

〔4〕　黄太云：《刑法修正案（六）的理解与适用》（上），《人民检察》，2006 年第 7 期（下）。

问题，及时增加了第 388 条之一利用影响力受贿罪。针对"离职不离权"的现象，修正案增加了离职的国家工作人员利用原职权受贿罪作为 388 条之一的第 2 款。针对实践中多发的证券、期货内幕信息的知情人员并不一定自己进行内幕交易或者泄露信息而是明示或暗示他人从事证券、期货交易活动，《刑法修正案（七）》第 2 条对《刑法》第 180 条第 1 款进行修正，将该种行为犯罪化。在我国广东、广西等一些地区存在极为严重的非法组织传销的活动，对此不同地区以非法经营罪、诈骗罪、集资诈骗罪等不同罪名处理，但造成司法标准不统一，量刑差别大。为对组织、领导传销的犯罪活动予以严厉打击，《刑法修正案（七）》增加了组织、领导传销活动罪，有针对性地解决这一问题。针对利用社会流浪儿童进行违法犯罪行为的大量事实，《刑法修正案（七）》增加了组织未成年人进行违反治安管理活动罪。针对拒不支付劳动报酬等恶意欠薪行为，《刑法修正案（八）》第 41 条增加了对该种犯罪行为的规制。对于泛滥的买卖人体器官等行为则在该修正案第 37 条中增加了对组织出卖人体器官、强行摘取人体器官或摘取不满 18 周岁的人的器官等犯罪行为的定罪量刑标准。针对食品安全问题，由于涉及的民众多，造成的危害极大，因此《刑法修正案（八）》修正了《刑法》第 143 条和第 144 条，降低了入罪门槛，同时于第 408 条增加了对负有食品安全监督管理职责的国家机关工作人员滥用职权或玩忽职守导致发生重大食品安全事故犯罪的规定，还增加了危险驾驶罪。

　　2. 刑法修正对民生的关注

　　刑法对民生的关注源于刑法观念的变革。传统刑法观是一种惩罚观，即对犯罪人的惩罚。传统刑事司法的模式也正与此相适应，即以解决被告人的刑事责任为中心。这种以惩罚为中心、刑罚至上的刑法观是传统政治国家独大、一元化社会的产物。随着市民社会和政治国家二元分立的政治结构的形成，刑法就不仅仅是国家镇压犯罪的工具，也是约束国家刑罚权的有效手段。[1] 在市民社会的基础上，刑法开始具有市民刑法的性质，人

---

[1]　陈兴良：《宪政视野中的刑法》，《华东刑事司法评论》，2002 年第 2 期。

身自由、人格尊严、权利平等、权力均衡和契约自由等思想成为其基本理念。[1] 市民社会勃兴的西方社会法治化和现代化进程是对契约、自由、权利和正义价值诉求的过程，[2] 而人文精神是法治进程中的理念支撑，这样人文精神和市民刑法具有了契合点，两者契合的基础就是它们具有共同的价值诉求。这是市民社会和政治国家分离后刑法对市民社会作出的必然反应，刑法不再以国家为中心，在有些问题上开始具有私人化性质，也和"犯罪是反对整个社会的违法行为"的观念相距甚远。抽象的社会利益概念在这里被具体的个人利益或群体利益所代替，刑法不再把个人淹没在抽象的社会秩序之中，对人的现实关注成为其重心，刑法的人文关怀由此形成。我国有学者将这种刑法称为"民生刑法"，倡导"人本刑法观"，即以人性、人道、人权价值为内容，强调民生保护，弥合国家本位与个人本位之间的距离，强调对民生权利的保护。[3] 另一方面，这种修正也体现了个人本位的刑法立法理念，刑法从社会本位向个人本位的转变，在重视个人权利的观念下，能够最大限度地实现个人权利保障与社会秩序维护之间的均衡。[4] 所以有人形象地评价刑法修正是大事也是"身边"事。[5]

　　我国刑法修正案对民生权利的保护突出体现在以下几个方面：第一，对民众安全的保护。对民众的安全保护一直是刑法规定的事项，只是近年来出现了新的情况，刑法修正案对此作出修改使规定更完善合理：《刑法修正案（三）》第3条和第4条加重了对恐怖活动犯罪的惩罚，第9条增加了传播虚假消息严重影响社会秩序罪。《刑法修正案（八）》第43条提高了黑社会犯罪的法定刑，并对其特征予以明确。第42条对寻衅滋事罪增加了"恐吓"这一行为方式，同时增加多次实施情节，提升了原有法定刑幅度。第49条增加了负有食品安全监督管理职责的国家机关工作人员滥用职权或者玩忽职守，导致发生重大食品安全事故或者造成其他严重后果的

〔1〕 田宏杰：《中西刑法现代化起源之比较考察》，陈兴良主编：《刑事法评论》，中国政法大学出版社2000年版，第25页。
〔2〕 马长山：《法治的社会根基》，中国社会科学出版社2003年版，第145页。
〔3〕 张勇：《民生刑法的品格：兼评刑法修正案（八）》，《河北法学》，2011年第6期。
〔4〕 左坚卫、傅静：《简论刑法修正案（八）的功能定位》，2011年中国刑法学年会论文集《社会管理创新与刑法变革》（上卷），中国人民公安大学出版社2011年版，第331页。
〔5〕 陶凤：《刑法修正是大事也是"身边"事》，《北京商报》，2020年12月28日。

犯罪，强化了对食品安全的监管，突出了对可能造成民众大面积伤害事故的处罚。《刑法修正案（十一）》对本罪进一步修正，扩大了适用范围，增加了情节犯。针对民众反响较大的不满 14 周岁的未成年人恶性暴力犯罪，《刑法修正案（十一）》第 1 条增加了"已满十二周岁不满十四周岁的人，犯故意杀人、故意伤害罪，致人死亡或者以特别残忍手段致人重伤造成严重残疾，情节恶劣，经最高人民检察院核准追诉的，应当负刑事责任"的规定；针对高空抛物事件，该修正案第 33 条增加了高空抛物罪。这些均突出了对民众心理安全和生活秩序的保护。第二，对民众劳动权利的保护。《刑法修正案（四）》第 4 条增加了雇用未成年人从事高强度或高空、井下作业或者在危险环境下劳动的犯罪。《刑法修正案（八）》第 38 条对强迫劳动罪取消了情节严重的要件，并提高了本罪法定刑。第三，对民众生存环境的保护。《刑法修正案（八）》第 46 条将重大环境污染事故罪"造成重大环境污染事故、致使公私财产遭受重大损失或者人身伤亡的严重后果"修改为"严重环境污染"，降低了本罪成立的条件。《刑法修正案（十一）》对此做进一步修正，增加并明确了加重处罚情节。第四，对民众生命健康和财产权的保护。《刑法修正案（四）》第 1 条将《刑法》第 145 条生产、销售不符合标准的医用器材罪由实害犯修改为危险犯，强化了对事关民众利益的医疗器械安全的保障。《刑法修正案（八）》第 23 条取消了生产、销售假药足以危害人身安全的要件，加强对该类犯罪的打击，第 24 条对生产、销售不符合卫生标准的食品罪提高了法定刑，并取消罚金数额，将相对确定的罚金修改为绝对不确定的罚金。《刑法修正案（十一）》对本罪进一步修正，增加了"药品使用单位的人员明知是劣药而提供给他人使用的，依照前款的规定处罚"，扩大了处罚范围。《刑法修正案（八）》第 37 条增加了组织出卖人体器官、强行摘取他人器官的犯罪。第 40 条增加了多次敲诈勒索这一情节和罚金刑，增加数额特别巨大或者有其他特别严重情节，法定刑较原有规定提升较大。第五，对民众自决权利的保护。《刑法修正案（八）》第 36 条将强迫交易行为具体化，并增加情节特别严重的情形，提高了本罪法定刑。第六，对民众隐私的保护。《刑法修正案（八）》针对买卖公民个人信息的情况适时增加了国家机关或者金融、电信、交通、教育、医疗等单位的工作人员出售或者非法提供公民个人信息犯罪。

（二）以经济犯罪和社会管理秩序犯罪为修正重点，修正内容广泛

11 个修正案对分则的修改一共有 181 个条文，约占全部修正条文的 88%。刑法分则每一章均被修正过。除去废除的 4 个条文和增加的 68 个条文外，变更修正共 114 个条文，占全部修正条文的 56%，呈现了"逢修必改"的现象。[1] 从修正的方式来看，涉及罪的修正和刑罚的变更。从罪的修正来看，涉及犯罪行为的补充、增加和直接改变，犯罪主体的扩大，犯罪情节的增加或删除，犯罪对象的补充与完善，除犯罪主体和犯罪对象没有减少外，凡可以改变的均发生改变，凡可以使用的修正方法全部使用。就刑罚的变更而言，有减轻、加重和废除三种形式。

在全部修正中，对于破坏市场经济犯罪的修正共 69 条，数量最多，占全部分则修正条文的 38%，妨害社会管理秩序罪的修正共 57 条，约占分则修正条文的 32%，二者之和超过修正总数的一半。由此，在历次刑法修正中，经济刑法的调整范围呈现出急剧扩大的特征，[2] 此外，对于妨害社会管理秩序的犯罪也呈现出扩张趋势。危害公共安全罪和侵犯人身权利犯罪，分别约占分则修正条文的 8%。其他几类犯罪修正的条文较少。由此可见，刑法修正以作为行政犯的经济犯罪和社会管理秩序犯罪的修正为重点，传统的自然犯变动较少。值得注意的是妨害社会管理秩序犯罪直到《刑法修正案（九）》才出现急剧增加的修正态势，《刑法修正案（十一）》对这一章又修正了 14 个条文。这主要是行政规制的需要经常变动以及某些行为多发危害渐显的现实决定的，这直接导致犯罪构成的变化，也反映了社会剧烈变动的现实。传统型自然犯在犯罪构成上较为稳定，从修正案对传统自然犯修正的情况看，对盗窃罪的修正除废除死刑适用外，增加了行为方式，敲诈勒索罪增加了"多次敲诈勒索的"这一入罪情节。强奸罪增加了"在公共场所奸淫幼女""奸淫不满十周岁的幼女或者造成幼女伤害的"、利用优势地位强奸和猥亵儿童的加重处罚情节。另外在立法技术上，

---

[1] 王永兴：《综述历次刑法修正：内容、特点和原因——兼论和谐社会视野下的刑法修正案》，《西南政法大学学报》，2009 年第 5 期。

[2] 孙国祥：《从历次刑法修正看我国经济刑法的扩张趋势与矛盾》，2011 年中国刑法学年会文集《社会管理创新与刑法变革》（上卷），中国人民公安大学出版社 2011 年版，第 332 页。

行政犯以叙明罪状为主，对其进行解释的余地和空间较有限，自然犯的犯罪构成表述较为简洁，构成要件的内涵和外延较大，对其进行刑法解释的余地和空间较大。[1] 这也决定了对这二者修正的范围不一样。

（三）进行大规模的犯罪化，犯罪圈形式上不断扩大

从我国第 1 个刑法修正案到现今的第 11 个修正案，除了嫖宿幼女罪外，对犯罪圈的调整均采取犯罪化的方式。有学者认为，犯罪圈不断扩大的立法趋势，并不意味着积极的刑法立法观在我国就此确立，犯罪圈扩大的立法趋向在总体上具有客观必然性和实践合理性。[2] 可以预见，未来刑法修正仍然会持续犯罪化。

这种犯罪化可以分为三类，一是新出现的行为现行刑法无法解决的，新增加的罪名中绝大部分属于这种情况。二是现行刑法已有规定，新罪属于已有犯罪之一种，新罪细化了原有规定。如《刑法修正案（八）》第 49 条增加的负有食品安全监督管理职责的国家机关工作人员滥用职权或玩忽职守罪是对《刑法》第 399 条的细化，即该罪与第 399 条是竞合犯，同时《刑法》第 414 条规定了放纵制售伪劣商品犯罪行为罪，由于食品安全事故产生均是生产、销售食品导致的，因此修正案新增加的条款和第 414 条也属于法条竞合关系。三是修正增加了新罪，但新罪独立成罪的理由其实并不充分，修正刑法的现有规定即可。如《刑法修正案（六）》第 3 条增加了大型群众性活动安全事故罪，该罪实际上和《刑法》第 135 条规定的"安全生产设施或者安全生产条件不符合国家规定"的情形，并无本质区别。《刑法修正案（六）》对修正后的该条表述为"安全生产设施或者安全生产条件不符合国家规定，因而发生重大伤亡事故或者造成其他严重后果的，对直接负责的主管人员和其他直接责任人员，处三年以下有期徒刑或者拘役；情节特别恶劣的，处三年以上七年以下有期徒刑"，其实这条完全可以进一步修正表述为："安全设施或安全条件不符合……"，将原表述中的两处"生产"字样删除即可。因为生产设施和条件的安全性与大型群众性活动的安全性并无差别，并无把二者分开独立成罪的必要，两罪的

---

〔1〕 王玉珏：《对刑法修正案模式之再思考》，《社会科学家》，2011 年第 3 期。
〔2〕 梁根林：《刑法修正：维度、策略、评价与反思》，《法学研究》，2017 年第 1 期。

法定刑也完全一样，这能说明二者在可罚上的一致性。《刑法修正案（六）》第 20 条增加了枉法仲裁罪，仲裁活动实质上属于广义司法活动中的一种，因而该条规定的犯罪可以由《刑法》第 399 条民事、行政枉法裁判罪解决。第 399 条第 2 款的规定为："在民事、行政审判活动中故意违背事实和法律枉法裁判，情节严重的，处五年以下有期徒刑或者拘役；情节特别严重的，处五年以上十年以下有期徒刑。"其实只要将本条的表述稍微修改为"在民事、刑事司法活动中故意……"即完全可以将枉法仲裁的行为包含于内。上述第 2 种和第 3 种情况均属于对已有犯罪行为的细化，但第 3 种方式对新罪名的增加实为不必要，这使得我国刑法出现了本不必要的罪名，犯罪化呈现明显扩张趋势。在这种情况下，修正方法更细致些，稍微修正刑法原有条文即可防止形式上犯罪化的扩大。

规范的内容过于具体似乎预示修正刑法乃基于特定行为。刑法修正中针对特定现象存在的突出问题是对某些行为主体、行为对象和行为方式作尽可能详细的描述。如《刑法修正案（六）》第 12 条列举了商业银行等 6 种金融机构，还有"其他金融机构"此一兜底性表述。考虑到金融工具的不断衍生和发展，今后很可能出现新的金融机构，如此一来，该条又将面临修改。[1] 实际上，"金融机构"一词即可概括上述所有及今后可能出现的金融机构，从而避免不必要的修改。社会变化要求刑法变革并不等于特定现象出现就要修正刑法，我国学者范忠信一言点中要害："不以规律为立法宗旨，而以因应特定现象为立法要旨，不可谓之明智。"[2]

（四）从刑法总则到具体制度，刑事政策影响刑法修正日益明显

在所有刑事学科当中，刑法和刑事政策最具血缘关系，二者从产生起就相互影响。时至今日，刑法和刑事政策已经发展为刑法的刑事政策化和刑事政策的刑法化，二者真可谓"你中有我，我中有你"。关于刑事政策对刑法的具体作用，高铭暄教授指出，"刑事政策是运用刑法武器同犯罪做斗争的策略、方针和原则，是我国刑事立法和刑法司法工作的灵魂"[3]

---

[1] 童德华：《当前刑法修正中若干问题的实证分析》，2011 年中国刑法学年会文集《社会管理创新与刑法变革》（上卷），中国人民公安大学出版社 2011 年版，第 350 页。

[2] 范忠信：《再论新刑法的局限与缺陷》，《法学》，1999 年第 6 期。

[3] 高铭暄、王作富：《新中国刑法的理论与实践》，河北人民出版社 1998 年版，第 67 页。

罗克辛教授指出："只有允许刑事政策的价值选择进入刑法体系中去，才是正确之道，因为只有这样，该价值选择的法律基础、明确性和可预见性，与体系之间和谐、对细节的影响，才不会倒退至肇始于李斯特形式——实证主义体系的结论那里。法律上的限制和合乎刑事政策的目的，这二者之间不应当互相冲突，而应该结合在一起。"[1] 近年来德国刑法典的修正实践，越来越多地回应刑事政策的要求。[2] 我国有学者甚至认为，宽严相济的刑事政策对于我国刑法立法的影响也将跳出部分、零散调整的刑法修正模式，甚至突破 1997 年刑法修订所确立的"统一刑法典"模式，而带来一场刑法乃至全部刑事法（包括刑事实体法、刑事程序法、刑事执行法、司法组织法等）规范与制度体系的全面修正。[3] 因此刑法的修正必然离不开刑事政策的影响，从刑事政策对我国刑法修正的具体影响来看，主要有宏观影响和具体刑事政策的直接影响两种。

1. 刑事政策对刑法修正的宏观影响

刑事政策发展的第一个阶段是刑事古典学派开创的理性主义刑事政策阶段。近代社会的初期，正是从封建专制向近代国家过渡的时期，社会动荡不安，滥用暴行的倾向极其明显。这导致启蒙思想追求传统和权威下的个人解放，强调理性至上的个人主义或合理主义，开始对中世纪的刑罚制度进行彻底批判，[4] 并提出了罪刑法定、刑法面前人人平等以及罪刑均衡等为现代刑法所采用的原则。这些思想最初即是作为刑事政策提出的，后来成为世界各国刑法的基本原则。因而从一开始，刑事政策就对刑法产生重大影响，这种影响奠定了刑法的生命，罪刑法定原则成为现今刑事法治的基本内容。有观点认为，刑事政策是刑法的灵魂，这并不为过。正是在理性主义刑事政策阶段，刑事政策使刑法具有了灵魂。

在 19 世纪，经验科学的方法论渗透到包括刑事政策在内的所有科学领

〔1〕［德］克劳斯·罗克辛：《刑事政策与刑法体系》，蔡桂生译，中国人民大学出版社 2011 年版，第 15 页。

〔2〕［德］米夏埃尔·库比策尔：《德国刑法典修正视野下的刑事政策与刑法科学关系研究》，谭淦译，《中国应用法学》，2019 年第 6 期。

〔3〕卢建平：《宽严相济与刑法修正》，《清华法学》，2017 年第 1 期。

〔4〕［日］大谷实：《刑事政策学》，黎宏译，法律出版社 2000 年版，第 7—9 页。

域，科学主义刑事政策产生，其理念在于改造犯罪人，[1] 而不是传统上的如何惩罚犯罪人，作为科学主义刑事政策核心概念的人身危险性成为影响刑法中责任的重要因素——时至今日，人身危险性仍是我国刑法中刑事责任的实质内容。以人身危险性为重要内容的刑事政策的确具有相当"危险性"，其致命缺陷即在于与罪刑法定原则的冲突使得刑法的安定性和人权保障可能受到破坏。此后刑事政策的发展进入第三个时期即目前人权与法治的刑事政策阶段，这一时期刑事政策着眼于合理地组织对犯罪的反应。[2] 在对犯罪的认识上，改变过去警察国家的形象，反对将违反国家道德或者国家意志的行为都贴上犯罪的标签。[3] 在对犯罪行为的处遇上，"非犯罪化"和"非刑罚化"成为主流。现今世界各国的刑法修正中，一般将无被害人犯罪和以自己为被害人的犯罪非犯罪化，在刑罚上采用非刑罚化和非监禁化。[4] 我国刑法修正案已将嫖宿幼女非犯罪化，禁止令、社区矫正以及减轻处罚等处理方式也已于修正案中确立。在现今以人权保障为主题的刑事政策阶段，刑法修正无疑会受到刑事政策的影响。

2. 刑事政策对刑法修正的具体影响

刑事政策对刑法修正的具体影响有两个方面，一是具体刑事政策对刑法修正的既有影响，二是刑事政策对刑法修正趋势的影响。

（1）具体刑事政策对刑法修正的既有影响

第一，宽严相济的刑事政策对刑法修正的影响。宽严相济的刑事政策强调区别对待，轻者该轻，重者该重，且二者之间有一定的平衡，互相衔接，形成良性互动。[5] 宽严相济刑事政策的形成基于我国原来的"惩办与宽大相结合"与国外"重重轻轻"刑事政策的双重影响。进入 20 世纪后，西方国家刑罚轻缓化成为一种普遍的理想，如美国的"转处"、加拿大的"非司法化"等，[6] 法国扩大了轻罪处理的范围，对违警罪取消了一切监

---

[1] ［日］大谷实：《刑事政策学》，黎宏译，法律出版社 2000 年版，第 10—11 页。
[2] 杨春洗主编：《刑事政策论》，北京大学出版社 1994 年版，第 416—417 页。
[3] 孙万怀：《在制度和秩序的边际——刑事政策的一般理论》，北京大学出版社 2008 年版，第 36—37 页。
[4] 谢望原、卢建平：《中国刑事政策研究》，中国人民大学出版社 2006 年版，第 47 页。
[5] 陈兴良：《宽严相济刑事政策研究》，《法学杂志》，2006 年第 1 期。
[6] 杨春洗主编：《刑事政策论》，北京大学出版社 1994 年版，第 398 页。

禁刑。[1] 但同时许多国家加大了对重罪的刑罚，如美国加利福尼亚州的
"三次打击法"[2]，法国对某些重罪也确立了"不可缩减的刑期"[3] 制
度。我国宽严相济刑事政策在突出传统"惩办与宽大相结合"刑事政策的
基础上，吸收西方国家两极化刑事政策的人权保障观念，[4] 宽严相济的刑
事政策契合我国传统的自然法思想，[5] 这些都决定了宽严相济刑事政策成
为我国目前基本的刑事政策。作为刑法刑事政策化的体现，我国刑法修正
体现了"严"之修正和"宽"之修正。

刑法修正案中的"严"之修正就分则而言体现在以下三个方面。

一是提高法定刑。《刑法修正案（一）》修正第 180 条操纵证券、期货
市场罪，由原来的法定刑最高 5 年提高到 10 年。《刑法修正案（六）》修
正第 303 条赌博罪，情节严重的可以处 10 年有期徒；修正第 312 条窝藏、
转移、收购、销售、掩饰、隐瞒犯罪所得、犯罪所得收益罪，法定刑由最
高 3 年提高到 7 年。《刑法修正案（七）》修正第 395 条巨额财产来源不明
罪，法定刑原最高为 5 年，现为 10 年。《刑法修正案（八）》修正第 144
条取消本罪的拘役刑，并增设不受数额限制的罚金刑；修正第 200 条，对
第 192 条、第 194 条、第 195 条增加了罚金刑；修正第 244 条，取消了对
犯罪主体的限制，同时将本罪的法定刑由 3 年提高至 10 年；修正第 293
条，增加了恐吓他人的情节并将本罪的法定刑从 5 年提高到 10 年；修正第
294 条，将本罪主要参加者的法定刑起点从 3 年提高到 7 年，并增加了处
罚积极参加的情形。《刑法修正案（九）》修正组织、领导恐怖活动组织
罪，法定刑起点从 3 年提高到 10 年，提高幅度较大；扩大了对非国家工作
人员行贿罪的主体，并增加了"并处罚金"的规定；修正伪造货币罪的罚
金刑为无限额罚金；扩大强制猥亵罪的行为对象，将行为对象从妇女扩大
为他人；删除收买被拐卖的妇女、儿童罪"可以不追究刑事责任"规定，
提高了收买行为的刑事责任；修正侵犯公民个人信息罪，将本罪主体由特
殊主体扩大为一般主体，并增设从重处罚的规定，将法定最高刑从 3 年有

〔1〕《法国新刑法典》，罗结珍译，中国法制出版社 2003 年版，序言第 4 页。
〔2〕 陈兴良：《宽严相济刑事政策研究》，《法学杂志》，2006 年第 1 期。
〔3〕《法国新刑法典》，罗结珍译，中国法制出版社 2003 年版，序言第 6 页。
〔4〕 李卫红：《刑事政策学的重构及展开》，北京大学出版社 2008 年版，第 230 页。
〔5〕 程鸿勤：《"宽严相济"法律文化的思考》，《北京政法职业学院学报》，2006 年第 1 期。

期徒刑提高到 7 年有期徒刑；修正虐待罪的自诉方式，增加规定"但被虐待的人没有能力告诉，或者因受到强制、威吓无法告诉的除外"，强化了对被害人的保护；修正抢夺罪，增设"多次抢夺"规定，扩大打击范围；修正第 280 条的"伪造、变造、买卖国家机关公文、证件、印章罪，盗窃、抢夺、毁灭国家机关公文、证件、印章罪，伪造公司、企业、事业单位、人民团体印章罪，伪造、变造、买卖身份证件罪"，增设各该罪的罚金刑，犯罪行为扩大到"买卖"，行为对象扩大到"护照、社会保障卡、驾驶证等依法可以用于证明身份的证件"；修正非法生产、销售专用间谍器材、窃听、窃照专用器材罪，增设罚金刑与单位犯罪的规定，并通过对立法言语表述的改变，扩大了本罪的犯罪对象；取消了扰乱无线电通讯管理秩序罪"经责令停止使用后拒不停止使用"的要件，并将本罪从结果犯修正为情节犯，降低入罪条件，扩大了处罚范围；修正组织、利用会道门、邪教组织或者利用迷信破坏法律实施罪，将本罪最高法定刑提高到无期徒刑，并增设罚金刑；修正第 302 条，增加行为方式"故意毁坏"，增加行为对象"尸骨、骨灰"；修正扰乱法庭秩序罪，增加了"侮辱、诽谤、威胁司法工作人员或者诉讼参与人，不听法庭制止的，有其他严重扰乱法庭秩序行为的"两种情节。修正拒不执行判决、裁定罪，增加了"情节特别严重"的处罚和单位犯罪的规定；修正非法买卖制毒物品、走私制毒物品罪，增设非法生产、运输两种行为方式；修正贪污罪和受贿罪的处罚，将原来具体数额型处罚标准修正为弹性数额加情节型，方便了对贪污罪、受贿罪的处罚；修正第 390 条，对行贿罪、单位行贿罪、介绍贿赂罪增设罚金刑；修正第 390 条，对行贿人减轻处罚或者免除处罚从严规定。《刑法修正案（十一）》对生产销售劣药罪、欺诈发行股票债权罪、违规不披露重要信息罪、非法吸收公众存款罪、洗钱罪、集资诈骗罪取消了罚金刑的数额限制；将非国家工作人员受贿罪从原来的两个量刑档次增加为三个档次，同时将法定最高刑由有期徒刑提升为无期徒刑，并增加"或者有其他严重情节的"，从而扩大了加重处罚的适用条件；将销售假冒注册商标的商品罪的第二档次法定刑从 3 年以上 7 年以下提高到 3 年以上 10 年以下；取消非法制造、销售非法制造的注册商标标识罪的拘役或者管制刑，同时将第二档次的法定刑从 3 年以上 7 年以下有期徒刑提高到 3 年以上 10

年以下有期徒刑；取消侵犯著作权罪的拘役刑，同时将第二档次的法定刑从 3 年以上 7 年以下有期徒刑提高到 3 年以上 10 年以下有期徒刑；取消销售侵权复制品罪的拘役刑，同时将法定刑从 3 年以下有期徒刑提高到 5 年以下有期徒刑。将侵犯商业秘密罪第二档次的法定刑从 3 年以上 7 年以下提高到 3 年以上 10 年以下；增加提供虚假证明文件罪的情节加重情形；对强奸罪增加"在公共场所当众奸淫幼女的""奸淫不满十周岁的幼女或者造成幼女伤害的"两种加重处罚情节；将猥亵儿童罪的法定刑独立，并取消有期徒刑最高 5 年的限制；增加职务侵占罪数额特别巨大处 10 年以上有期徒刑或者无期徒刑并处罚金的情形，使本罪的法定刑由原最高 15 年提高到无期徒刑。增加挪用资金罪数额特别巨大的情形，且法定刑取消了有期徒刑的上限；将开设赌场罪的法定刑从 3 年以下有期徒刑提高到 5 年以下有期徒刑，同时将本罪第二档次的法定刑从 3 年以上 10 年以下有期徒刑提高到 5 年以上 10 年以下有期徒刑；增加污染环境罪处 7 年以上有期徒刑并处罚金的情节。《刑法修正案（十一）》在刑事制裁领域的一个突出表现是：扩张罚金刑，加重财产刑。将一些犯罪的罚金刑幅度规定取消，从而使金刑的适用力度增大，增加一些犯罪的没收财产刑，从而使财产刑的适用范围和力度加大。《刑法修正案（十一）》在刑事制裁领域另一个明显的表现是：增加一些犯罪的量刑档次，提升法定最高刑。[1]

二是修正构成要件，降低入罪门槛，扩大处罚范围。《刑法修正案（一）》修正第 168 条增加了犯罪主体和本罪的行为方式；修正第 180 条、第 181 条，将期货内幕交易增加为本罪的犯罪对象；修正第 225 条，增加了本罪的行为方式。《刑法修正案（二）》修正第 342 条，增加林地为本罪的犯罪对象。《刑法修正案（三）》修正第 120 条之一，增加了单位资助恐怖活动组织罪的情形。《刑法修正案（四）》修正第 339 条第 3 款，增加液态废物和气态废物为本罪的犯罪对象；修正第 345 条，取消了在林区非法收购林木以牟利为目的的要件；修正第 145 条，将生产、销售不符合标准的医用器材罪由实害犯修改为危险犯；修正第 399 条，增加了司法执行活动中执行失职以及执行滥用职权构成犯罪的情况；《刑法修正案（五）》修

---

〔1〕　刘艳红：《积极预防性刑法观的中国实践发展——以刑法修正案（十一）为视角的分析》，《比较法研究》，2021 年第 1 期。

正第 196 条，增加了使用以虚假的身份证明骗领信用卡这一行为方式；修正第 369 条，增加了过失犯本罪的情况。《刑法修正案（六）》修正第 163 条、第 164 条，增加本罪其他单位的工作人员这一主体；修正第 134 条生产、作业安全事故罪，取消不服从管理或者强令工人冒险作业的条件；修正第 135 条，取消经有关部门提出或单位职工提出对事故隐患仍不采取措施的要件；修正第 186 条，扩大贷款的类型，放宽发放贷款的条件；修正第 187 条，取消原来以牟利为目的的要件。《刑法修正案（三）》和《刑法修正案（六）》均扩大第 191 条洗钱罪的犯罪对象。《刑法修正案（六）》修正第 312 条，增加了犯罪所得收益这一犯罪对象。《刑法修正案（七）》修正第 312 条，增加单位犯罪为本罪主体；增加第 151 条第 3 款的犯罪对象，由珍稀植物及其制品扩大到包括这些物品在内的国家禁止进出口的其他货物、物品；修正第 180 条第 1 款，增加本罪的行为方式，在同条增加第 4 款，扩大本罪的犯罪主体；修正第 201 条，将逃税罪的限制条件减少；修正第 337 条，扩大本罪适用的前置性法律的范围。《刑法修正案（八）》修正第 107 条，扩大本罪的资助范围；修正第 109 条，取消了本罪构成中危害国家安全的要件；修正第 141 条，取消产生足以严重危害人体安全健康的条件；修正第 274 条，增加多次敲诈勒索的情节。《刑法修正案（九）》对危险驾驶罪增加在道路上从事校车业务或者旅客运输，严重超过额定乘员载客，或者严重超过规定时速行驶的，以及违反危险化学品安全管理规定运输危险化学品的情节，扩大了处罚范围。《刑法修正案（十一）》修正强令违章冒险作业罪的构成要件，增加"明知存在重大事故隐患而不排除，仍冒险组织作业"行为方式，扩大本罪处罚范围；修正生产、销售假药罪，增加规定"药品使用单位的人员明知是假药而提供给他人使用的，依照前款的规定处罚"，从而扩大了本罪的处罚范围；修正生产、销售劣药罪，增加规定"药品使用单位的人员明知是劣药而提供给他人使用的，依照前款的规定处罚"，从而扩大了该罪的处罚范围；修正欺诈发行股票、债券罪，增加本罪的犯罪对象"发行存托凭证或者国务院依法认定的其他证券"，扩大了处罚范围；修正违规披露、不披露重要信息罪，增加公司、企业的控股股东、实际控制人实施或者组织、指使实施违规披露、不披露重要信息的行为构成犯罪，同时增加单位犯罪；修正洗钱罪的构成要件，取消主观明知的构成要件，降低了本罪的入罪条件；修正假冒注册商标罪的构成要件，增加对服务商标的保护，从而扩大了本罪的处罚范围；修正销售假冒注册商标罪的构成要件，将原"销售金额数额较大的"修正为"违法所得数额较大或者有其他严重情节的"，将"销售金额巨大"这一量刑加重情节修改为"违法所得数额巨大或者有其他特别严重情节的"，新增犯罪情节，扩大了处罚范围；修正侵犯著作权罪的构成要件，增加"与著作权有关的权利"，扩大了保护范围；修正销售侵权复制品罪的构成要件，在原"违法所得数额巨大"这一入罪标准之外增加"或者有其他严重情节的"规定，扩大本罪的处罚范围；修正侵犯商业秘密罪，将原"给商业秘密的权利人造成重大损失"修改为"情节严重"，取消了结果要件，降低了入罪门槛；修正妨害传染病防治罪的规定，将"依法确定采取甲类传染病预防、控制措施的传染病传播或者有传播严重危险的"传染病也纳入本罪的传染病范围，并将"出售、运输疫区中被传染病病原体污染或者可能被传染病病原体污染的物品，未进行消毒处理的"，也作为犯罪行为处理，扩大了本罪处罚范围；修正食品监管渎职罪的构成要件，本罪适用主体增加了负有药品安全监督管理职责的国家机关工作人员，并在原结果犯的基础上增加了情节犯，扩大了打击范围。

三是新增犯罪。《刑法修正案（一）》修正第162条，增加隐匿或故意销毁会计资料罪。《刑法修正案（三）》修正第291条，增加投放虚假危险物质罪和编造、故意传播虚假恐怖信息罪。《刑法修正案（四）》增加了雇用童工从事危重劳动罪。《刑法修正案（五）》修正第177条，增设妨害信用卡管理罪。《刑法修正案（六）》修正第262条，增设组织乞讨罪；修正第135条，增设大型群众性活动安全事故罪；修正第139条，增设不报或谎报安全事故罪；修正第399条，增设枉法仲裁罪；修正第162条，增设公司、企业虚假破产罪；修正第169条，增设背信损害公司利益罪；修正第175条，增设骗取贷款、票据承兑、金融票证罪。《刑法修正案（七）》修正第224条，增设组织、领导传销活动罪；修正第253条之一，增设侵犯公民个人信息罪；修正第262条，增设组织未成年人违反治安管理活动罪；修正第285条，增设非法获取计算机信息系统数据、非法控制计算机信息系统罪和提供侵入、非法控制计算机信息系统程序、工具罪；修正第

180 条，增设利用未公开信息交易罪；修正第 375 条，增设伪造、盗窃、买卖、非法提供、非法使用武装部队专用标志罪。《刑法修正案（八）》修正第 133 条，增设危险驾驶罪；修正第 164 条，增设贿赂外国公职人员或国际公共组织官员罪；修正第 205 条，增设虚开其他发票罪；修正第 210 条，增设持有伪造的发票罪；修正第 234 条，增设组织出卖人体器官罪；于第 267 条增设拒不支付劳动报酬罪；修正第 408 条，增设食品安全监管失职。《刑法修正案（九）》修正第 120 条，增设准备实施恐怖活动罪，宣扬恐怖主义、极端主义或者煽动实施恐怖活动罪，利用极端主义破坏法律实施罪，强制穿戴宣扬恐怖主义、极端主义服饰、标志罪，非法持有宣扬恐怖主义、极端主义物品罪；修正第 260 条，增设虐待被监管、看护人罪；修正第 280 条，增设使用虚假身份证件、盗用身份证件罪；修正第 284 条，增设组织考试作弊罪和代替考试罪；修正第 286 条，增设拒不履行信息网络安全管理义务罪；修正第 287 条，增设非法利用信息网络罪和帮助信息网络犯罪活动罪；修正第 290 条，增加两款扰乱国家机关工作秩序罪和组织、资助非法聚集罪；修正第 291 条之一，增加编造、故意传播虚假信息罪；修正第 307 条，增加虚假诉讼罪；修正第 308 条，增加泄露不应公开的案件信息罪；修正第 388 条之一，增设对有影响力的人行贿罪。《刑法修正案（十）》修正第 299 条，增设侮辱国歌罪。《刑法修正案（十一）》修正第 133 条，增设妨害安全驾驶罪；修正第 142 条，增设提供劣药罪；修正第 219 条，增设为境外窃取、刺探、收买、非法提供商业秘密罪；修正第 236 条，增设负有照护职责人员性侵罪；修正第 277 条，增设袭警罪；修正第 280 条，增设冒名顶替罪；修正第 291 条，增设高空抛物罪；修正第 293 条，增设催收非法债务罪；修正第 299 条，增设侵害英雄烈士名誉、荣誉罪；修正第 303 条，增设组织参与国（境）外赌博罪；修正第 334 条，增设非法采集人类遗传资源、走私人类遗传资源材料罪；修正第 336 条，增设非法植入基因编辑、克隆胚胎罪；修正第 341 条，增设非法猎捕、收购、运输、出售陆生野生动物罪；修正第 342 条，增设破坏自然保护地罪；修正第 344 条，增设非法引进、释放、丢弃外来入侵物种罪；修正第 355 条，增设妨害兴奋剂管理罪。

总则中的"严"之修正主要体现在：《刑法修正案（八）》规范并限

制对死刑缓期执行的减刑，规定在死刑缓期执行期间有重大立功表现的，两年期满后减为 25 年有期徒刑；限制因累犯和因故意杀人、强奸、抢劫、绑架、放火、爆炸、投放危险物质或者有组织的暴力性犯罪被判处死刑缓期执行的犯罪分子的减刑；延长无期徒刑的实际执行期；有期徒刑数罪并罚的最高刑期由原来的 20 年调整为 25 年；增加了禁止令制度；将恐怖活动犯罪、黑社会性质组织的犯罪纳入特殊累犯的范围；删除自首并有重大立功表现应当减轻或者免除处罚的规定；扩大不得使用缓刑的范围，增加规定对犯罪集团的首要分子不得适用缓刑。《刑法修正案（九）》增加从业禁止规定，增加数罪并罚时管制刑仍需执行的规定。《刑法修正案（十一）》修改《刑法》第 17 条，降低未成年人刑事责任年龄。

修正案中的"宽"之修正就分则而言体现在两个方面：一是降低法定刑。《刑法修正案（一）》修正第 168 条第 3 款国有公司、企业、事业单位人员徇私舞弊罪，法定最高刑由 7 年降低为 3 年。《刑法修正案（三）》修正第 120 条组织、领导、参加恐怖活动组织罪，增加独立判处附加剥夺政治权利。《刑法修正案（四）》修正第 145 条生产、销售不符合标准的医用器材罪，最高法定刑由 5 年降低为 3 年。《刑法修正案（七）》修正第 239 条绑架罪，法定刑由原来的 10 年降低为 5 年。二是减少犯罪构成要件，降低入罪门槛。《刑法修正案（八）》修正第 343 条将本罪由原来的三种行为方式减少为两种。

就总则而言，"宽"之修正体现在：对已满 75 周岁的人犯罪从宽处理，包括对已满 75 周岁的人犯罪从轻或者减轻处罚，对已满 75 周岁的人原则上不适用死刑以及已满 75 周岁的人适用缓刑从宽；对未成年人犯罪进一步从宽，包括对未成年人犯罪适用缓刑从宽、未成年人犯罪不成立累犯、对被判处 5 年以下有期徒刑刑罚的未成年人免除前科报告义务；对怀孕的妇女缓刑条件从宽；并增设了坦白从宽制度。修正既体现了"宽"之修正又体现了"严"之修正的，《刑法修正案（六）》修正第 161 条提供虚假财会报告、不依法披露信息罪，缩小了本罪主体的范围，同时增加本罪新的行为方式，即不按规定披露公司信息的行为也构成本罪。

总的来看，刑法修正案分则对提高法定刑、增设新罪、降低入罪门槛的修正占绝大多数，刑事法网趋严。从分则修正的这一事实来看，刑法修正似乎并没有实现犯罪和刑罚的轻缓化，总的趋势是提高法定刑、增加新罪并且降低入罪门槛、加大刑罚处罚力度。虽然"宽"和"严"均有所体现，总的来看，"严"之修正远超"宽"之修正，但考虑到死刑废除的影响以及我国"杀人者死"的根深蒂固的观念，基于废除了 22 个罪名死刑的修正，可以认为，我国刑法修正基本上达到了宽严相济的效果。当然也有一些修正存在问题，如《刑法修正案（八）》对第 151 条修正两款，将走私文物罪、走私贵重金属罪和走私珍贵动物制品罪最高刑期由原来的 5 年以上有期徒刑提高到 10 年以上有期徒刑或无期徒刑，刑罚的加重处罚幅度极大，这种极大提高处罚幅度实际上缺乏依据。而对"危险驾驶""恶意欠薪""暴力袭警""侮辱、诽谤或者以其他方式侵害英雄烈士的名誉、荣誉"行为的入罪也并不是没有争议。所以有学者认为我国存在诸如"医闹"入刑等情绪化立法的现象。[1] 储槐植教授提出刑法应"严而不厉"，"严"指刑事法网严密，刑事责任严格；"厉"主要指刑罚苛厉，刑罚过重。[2] 陈兴良教授对宽严相济的"严"解释为司法上的犯罪化和刑罚化，同时指判处较重刑罚，当然是指该重而重，而不是指不该重而重，也不是指刑罚过重。[3] 刑事政策是刑事立法和司法的灵魂，如果将宽严相济刑事政策看作刑事立法的指针，宽严相济的"严"应包括刑事法网的严密性。但刑事法网的严密并不是完全的犯罪化，刑事法网之"严"仅应针对作为犯罪处理的行为。从我国刑法修正案对"严"的贯彻来看，刑事法网趋严，犯罪化成为主要的修正特征。这种修正特征在未来很长的时间里应该不会改变，特别是在某些罪的废除上更不可能，或许未来修正处理非犯罪化会以缩小犯罪主体、减少行为方式和犯罪对象等方式逐步进行。因而有人认为刑法修正的重刑化思想仍然比较严重。[4] 刑事政策始终是与刑罚的功利追求联系在一起的，因而具有明显的目的性。[5] 这种对实用性的过度追求演化为功利的目的性，在一定程度上损害了刑法的道德和正义性。刑

〔1〕　郭玮：《象征性刑法概念辨析》，《政治与法律》，2018 年第 10 期。

〔2〕　储槐植：《刑事一体化与关系刑法论》，北京大学出版社 1997 年版，第 6 页。

〔3〕　陈兴良：《宽严相济刑事政策研究》，《法学杂志》，2006 年第 1 期。

〔4〕　童德华：《当前刑法修正中若干问题的实证分析》，2011 年中国刑法学年会文集《社会管理创新与刑法变革》（上卷），中国人民公安大学出版社 2011 年版，第 344 页。

〔5〕　陈兴良：《刑事政策视野中的刑罚结构调整》，《法学研究》，1998 年第 6 期。

法的实用性使刑法的功利性修正日益突出，因而如何在功利价值下维护刑法的公正价值成为刑法修正时必须认真对待的问题，这是克服风险刑法的"风险"必须予以考虑的。事实上，我国刑法修正已经注意到这一问题。《刑法修正案（四）》对第145条的修正将实害犯修正为危险犯，但同时将原来的法定刑起点从5年降低为3年，并增加了拘役刑。《刑法修正案（八）》将危险驾驶行为入罪，但该罪的法定刑最高仅为6个月拘役。刑法修正已经注意在刑罚内部进行调整，在使犯罪构成标准降低、刑事法网趋严的同时，以轻刑或降低原刑罚作为对公正的调节。未来刑法的修正会更突出这一调节作用，做到安全与自由的并重、均衡与统一。[1]

此外，从修正历程来看，注重刑法修正在社会治理过程中的实用性，从而导致社会治理过度刑法化。[2] 或许这是修正重刑化，没有合理做到"宽"与"严"协调的重要原因。但客观地讲，《刑法修正案（八）》有18个条文实现了刑罚缓和以及人权保障，突破了前七个修正案社会保护为指向的刑法机能，进一步体现了人权保障主义的刑法观念。[3]《刑法修正案（十一）》也有降低法定刑的修正。但从修正案的总体修正情况看，轻刑化或许是个开始。

就总则而言，有9处"严"之修正和5处"宽"之修正，由于总则修正的条文较少，且数据差别并不大，不能以修正的"宽"和"严"的数据进行对比。《刑法修正案（八）》对总则的修正一共19个条款全部是对刑罚作出调整。1997年《刑法》第三章"刑罚"和第四章"刑罚的具体运用"一共55个条文，这样仅《刑法修正案（八）》修正的条文就占《刑法》第三章和第四章总条文数的31％，从比例和数量上而言，修正的规模较大。从修正的价值取向上看，一是着眼于对犯罪的控制，如增设禁止令、限制减刑、提高数罪并罚的刑罚宣告刑数、扩大特别累犯的主体范围等，二是突出人性化行刑和对特殊主体的人权保障，如实行社区矫正、对75周岁以上的人有条件不适用死刑以及可以从轻或减轻处罚、对不满18

〔1〕　张旭：《风险社会的刑事政策方向选择》，《吉林大学社会科学学报》，2011年第2期。
〔2〕　王强军：《实用主义刑法修正的进化论观察》，《政法论丛》，2018年第1期。
〔3〕　刘艳红：《刑法修正案八的三大特点》，2011年中国刑法学年会文集《社会管理创新与刑法变革》（上卷），中国人民公安大学出版社2011年版，第305页。

周岁的人和怀孕的妇女宣告缓刑等。这两种取向突出反映了刑罚结构调整控制犯罪的功利性和人权保障的人道调整。陈兴良教授指出，为实现刑事政策所预期的刑罚社会效果，在对刑罚结构进行调整的时候，受到功利性与人道性的双重制约。[1] 我国刑法修正案对刑罚的修正很大程度上体现了刑事政策的影响，从修正的人道性来看，其充满人性关怀的精神与宽严相济刑事政策的人权理念相契合。如果说我国刑法修正案对分则的修正并没有真正体现宽严相济刑事政策的话，那么对总则刑罚结构的修正则基本是受宽严相济刑事政策影响并由其决定的。

第二，其他具体刑事政策对刑法修正的影响。主要是坦白从宽的刑事政策、未成年人和老年人犯罪的刑事政策对刑法修正的影响。"坦白从宽、抗拒从严"是我国一贯的刑事政策，是我国司法活动的重要原则。[2] 在我国一般是将其作为酌定的从宽处罚情节，且从宽处罚的幅度比自首小。[3] "抗拒从严"与沉默权的价值取向相悖，虽然我国并没有建立沉默权，但"抗拒从严"违反人性，要求犯罪人自证其罪，不符合人权保障的价值。"坦白从宽"如果是自愿性坦白，意味着犯罪人具有悔罪认识，人身危险性降低，因此应该从轻处罚。《刑法修正案（八）》将坦白作为法定的从轻处罚情节，如实供述自己罪行，避免特别严重后果发生的，可以减轻处罚。在过去的司法实践中，侦查、检察部门为了更好地搜集证据，非常注重向犯罪嫌疑人、被告人强调坦白的积极法律后果。在审判中，坦白对被告人定罪量刑的影响通常十分有限。这就容易造成侦查、检察与审判机关对待坦白做法的脱节，进而容易削弱司法权威。[4]《刑法修正案（八）》将坦白规定为一个法定情节，有利于充分发挥坦白的功效，积极贯彻宽严相济的刑事政策，有效查处犯罪，减少对抗，促进司法公正。[5] 针对未成年人犯罪，各国均有不同于处理成年人犯罪的刑事政策，如尽量采用非刑罚处理方法、刑罚从宽、采用不定期刑、不记前科等，少年犯罪的司法理

---

〔1〕 陈兴良：《刑事政策视野中的刑罚结构调整》，《法学研究》，1998 年第 6 期。
〔2〕 谢望原、卢建平：《中国刑事政策研究》，中国人民大学出版社 2006 年版，第 622 页。
〔3〕 高铭暄、马克昌主编：《刑法学》，北京大学出版社、高等教育出版社 2005 年版，第 308 页。
〔4〕 庄永康：《一名记者对刑法修改的 14 个追问——全国人大法律委员周光权详尽作答》，《检察日报》，第 5 版，2010 年 8 月 30 日。
〔5〕 赵秉志：《刑法修正案（八）宏观问题探讨》，《法治研究》，2011 年第 5 期。

念不是惩罚犯罪而是预防和减少犯罪。我国早在 1979 年即提出了对未成年犯的"教育、挽救和改造"的刑事政策，但这个刑事政策过于原则，缺少可操作性的规定和程序支撑，因此实际效果并不明显。《刑法修正案（八）》对未成年人犯罪情节较轻的、有悔罪表现的、没有再犯罪危险的以及宣告缓刑对所居住社区没有重大不良影响的，规定应该宣告缓刑；同时对被判处五年有期徒刑以下刑罚的人，免除前科报告义务；并规定未成年人犯罪不构成累犯。《刑法修正案（八）》对未成年人犯罪的这三项规定，使未成年人犯罪的刑事政策得以落实，规定更人性化，也利于未成年人的社会化。我国正加速步入老龄化社会，老年人犯罪的问题日益突出。作为礼仪之邦，我国自古就有尊老传统，《周礼·秋官·司刺》中有"三赦"之赦老耄的规定，战国时的《法经》中有 60 岁以上的人犯罪得减之记载。《汉书·刑法志》"哀怜""颂系"等记载："年八十以上……师、侏儒当鞠系者，颂系之。……夫耆老之人，发齿堕落，血气既衰，亦无逆乱之心，今或罗于文法，执于囹圄，不得终其年命……自今以来，诸年八十非诬告、杀伤人，它皆勿坐。"《唐律》根据老年人年龄分三种情况区分处理。宋、明、清等朝代的法典均有老年人犯罪从宽处理的规定。国外刑法也有对老年人犯罪从宽处罚以及诉讼程序等方面的特殊规定。2006 年 12 月通过的《最高人民检察院关于依法快速办理轻微刑事案件的意见》规定 70 周岁以上的老年人涉嫌犯罪的案件应当依法快速办理，并规定了相关原则、程序和期限。2007 年 1 月 15 日发布的《最高人民检察院关于在检察工作中贯彻宽严相济刑事司法政策的若干意见》规定，对老年人犯罪的逮捕、起诉应具有和一般主体不同的处理方式。2010 年 2 月 8 日最高人民法院发布的《关于贯彻宽严相济刑事政策的若干意见》第 21 条明确规定，"对于老年人犯罪，要充分考虑其犯罪的动机、目的、情节、后果以及悔罪表现等，并结合其人身危险性和再犯可能性，酌情予以从宽处罚。"我国有学者将老年人犯罪的刑事政策概括为"宽严相济，宽和为主"〔1〕《刑法修正案（八）》对老年人犯罪有如下规定：已满 75 周岁的人故意犯罪的，可以从轻或者减轻处罚；过失犯罪的，应当从轻或者减轻处罚。审

---

〔1〕　张开骏：《建构"宽严相济、宽和为主"的老年人犯罪刑事政策》，《广西大学学报》（哲学社会科学版），2010 年第 5 期。

判的时候已满 75 周岁的人，不适用死刑，但以特别残忍手段致人死亡的除外。已满 75 周岁的人犯罪情节较轻、有悔罪表现、没有再犯罪的危险，以及宣告缓刑对所居住社区没有重大不良影响四种情况下应当宣告缓刑。《刑法修正案（八）》对老年人犯罪的规定体现了"轻刑化"和"非刑罚化"的特征，体现了刑法的谦抑性和人性关怀，是符合我国现阶段宽严相济刑事政策的。

（2）风险社会刑事政策对刑法修正的影响趋势

在当今世界，社会正经历着一场根本性的变革，即进入了所谓的"风险社会"。德国学者贝克给我们指出了一个基于经济发展产生的生态环境风险社会。这种风险是驾驭现代性的控制逻辑的"无法预测的结果"，风险具有地区性甚至全球性且风险诊断具有不确定性和内在的模糊性，[1] 这是人类因经济发展必须面临的环境风险。我国还面临着因官员阶层的弥散性腐败、官民阶层的互相分离而形成的社会对立，由此造成了社会断裂，中国社会面临的社会风险主要包括政治信任消解积聚的社会风险、政府执政偏向积聚的社会风险、司法不公积聚的社会风险、贫富差距积聚的社会风险和文化价值取向不明积聚的社会风险。[2] 由此刑事政策对我国风险社会的调整主要面临两个问题，一是工业社会产生的生存环境风险，二是因社会治理问题产生的社会风险。在这两种不同风险下，刑事政策应有不同的应对策略。我国刑事立法必须要对风险社会进行回应，[3] 我国刑法修正也已在相当程度上体现了风险社会下刑事政策对刑法的影响。

第一，刑法调控的前置化。在工业风险社会下，一切都变得很容易，人类面临前所未有的生存危机。这种风险来自两个方面，一方面是因工业的发展自然产生的风险，如环境安全、生产安全等；另一方面是人为因素主动造成的风险，如为牟利在食品中掺杂掺假等导致的食品安全风险。前者与后者相比，风险的发生更不易预测也更难以控制。在社会面临如此大规模风险的情况下，以现实损害和现实危险等实有结果作为处罚依据的传

〔1〕　［德］乌尔里希·贝克：《世界风险社会》，吴英姿、孙淑敏译，南京大学出版社 2004 年版，第 179—182 页。

〔2〕　杨兴培：《"风险社会"中社会风险的刑事政策应对》，《华东政法大学学报》，2011 年第 2 期。

〔3〕　高铭暄：《风险社会中刑事立法正当性研究》，《法学论坛》，2011 年第 4 期。

统刑法已经无力应对这种风险带来的危害，这要求刑法的修正应以控制这种风险为指向，刑法应由传统的罪责刑法向风险社会的安全刑法转型，危险控制与预防应成为刑法的主要功能。[1] 刑法的立场也从惩罚、矫治转向预防。这意味着只要造成该类风险的行为具有威胁，刑法即应作出反应，刑法从应对实害结果转向应对结果出现前的危险状态，即刑法对该类行为的规制必须提前。这在刑法立法上表现为大量采用抽象危险犯的立法技术，把处置的重心放在违反禁止规范行为本身而不是造成的侵害结果上，刑罚的处罚阶段前移。[2]

我国 1997 年《刑法》本已在危害公共安全罪、公共卫生罪等罪名中设置了抽象危险犯，刑法修正持续了该种风格，刑法继续对该类行为提前介入。《刑法修正案（三）》对第 114 条、第 115 条、第 125 条第 2 款、第 127 条修正增加投放放射性物质和第 291 条修正增加散布虚假恐怖信息已经体现出对这种风险的控制。《刑法修正案（四）》修正第 145 条，将原来的实害犯修正为危险犯，只要是生产不符合保障人体健康的国家标准、行业标准的医疗器械、医用卫生材料，或者销售明知是不符合保障人体健康的国家标准、行业标准的医疗器械、医用卫生材料，足以严重危害人体健康的，即构成犯罪。《刑法修正案（八）》修正第 188 条增加危险驾驶罪，刑法原有的交通肇事罪只有发生交通事故才构成犯罪，现在即使没有发生交通事故，由于醉酒驾驶或情节恶劣的驾驶机动车追逐竞驶的，也构成犯罪。《刑法修正案（八）》将第 338 条"造成重大环境污染事故，致使公私财产遭受重大损失或人身伤亡严重后果"修正为"严重污染环境"；将第 343 条"经责令停止开采后拒不停止开采，造成矿产资源破坏"修正为"情节严重"。这两处修正均将原来的实害犯修改为危险犯，将刑法调控前置。在控制风险的导向下，刑法的刑事政策化更加突出，刑法为了满足人们日益增长的秩序保护需求，强调对社会的保护机能，以社会秩序为主要目标势必在一定程度上造成对个体法益保护的削弱或抛弃。[3]

---

〔1〕 利子平：《风险社会中传统刑法的立法困境与出路》，《法学论坛》，2011 年第 4 期。

〔2〕 康伟：《对风险社会刑法思想的辩证思考》，《河北法学》，2009 年第 6 期。

〔3〕 龙敏：《秩序与自由的碰撞——论风险社会刑法的价值冲突与协调》，《甘肃政法学院学报》，2010 年第 5 期。

　　值得注意的一个趋势是，为应对该种风险，传统罪名的适用出现了变化，国外出现的关于过失杀人罪的适用折射出新的风险，即此一传统罪名有泛化适用趋势。2011年5月26日，意大利7名科学家因预测地震失败被控过失杀人罪，原因是他们在2009年4月6日意大利中部拉奎拉地区的地震发生前，未能及时向当地居民发出警报，导致超过300人丧生。[1] 2009年6月1日，法国航空公司一架空客A330客机在从巴西里约热内卢飞往法国巴黎的途中坠入大西洋，造成228人丧生，该公司被控过失杀人罪。[2] 2010年12月6日，法国巴黎一家法院对10年前的"7·25"协和客机空难一案作出判决，宣布美国大陆航空公司过失杀人罪名成立，并处以20万欧元的罚款。[3] 在德国，2008年1月28日，德国特劳斯坦州法院开庭审理2006年1月2日滑冰馆屋顶倒塌造成15人死亡的案件，4位建筑师、工程师和政府官员以过失杀人罪和过失伤害罪被起诉。[4] 在美国的一些州，因鲁莽驾驶等造成他人死亡的，一般被指控为过失杀人罪甚至是"蓄意谋杀罪"。[5] 20世纪80年代以来，因公共事故导致的重大人员伤亡至2005年已经有7宗以过失杀人罪被指控成功。[6] 可见在许多国家针对由过失引起的新式风险采取传统罪名处理的并不少见，这种处理方式体现出尊重人权、保护具体个人权利而不是保护抽象的社会秩序的倾向，更重要的是，这或许是在成文刑法变革、修正不宜简单进行的情况下为应付新型风险作出的一种变通适用，风险社会给传统罪名的适用带来了新的契机。因而以修正刑法的方式应对新的风险并不是唯一的出路。

　　第二，调控群体性风险的审慎性。与工业社会产生的传统风险相比，我国的社会风险具有自身的独特性。当代中国社会正在发生巨大的社会变

---

〔1〕　朱艳：《意大利7名科学家被控过失杀人　因未能预测地震》，搜狐新闻，http://news.sohu.com/20110526/n308592452.shtml，最后访问时间：2021年2月1日。

〔2〕　彭梦瑶：《空客公司因巴西空难受调查　被控过失杀人罪》，中国新闻网，http://www.chinanews.com/cj/2011/03-18/2914581.shtml，最后访问日期：2021年2月1日。

〔3〕　欧叶：《美国大陆航空犯过失杀人罪》，《武汉晚报》，2010年12月8日。

〔4〕　王维洛：《从滑冰馆屋顶倒塌事件看德国对于"豆腐渣"工程的处理》，超级大本营论坛，http://lt.cjdby.net/thread-500638-1-1.html，最后访问日期：2021年2月1日。

〔5〕　唐京：《惩治酒后驾车的狠招奇招》，《黄金时代》，2011年第6期。

〔6〕　赵渊：《英国刑法中公司过失杀人刑事责任之发展与改革》，《刑法论丛》，2008年第1卷，第462—463页。

迁，从西方社会发展的趋势来看，目前中国可能正处于泛城市化发展阶段，所有这些都集中表现在安全风险问题上。[1] 杨兴培教授将这种风险归结为政治信任、执政与司法不公、贫富差异以及文化价值取向不明产生的风险等五个方面。这几种情况均是因社会治理偏差甚至不公产生的风险，一是暴力性犯罪等极端事件，二是群体性事件。暴力性的极端事件已经属于完全的刑事犯罪。但针对第二种群体性事件的风险，必须采取审慎的态度，在刑事政策的视角下，必须注意刑法规制群体性事件的限度。在此专以群体性事件产生的风险治理为例，论述刑法修正时针对群体性事件的审慎性。

并非任何群体性事件都要适用刑法来规制，即使适用刑法规制也并不意味着对此类群体性事件要进行政治性解读并以刑事处罚的眼光来对待。各类群体性事件的特性以及刑法自身的特征，决定了刑法及刑法修正在规制群体性事件上应首先遵循下列限度，这是合理解决及对群体性风险控制的必需条件。

一是刑法的修正应注意事件的性质限度。在 2000 年 4 月 5 日公安部颁发的《公安机关处置群体性治安事件规定》中，将"群体性治安事件"定义为"聚众共同实施的违反国家法律、法规、规章，扰乱社会秩序，危害公共安全，侵犯公民人身安全和公私财产安全的行为"，突出体现群体性事件的违法性和社会危害性。中共中央办公厅在 2004 年制定的《关于积极预防和妥善处置群体性事件的工作意见》中称群体性事件是"由人民内部矛盾引发、群众认为自身权益受到侵害，通过非法聚集、围堵等方式，向有关机关或单位表达意愿、提出要求等事件及其酝酿、形成过程中的串联、聚集等活动。"在肯定群体利益受损的基础上，淡化了群体性事件的社会危害性特征。[2] 这是群体性事件的官方表述方式。但学者的表述一般较为中性，将其限制为有一定人数参加的、通过没有法定依据的行为对社

---

〔1〕 薛晓源、刘国良：《全球风险世界：现在与未来——德国著名社会学家、风险社会理论创始人乌尔里希·贝克教授访谈录》，《马克思主义与现实》，2005 年第 1 期。

〔2〕 于建嵘：《当前我国群体性事件的主要类型及其基本特征》，《中国政法大学学报》，2009 年第 6 期。

会秩序产生一定影响的事件。[1] 事实上，上述几种对群体性事件的界定侧重于群体性事件的不同类型。在对群体性事件的类型学研究上，已经突破了传统的政治性与非政治性、人民内部矛盾与违法犯罪等单一维度的划分。比较有代表性的有以下两种划分方式：一种是将其划分为维权行为、社会泄愤事件、社会骚乱、社会纠纷和有组织犯罪；[2] 另一种是将其划分为表现为人民内部矛盾形式、境内外反动势力煽动形式以及国际冲突在国内引发形式三种类型。[3] 这种多元划分方式反映了不同群体性事件的不同性质，进而对不同群体性事件采取不同的应对措施，这意味着对某些群体性事件从来就不存在适用刑法的可能与必要，如北约轰炸我国驻南联盟使馆引起的我国民众自发表达爱国热情的群体性事件。对另外一些群体性事件，自始至终即具有刑法适用的可能，如境内外反动势力煽动分裂国家的群体性事件。刑法修正是否需要规制群体性事件产生的风险，在根本上是由该群体性事件的性质决定的。厘清不同群体性事件的性质，可以为群体性事件入刑提供前提，有效防止刑法修正的不当入罪。

二是刑法的修正应注意行为的程度限度。群体性事件类型多样，有些群体性事件始终都不存在适用刑法的可能，而有些群体性事件只是随着事件的进展才产生适用刑法的必要，这要求我们关注某些群体性事件其后续发展。在群体性事件的类型中，因征地、劳资关系、城市拆迁、移民安置补偿等产生的维权性群体性事件尤其如此。在这类事件中，当事者一般有一定的正当利益诉求，在事发之始，往往表现为以群体的形式在相关部门表达自己的要求，只是在利益诉求无法得到满足时才会采取非法手段致使事件升级。因而除非一开始即带有境内外反动势力煽动产生的危害国家安全等群体性事件，更应关注群体性事件的后续行为。从群体性事件发生的原因来看，其具有复杂的经济、社会和制度原因，[4] 但一般情况下其多是因对公民合法权益的漠视导致的，公民在法律允许的范围内通过一定的方

---

〔1〕　于建嵘：《当前我国群体性事件的主要类型及其基本特征》，《中国政法大学学报》，2009 年第 6 期。

〔2〕　同上。

〔3〕　童星、张海波：《群体性突发事件及其治理——社会风险与公共危机综合分析框架下的再考量》，《学术界》，2008 年第 2 期。

〔4〕　罗瑞林：《关于群体性事件的法律思考》，《政法学刊》，2006 年第 4 期。

式表达自己的正当利益诉求是宪法规定的权利，对此类群体性事件，刑法关注的仅仅应该是后续的溢出法律范围的行为。基于此，《刑法修正案（九）》修正第290条，增加规定"多次扰乱国家机关工作秩序，经处罚后仍不改正，造成严重后果的"以及"多次组织、资助他人非法聚集，扰乱社会秩序，情节严重的"，才作为犯罪处理。

在实践中，这类行为通常表现为在一般的聚众行为后殴打他人、破坏财产或冲击正常社会秩序等，在形式上比较符合刑法规定的聚众打砸抢。刑法适用群体性事件应该只关注具有严重社会危害性的、值得以刑法处罚的行为。

三是刑法的修正应注意参与者的角色限度。群体性事件参与者众多，有时能达至数千人，不同的参与者在事件中的角色和作用是不同的。西方社会学家通常把群众分为"耦合群众"和"常规群众"，[1] 就群体性事件中的耦合群众而言，许多是因共同的利益诉求参与到群体性事件中，这些人在群体性事件的发展、升级中起主要作用。有预谋发生的群体性事件，其后台组织者首要角色的意义则更为明显。在众多参与者中，还存在一开始作为旁观者的第三类人，随着事态的进展，由于认识的盲目性、同情心以及心态的剧变等导致其演变为肇事群体之一员，[2] 这类人由于没有直接的自身利益于其中，因而往往起到现场助势的作用，在心理上对直接肇事者起支持、强化作用，他们往往并不实施直接的破坏行为，或者进行的仅是轻微的破坏行为，其作用常较前两者为小。除上述三类人之外的单纯围观者并不属于群体性事件的参与者。

对于上述四类主体，当有刑法适用需要时，角色和作用的不同要求刑法对其自应差别适用，厘清首要者、主要作用者、积极参与者、一般参与者以及围观者等不同身份，依不同作用对其分别以刑法或其他法律追究相关责任，刑法对不同参与者作出不同处理是由参与者的不同角色决定的。

四是必须注意刑法规制群体性风险的效用迷信。群体性事件的本质是

---

〔1〕　周晓虹：《现代社会心理学——社会学、心理学和文化人类学的综合探索》，江苏人民出版社1991年版，第473页。

〔2〕　何炬：《围观者融入群体性事件的成因及防治对策》，《福建警察学院学报》，2009年第3期。

社会风险动态演化为公共危机过程中的触发事件，其根植于社会的结构性紧张之中，在某种意义上，从社会风险到公共危机的转变既是风险的放大，也是风险的减缩，由群体性事件造成的冲突实际上有利于社会的平稳运行。[1] 社会能在面对新环境时进行调整，一个灵活的社会通过冲突行为而受益，因为这种冲突行为通过规范的改进和创造，保证它们在变化了的条件下延续。[2] 因而群体性事件是社会的常态事件，是一种社会成本较低的利益实现机制，在社会治理经验上也是一种民主政治的法理常识。[3] 在功能主义的意义上，群体性事件由专属惩罚性的刑法来处理无疑是不适当的。虽然群体性事件有时会产生严重的扰乱社会秩序或伤害、破坏的后果，此时刑法不得不介入处理，但仍然不应将其视为一般的刑事案件。刑事事件和群体性事件的本质是截然不同的，虽然有持犯罪功能论之观点，但无疑社会的进步不应通过破坏来进行，这是基本的常识，在此角度看，功能论者的刑事案件之谓是牵强的。以公开博弈、集体行动表达利益诉求和宣泄情绪的群体性事件显然不能和一般刑事案件相提并论，刑法的惩罚性本质显然无法满足群体性事件的利益诉求需要，刑法寻求社会关系之修复性色彩也无法适应群体性事件中民众之情绪宣泄。

从我国对群体性事件称谓的演变来看，从最初的"群众闹事"、"聚众闹事"到"治安事件"，再到"治安突发事件"或"治安紧急事件"，直到"群体性事件"，[4] 基本反映了对群体性事件认识和处理上的去政治化。政治色彩的逐渐淡化乃至消除，也要求刑法对群体性事件的适用更审慎，对群体性事件的处理必须纳入法治的轨道进行。因此，刑法的适用并不能真正解决群体性事件，实际上也不是为了解决群体性事件才适用刑法的，刑法在群体性事件处理中的角色和在一般刑事案件中并没有差别。既然刑法无法真正解决群体性事件，那么对群体性事件的解决必须防止刑法

〔1〕 童星、张海波：《群体性突发事件及其治理——社会风险与公共危机综合分析框架下的再考量》，《学术界》，2008 年第 2 期。
〔2〕 刘晓梅：《建设和谐社会进程中群体性事件的法社会学思考》，《中国人民公安大学学报》，2005 年第 3 期。
〔3〕 许章润：《多元社会利益的正当性与表达的合法化》，《清华大学学报》（哲学社会科学版），2008 年第 4 期。
〔4〕 刘亚静：《群体性事件相关概念之界定》，《河北公安警察职业学院学报》，2007 年第 3 期。

化的倾向，"去刑法化"应该成为解决群体性事件时的另一个重要关注点。诸如有组织犯罪等所谓刑事群体性事件，毋宁认为是一般刑事案件为好，并不能将其称为群体性事件，刑法对其适用即具有彻底的正当性，"去刑法化"并不适合此类事件。

刑法是维护社会关系的最后屏障，具有最后的适用性，这对群体性事件而言也是适用的。群体性事件有其特殊性，其产生从宏观上看具有各种复杂的政治因素、经济因素和社会心理因素，[1] 而利益协调机制失衡，行政执法不当，对公民正当利益漠视，政府信息不透明，权力约束缺位等具体原因共同促使群体性事件的突发。[2] 因此除有组织犯罪等刑事群体性事件外，并不能将群体性事件和一般刑事犯罪等同。在刑法和其他手段产生相同效果的前提下，首先不应将其作为刑事案件处理，而应采取非刑事的手段解决。群体性事件具有的正常利益诉求，发生原因复杂，即使在其发展过程中出现了刑事性特征，也应容许非刑罚手段的优先适用，由此刑法控制群体性风险必须以入罪修正的审慎性为指向。

（五）预防性修正倾向

全球性风险的出现，民众对公共安全的诉求增多，使预防性刑法在刑法中迅速扩充并成为其主要形式。预防性刑法对人身危险的关注、处罚的提前等在一定程度上有突破传统法治理念之趋势。习近平总书记提出"总体国家安全观"，突出对安全与预防的治理要求。在以行政犯为主要形式的预防性刑法大肆扩张、传统自然犯势衰的趋势下，刑法如何在法治的框架下合理修正既有犯罪或新增犯罪，达到既能合理预防、控制犯罪又能切实保障安全与秩序之效，预防性修正的趋向，成为重大的立法关切。对预防性刑法立法的研究，有助于完善预防性刑法立法在我国刑法修正中的存在法理、边界厘定以及路径选择，探寻预防性刑法的中国立法模式，消解预防性刑法与传统刑法理念的冲突，从而整合预防性刑法的系统知识体系，为刑法修正中预防性刑法的设定提供合理依据、修正模式以及去除立法的泛化，达至立法的精细和科学化。

---

[1]　李长新：《群体性事件的多发原因及其处置原则》，《辽宁警专学报》，2005 年第 5 期。

[2]　吴秀荣：《试论突发群体性事件的原因及治理方略》，《陕西行政学院学报》，2009 年第 3 期。

1. 预防性刑法的基本界定

刑法的使命是时代性的，刑法的进化是时代变化使然。预防性刑法在承继传统刑法基因的前提下，与传统刑法又具有相异性，不再恪守严格的法益主义、客观主义与罪责主义。基于行政法治与刑事法治原则，预防性刑法对传统刑法的抵牾，可以通过重新解读传统刑法中的基本原则，赋予其新的内容，同时在法治原则下对预防性刑法做立法上的必要限制来完成。

社会变迁导致刑法的进化和犯罪的结构形态变化，也当然导致预防性刑法中预防性行政犯的构造具有与传统行政犯相异的一面，即预防性行政犯基于预防的天然使命，会超越、优先于行政违法的规定。因此诸如恐怖主义类犯罪等预防性行政犯并非均以行政违法为前提，刑法功能的转变、安全优位价值以及积极预防的提前规制是此背后的逻辑。预防性刑法的象征性立法并不是只具有单纯的象征意义，更不是立法的泛化。相反，它在一定程度上体现了立法的精细化。从规范的功能意义上看，预防性刑法的象征性立法具有确立法律忠诚和塑造法律信仰的价值。

在学术史上，预防论一直都是主角。以该论在不同阶段呈现的侧重点差异为标准，可以将其发展大体分为四个阶段。第一阶段为侧重于传统的预防论时期。刑罚预防论源于贝卡里亚，英国学者边沁将其发展为系统学说。刑事人类学派依据实证主义和社会达尔文主义，较早提出刑法的预防观念。这一时期重在刑罚预防论，预防论在刑罚的框架下讨论，即重在量刑功能。第二阶段为预防论向一般意义拓展时期。德国学者 F. 李斯特通过国际刑事学协会把刑罚预防论推向全世界，一定程度上突破了预防专属于刑罚的框架。李斯特认为，行为人的人格、恶性、反社会性或者危险性是应被刑法评价的对象，他和普林斯、哈迈尔由此提出著名的社会防卫论。在此基础上，法国学者安塞尔提出"新社会防卫论"，主张将刑罚和防卫措施融入统一的社会防卫制度。明确提出预防刑法的是美国学者庞德，他将美国的官方哲学实用主义运用于刑法领域，认为对"社会危险分子"应采取"保安处分"。庞德的"预防刑法"是龙布罗梭理论的进一步发展和运用，在美国该种理论得以进一步在立法上制度化并实施。但在传统工业社会尤其是农业社会中，突破刑罚预防论的预防刑法并没有被知识真正捕获。第三阶段为预防论沉寂时期。在 20 世纪 50 年代之后，无论大陆法系还是英美法系国家其对环境犯罪、金融犯罪、恐怖主义等有组织犯罪均进入活性立法时期，将大量的帮助行为、预备行为正犯化，出现了不定期行为监督等积极刑罚主义的趋势。但较为吊诡的是这一时期预防论基本上处于沉寂状态，一般意义上的预防刑法仍然没有出现，盖因社会防卫论一直兴盛所致。第四阶段为预防刑法被提出并得到发展时期。在风险社会背景和理论下，预防刑法被重新发现，预防性正义在刑事法领域兴起，[1] 2000 年后各国刑法立法尤其体现出预防性特征，这种预防性变革正是基于控制风险的目的。[2] 这种事实使借规范适用的固化为建构法的信赖竖起一面旗帜的积极普通预防成为流行的学说，因此，预防刑法作为一项整体性的国家刑事政策，形成于晚近各国与新类型犯罪的斗争中。预防刑法理论的日益发展和丰富为刑法修正提供了理论借鉴，但无论是大陆法系还是英美法系的刑法理论，和我国都有很大不同，尤其是我国素来具有报应主义的传统文化，我国学者近年来力倡的刑法客观主义和预防刑法注重人身危险与主观意思形态相距甚大，因此，在我国应用预防刑法必须探寻中国模式。

国内对预防刑法的研究是晚近的事情，我国第一次对预防刑法的评介基于当时的社会背景及历史因素，采用阶级评判的方式对其做完全否定评价。此后，基于我国刑法与西方国家交流完全断裂，一般意义上的预防论在我国没有出现。从现有文献看，对预防刑法研究首先是作为贿赂犯罪的个罪规制手段开始，[3] 此后学者开始对英国预防刑法进行客观详细的研究，指出其解释框架以及正当性问题的解决。[4] 2017 年至 2018 年集中出现了数篇佳作。从国家安全视域来看，在"预防优于治疗"的逻辑下，刑法的预防性路径应坚持实害性原则并恪守对法治的信仰。[5] 学者指出，全

---

〔1〕 Lucia Zedner, "Preventive Justice or Pre‑Punishment? The Case of Control Orders", *Current Legal Problems*, 2007, No. 1.

〔2〕 Andrew Ashworth & Lucia Zedner, "Prevention and Criminalization: Justifications and Limits", *New Criminal Law Review: An International and Interdisciplinary Journal*, 2012, Vol. 15.

〔3〕 魏昌东：《贿赂犯罪"预防型"刑法规制策略构建研究》，《政治与法律》，2012 年第 12 期。

〔4〕 冀莹：《"英国预防性刑事司法"评介与启示——现代刑法安全保障诉求的高涨与规制》，《政治与法律》，2014 年第 9 期。

〔5〕 胡霞：《国家安全视阈下刑法的预防性路径研究》，《中国刑事法杂志》，2017 年第 5 期。

球风险社会与网络社会的交替交织孕育了刑法积极预防风险的任务，应正视刑法工具属性的客观性与刑法功能主义的发展性，以比例原则控制极端工具化的异变。应体认社会变迁引发犯罪形态结构变化的基本规律，联动犯罪学与规范刑法学，以刑事政策的理性化推动刑法参与社会治理的科学性。应重新认识刑法谦抑精神，倡导刑罚有效的必要制裁功能观，松绑刑法保障法和释放刑罚有效性的预防潜质。[1] 预防刑法是刑法开放发展、适应社会变迁的产物，在我国已由碎片化条款转变为类型化立法。预防刑法实现有效的社会控制，却隐含着扩张和模糊刑法干预界限的风险。对于刑法立法而言，关键在于确立法益侵害危险的规范构造，坚持刑法的谦抑性。[2] 有学者在反恐刑法立法中认为应检视预防性反恐刑法立法体系。[3] 也有学者指出，在刑法立法中恰当选择规范位置优化刑法预防性立法。[4] 上述文献或从预防刑法实际应用角度，或从其一般性理论角度做了研究，这些研究是当下预防刑法研究的佳作，为预防刑法在我国的发展提供了基本启蒙和知识铺垫。但总的来看，论文不足 10 篇，研究成果过少，且时间较为集中，起步较晚。相对于在西方已成风靡之势的预防刑法而言，预防刑法在我国还不是一个系统的刑法学分支，没有成为一个具有强大增量的刑法学知识增长点。总体而言，关于预防刑法的知识还比较零星和碎片化，寻找关于预防刑法的法理、边界和路径的系统知识构成研究的目标。

我国近年的刑法修正体现出预防刑法的修正现实，这给预防刑法的发展提供了现实依据和素材。预防刑法的发展将呈现四大趋势：一是更加重视预防刑法的研究，在预防性刑法在刑法中的比重逐渐扩大的现实下，预防刑法成果将会大量涌现；二是更加突出预防刑法法理基础的研究，寻找预防刑法中国支撑的现实依据；三是更加注重预防刑法的中国路径，即在中国刑法理论体系区别于西方的现实下，如何合理确定预防刑法的边界；四是更加关注预防刑法在刑法修正中的设置，即预防刑法理论的具体应用

---

〔1〕 高铭暄、孙道萃：《预防性刑法观及其教义学思考》，《中国法学》，2018 年第 1 期。
〔2〕 何荣功：《预防刑法的扩张及其限度》，《法学研究》，2017 年第 4 期。
〔3〕 梅传强、李洁：《我国反恐刑法立法的"预防性"面向检视》，《法学》，2018 年第 1 期。
〔4〕 姜敏：《恰当选择规范位置优化刑法预防性立法》，《检察日报》，2018 年 10 月 24 日。

会成为重点。

2. 预防性刑法的理据

第一，刑罚预防论的延展。从刑罚一般预防论到脱离刑罚的刑法预防论，基础动力仍然在于报应论的势衰和预防论的趋强。在预防论突破传统刑罚预防论的框架后，刑法一般预防意义即应运而生。

第二，三大现实催生的刑法立法需求。一是全球性风险社会的治理现实。全球性恐怖犯罪以及我国出现的恐怖犯罪使预防治理需求更为突出和紧迫。风险的扩张使社会面临生态、核能以及化学等风险，对此，传统刑法的事后惩罚已经使其现实意义极大弱化。二是我国社会当下腐败犯罪、食品药品犯罪的客观现实。腐败犯罪在任何国家都存在，但在我国近年来体现出群体化、高官化、期权化以及巨额化的新样态，治理腐败必须形成预防型体系。三是社会发展过程中的犯罪伴生现实，主要是网络犯罪。三大现实催生了刑法追求传统正义基础上的安全诉求，当安全无法被传统刑法保障时，预防就被凸显，预防性刑法因势而生。

第三，刑法立法观的转变。当下我国的刑法立法及修正已经摆脱了传统粗放模式，立法精细化成为立法指引。因此针对诸如网络犯罪、恐怖犯罪等犯罪的规定更加具体，甚至将部分中性行为规定为犯罪，刑法立法部分将构成要件性行为的客观性降低。

3. 预防性刑法的立法困境

第一，预防性刑法主要体现为预防性行政犯，基于刑法与行政法的差异，预防性刑法对刑事法治和行政法治产生冲击。行政法与刑法具有注重行政秩序与注重刑法法益、注重行政管制与注重个人自由、扩张性与补充性（限缩性）、易变性与安定性等差异，大量内涵于预防性刑法中的行政规范不可避免地会对传统法治产生冲击，需要避免歧义，消除误解。

第二，刑法的法益主义、谦抑主义以及罪责主义一定程度上被消解的风险。一是预防性刑法重在保护超个人的法益，这种法益有时无法还原为具体法益，因此导致传统的法益主义被弱化。二是预防性刑法重在事前预防，传统刑法重在事后惩罚，对大量的中性行为予以处罚更是一定程度上突破了刑法谦抑主义。三是预防性刑法对他人行为负责以及单位犯罪立法激增，同时大量增加公民与国家合作的刑法积极义务。因此需要在传统罪责原则中增加预防内容，将预防融入罪责概念，或者将预防与罪责并列成为罗克辛教授主张的答责概念。无论如何处理，预防性刑法都在相当程度上使传统的罪责自负原则被消解、弱化乃至重新解读。

第三，主观主义的风险隐患。预防性刑法一定程度上以人身危险性为处罚依据，因而具有强烈的主观主义刑法色彩。但从刑法的发展历史看，主观主义刑法已是明日黄花，我国 1997 年《刑法》更是立足于客观主义。以人身危险以及可能的危险行为而不是行为的结果作为处罚根据，会导致刑法预测与指引功能的下降。如何合理规制主观主义刑法可能的风险，是预防性刑法的重要议题。

4. 预防性刑法的立法路径

第一，积极刑罚观的确立。在预防性刑法之下，传统刑法重在事后处罚的观念应在一定程度上被修正，刑法不仅针对过去，更要面向未来。在针对具体的犯罪时应恪守刑法谦抑主义，在一般的刑法修正和立法上予以犯罪化、严密刑事法网并不悖于刑法谦抑。刑事法网的严密并不意味着处罚的严酷，相反，刑事法网的严密只是规制的强化，在采用资格刑、禁止令等多种处罚措施的情况下，这其实意味着制裁的缓和。因此，在预防性刑法下，规制的强化与制裁的缓和完全可以并存。最佳的社会治理不是处罚，而是"未雨绸缪"。科学化立法、公正理性司法完全可以消解积极处罚可能带来的不当。

第二，确立对刑法规范的忠诚理念，重新认识象征性立法。预防性刑法部分以象征性立法体现，象征性立法对刑法功能会产生一定的损害。但在确立对刑法规范忠诚理念的前提下，象征性立法的规范宣示功能仍然具有强化法律规范意识、规范指引以及法律信仰的培育作用。因此应认真对待雅克布斯提出的忠诚理念，重新审视象征性立法的功能。

第三，慎重设置可以提前处罚的行为。在行为方式上，主要考虑具有独立性的预备行为、帮助行为正犯化，煽动行为、持有行为犯罪化，以及危险犯的抽象危险设定。在行为类型上，主要考虑恶性暴恐行为、民生危害行为以及环境危害行为等。在法益保护上，主要考虑超个人法益和具体法益应有关联性，乃至能还原为具体法益。

第三节 我国刑法的修正未来

一、修正的形式趋势

实际上我国学者对刑法修改的模式一直较为关注，这已经成为改革开放以来刑法学研究中的重大问题之一。[1] 从目前趋势看，刑法修正案已成为刑法修正的主要方式，自 1998 年 12 月 29 日《全国人民代表大会常务委员会关于惩治骗购外汇、逃汇和非法买卖外汇犯罪的决定》出台至今，即便不排除立法解释和单行刑法的修正，修正案也是最重要的刑法修正方式。以此来估计，刑法修正案还会成为较长一段时间内我国刑法修正的主要方式。1999 年第一个修正案出台时全国人大常委会法制工作委员会刑法室主任黄太云曾指出，这是新中国立法史上第一次以修正案方式对刑法进行修改、补充。无论是修改刑法的方式，还是完善刑法的内容，它都会对我国今后的刑事立法产生深远的影响。[2] 采用修正案的方式修改刑法，立法者的主要目的是保证刑法典的稳定性并维持法典的结构，这在对修正案优点的论述中已有较多说明。法典的稳定性必须保持，其结构应该维护，然而这里存在一个问题，即保持这种结构和稳定性是终极的追求吗？法典作为法的最高形式，稳定性是其生命，维护法律稳定性也是促成法典产生的原因之一，因而维护刑法典的稳定和结构在任何时候都是必需的。但维护法典的结构和稳定性并不是最高的和最终的追求，法典也是为维护社会秩序服务的，必然会因社会形势的变化发生变革，法典的稳定性在这个意义上只能是暂时的和相对的。张明楷教授曾指出，基于存在大量的行政犯罪、经济犯罪以及社会生活的复杂性，我国刑法立法应采取分散性的方式进行，即立法机关宜在行政法、经济法等非刑事法律中，对于严重违反行政法、经济法规范的行为直接规定罪状与法定刑；对于适合单行刑法规定

---

[1] 高铭暄、赵秉志：《改革开放三十年的刑法学研究》，《中国刑事法杂志》，2009 年第 3 期。
[2] 黄太云、高翔：《〈中华人民共和国刑法修正案〉简介》，《中国司法》，2000 年第 3 期。

的类罪，宜由单行刑法规定，不必纳入刑法典中；根据法治原则，针对轻微犯罪制定《轻犯罪法》，同时规定简易的审理程序。[1] 因此，修正案可以作为目前刑法修改的主要形式，但不应是唯一的形式。

二、修正的内容趋势

我国刑法修正的内容趋势已从 11 个修正案中得到一定程度的反映，就修正规则的适用来看，修正语言的使用会更加科学。在慎重性修正规则下，修正的前瞻性和目的性会更加明显和突出。修正的程序更加突出修正的民众参与，修正程序的透明化和正当性会一直持续。对于新出现的犯罪，采用依附性修正规则的方式也会持续下去。但从上述对我国刑法修正案的实证分析看，我国刑法修正的连续性较差，虽有适当体现，但难以真正连接各个修正案。在今后的刑法修正中，这点应该得到加强，尤其是在权利刑法观、民生刑法观指引下的连续修正应得到凸显。结合世界刑法发展的特点，我国刑法的未来修正内容以及规则的应用应在以下几个方面重点关注：

第一，在修正的指导思想上，受刑事政策的影响会更加明显。这也能够在相当程度上保证修正的连续性。刑事政策对刑法修正的影响已经成为世界性的趋势，在我国，宽严相济的刑事政策会对刑法修正进一步产生影响。同时，刑事政策预防犯罪的思想也会对刑法修正产生作用，在预防功能的指引下，刑法对具体犯罪成立的条件会进一步作出调整，抽象危险性犯罪的规定可能会增多。

第二，总则的修正将会以行刑和量刑的变革为主要内容，并愈加凸显人性关爱。我国已有的 11 个刑法修正案只有第八、第九、第十一个修正案对总则作出修正，未来对总则的修正会继续进行，修正内容会以行刑为主，并体现出刑罚的教育改善色彩，但修改幅度不会太大。同时，对总则的修正会更加突出人文关怀。可以预见，刑法对个罪的设定会更多地体现

---

[1] 张明楷：《刑事立法的发展方向》，《中国法学》，2006 年第 4 期。

在民生内容上，刑法的民权刑法性质会更进一步凸显。[1] 同时，民权刑法的发展会逐渐突破仍然属于重刑化倾向的刑罚观念，刑法修正的谦抑性原则能够得到进一步贯彻。

第三，分则对个罪的修正法网趋严，个罪会更趋细化，竞合规定会更多，自由刑刑罚总体上仍会趋重，对个罪的立法仍然会以特定犯罪行为的出现为指向。罪刑法定要求的修正明确性原则和刑罚处罚之正当性原则会更加凸显。从前述对 11 个修正案个罪刑罚的修正来看，自由刑总体趋重，在未来一段时间内这不会发生转折性的改变。罚金刑会进一步扩大适用的范围。同时，刑罚结构的调整会继续进行，财产刑尤其是资格刑的适用会更加突出。修正的谦抑性原则在刑罚修正中会逐渐凸显并真正落实于修正之中。

第四，对恐怖主义犯罪、环境犯罪、食品药品安全犯罪、基因犯罪、侵犯个人信息犯罪会愈加重视，刑罚趋重，但对死刑会进一步予以限制。修正的刑事政策影响在这种犯罪中会更加明显。恐怖主义犯罪和环境犯罪已经成为世界性的公害，对此刑事法网趋严。围绕恐怖活动犯罪、环境犯罪的新形式犯罪会逐渐出现，对相关犯罪的处罚会加大力度。

第五，修正受国际影响日益明显。由于各国刑法理论交流的增多，以及各国需共同面对诸如跨国犯罪、一国无法控制的环境犯罪等问题，刑法修正的国际性会更加明显，主要体现在追求目标的一致性、刑法规定的趋同性、国际条约的国内化以及立法的相互借鉴性等几个方面。但从我国当前刑法修正现实看，无论从所确立的管辖权体系而言，还是从刑法目的和犯罪定义的角度而言，抑或是从分则具体罪名的角度来看，国际法视野都不同程度地缺失。

三、过度修正案主义的适度改变

（一）法典主义与法律主义

罪刑法定原则是法治在刑法领域的集中体现，[2] 因而其也成为法治社

---

〔1〕 康均心、申纯：《刑法修正案（八）中刑法理念的六大转变》，2011 年中国刑法学年会文集《社会管理创新与刑法变革》（上卷），中国人民公安大学出版社 2011 年版，第 313 页。

〔2〕 李洁：《论罪刑法定的实现》，清华大学出版 2006 年版，前言第 2 页。

会刑法与专制社会刑法的根本分野。[1] 自从刑事古典学派提出该原则以来，基于其标识的限制立法权和人权保障机能使它已成为刑法的宪法性原则。罪刑法定原则的第一个内容就是法律主义或成文法主义，即要求作为刑罚处罚依据的刑法必须是成文的。刑法比其他领域的法更需要法的安定性，因为只有成文法才能保证法的安定性，故此每部现代刑法典都将刑法完全浇注为成文法的形式。[2] 但罪刑法定要求的成文法主义并不等于法典主义，刑法的成文性是最基本的，法典虽是立法的最高形式，但罪刑法定原则并不要求绝对法典化。我国 1997 年《刑法》确立罪刑法定原则，标志着中国的刑法已经开始向现代化刑法迈进，标志着法治国家的建设在刑事法领域的立法上得到了原则性的实现。[3] 无论怎么评价罪刑法定原则在我国确立的意义均不过分。但对罪刑法定原则的理解及使用不应极端化。我国刑法修正自第一个修正案出台后一直采用这种形式修正刑法，似乎是将罪刑法定原则所要求的法律主义极端化为了法典主义。无论是法典，还是单行刑法等其他形式的刑事立法均符合罪刑法定的要求，均可以在刑事立法中采用。

从上述一些国家刑法修改的情况来看，刑法典虽在一国法律框架下极为重要，但在刑法修改的过程中其他形式的修改方式也被较多采用，在意大利等国，刑法典甚至是次要的和辅助的刑法渊源。从本文述及的国家与地区刑法修改的情况来看，刑法典经常被反复修改，日本刑法的修改前后历经 21 次。加拿大、瑞典、泰国、芬兰等国的刑法典也是被多次修改，甚至在蒙古等一些国家修改的频率更高。在修改过程中，各国均制定了大量的单行刑法、附属刑法等以应对新的犯罪形势。在判例法系的英国和美国甚至不具有统一的刑法典，判例汇编、单行刑法成为刑法成文化的主要形式，法典在这些国家并不是至上的，刑法成文化才是根本的。事实上，没有任何一个国家采用某个单一的形式修改刑法。

成文法主义不是法典主义，成文法主义也不要求一定是法典主义。修

---

〔1〕 陈兴良：《本体刑法学》，商务印书馆 2001 年版，第 87 页。

〔2〕 ［德］古斯塔夫·拉德布鲁赫：《法律智慧警句集》，舒国滢译，中国法制出版社 2001 年版，第 38 页。

〔3〕 李洁：《论罪刑法定的实现》，清华大学出版社 2006 年版，前言第 1 页。

正案可以成为刑法修改的主要形式，但不可成为"修正案主义"。法典的稳定和对其结构的维护并不是目的，无论法典的形式有多完美，都不应作为一种终极追求。因而刑法的修正首先考虑的并不是维护刑法典的结构，而在于其在遵循罪刑法定原则的前提下，能解决现实问题。英美刑法中存在的繁芜复杂的单行及附属刑法规范、数量浩瀚的判例并没有成为其没有法典化的负担。我国刑法修正不是法典主义，而应是成文法主义。积累一定时间之后，可以进行法典编纂，对既有多种类的规定进行整合，在此基础上再形成一个新的法典，而不应是每一次修正均力求维护法典的形式和结构。

（二）刑法的实质整体性与形式整体性

采用修正案的方式可以维持刑法典统一性和整体性，这是修正案相对于其他修正方式的优势。但问题是刑法的整体性该如何对待。

没有能够亘古适用的刑法典，伟大者如拿破仑制定的法国民法典也并不是一成不变的。并不是法典的罗马法至今却仍被传诵，其建立的制度和体现的精神仍被采用甚至被奉为法律的精髓，其原因在于罗马法具有一个根本价值，即其蕴含了永恒的正义规则，因而赋予了其自身自然法的秉性，[1] 法律的精髓本质上在于其蕴含的法治精神。因而部门法的统一性和整体性最重要的是有科学、统一的理念引领，法律的修改等须围绕此共同遵循的理念进行。实际上，这也是罪刑法定之修正原则的持续性修正所要求的，只有在统一理念支撑下的修正，才真正具有持续性，并能保持刑法的真正统一性和整体性。在这个角度上，刑法的整体性并不在于有一部统一的刑法典，而在于所有的刑事法律都具有一个"精神领袖"，即现代刑法应具有的人权保障、谦抑理念以及刑事法治的品格。作为刑法统一形式的刑法典并不具有超越此统一精神品格的依据，况且刑法典仅仅是刑法成文化形式中的一种而已。因此，刑法的整体性应该主要是指刑法精神的整体性，而不是仅指其形式上的统一性和整体性。

如果刑法的整体在于其精神的统一性和整体性，则刑法修正应围绕

---

〔1〕　［德］弗里德里希·卡尔·冯·萨维尼：《论立法与法学的当代使命》，许章润译，中国法制出版社 2001 年版，第 22 页。

此进行，不能破坏其精神的统一性和整体性。如此，刑法修正维护刑法典的结构等形式意义就是次要的了，这意味着刑法修正就不必一定要以修正案的方式进行，单行刑法、附属刑法等多种修正方式也可以成为选择。

第二章
刑法修正的前提基础

第一节 现有条文的适用评估

一、现有条文适用的穷尽性评估

（一）法律是一种资源性存在

自由、秩序和正义都是法律的价值，自由与正义价值是抽象的，而秩序价值较为具体，社会依赖于秩序而存在。正是由于必要和稳定的社会秩序的存在，社会才有可能出现繁盛而持续发展的局面。[1] 正是在和谐有序之中，自由与正义才会实现。良好的社会秩序是由法律规则构建的，现代社会更是一个规则社会。法律建构的秩序本质上是对资源的配置。法律是人类创造出来的通过形成良好的社会环境实现社会效益与经济效益，最终促进物质财富形成的一种工具，因此法律是一种现实的和潜在的社会生产力，这也是法律是社会资源的原因所在，也是法律的社会属性与经济属性的体现。[2] 故法律是一种重要的社会资源，立法活动是对这种资源的使用、配置。能以法律规制的社会秩序，必须具备一定的条件，不是任何社会秩序或者社会关系都值得以法律进行规制。法律规制的社会关系是类型化的，其针对具体的社会关系具有一对多的特征。法律是一种抽象的存

---

[1] 周旺生：《论法律的秩序价值》，《法学家》，2003 年第 5 期。

[1] 周旺生：《论法律的秩序价值》，《法学家》，2003 年第 5 期。
[2] 孙春伟、许彦华：《法律资源的界定》，《哈尔滨学院学报》，2003 年第 9 期。

在，本身具有稀缺性，这就要求合理使用法律资源，这种合理使用在法律修正的过程中体现为合乎资源配置要求的删除、修改和增加。其实单就立法活动本身来看，其间会消耗大量的人力、物力等资源，所消耗的资源从价值转化的角度看，即转化为法律资源。

刑法修正无论是对原有条款的删除、修改还是增设，都关系到法律条文的使用问题。法律条文的使用是立法过程中对法条的取舍与搭配，而不是法条对社会关系的规范性调整适用。法条做何种删除、修改和增设，在本质上是法条资源的配置问题。资源的有效利用要求不过度使用、不浪费使用以及使用中善待现有资源。因此，刑法修正过程中的增设、删除和修改，在法律作为一种资源的视角下，实际上要求：第一，增设新条文时不存在过度立法。既有社会现实已经能够由现有法条规制时，就无须新设法条。重复不仅是对法条的浪费，更可能因法条之间的冲突导致司法混乱不统一。在目前的刑法修正中这个问题并不突出。但在既有司法解释中，这种过度非常明显。如对《刑法》第 217 条中"复制发行"的解释，就有2004 年 12 月 8 日《最高人民法院、最高人民检察院关于办理侵犯知识产权刑事案件具体应用法律若干问题的解释》、2005 年 10 月 13 日《最高人民法院、最高人民检察院关于办理侵犯著作权刑事案件中涉及录音录像制品有关问题的批复》、2007 年 4 月 5 日《最高人民法院、最高人民检察院关于办理侵犯知识产权刑事案件具体应用法律若干问题的解释（二）》、2008 年 6 月 25 日《最高人民检察院　公安部关于公安机关管辖的刑事案件立案追诉标准的规定（一）》、2011 年 1 月 10 日最高人民法院、最高人民检察院、公安部《关于办理侵犯知识产权刑事案件适用法律若干问题的意见》等对其作出解释。第二，删除法条时不浪费资源。法条作为一种资源，必须在具备一定条件时才可以对其进行删除，将不应删除的法条不当删除是对法律资源的浪费。第三，修改现有法条时要善待资源。对法条的任何修改都意味着对既有资源使用状况的改变，因而必须思考是否有改变的必要性。善待既有法条就不应随意地修改。

（二）规范的穷尽适用、不再适用和不能适用

法律是一种资源性存在，资源也有枯竭之时。法条资源之枯竭，就是现有法条无法应对社会现实，当法条穷尽适用时无法调整社会关系。刑法

修正前对现有法条的评估即是要确定既有规范是否已经穷尽适用，只有在现有法条已经穷尽适用的情况下，才能对刑法作出修正。现有规范的穷尽适用，首先是非刑法规范的穷尽适用。只有在非刑法规范无法调控现有社会关系时且值得以刑法调整时，才能确定非刑法规范的穷尽适用，增设刑法条文才成为可能。其次是现有刑法规范的穷尽适用。在采用叙明罪状和列举式立法的情况下，刑法规范穷尽适用的判断不难作出。问题在于我国刑法存在大量的兜底性条款，如何确定兜底性条款的穷尽适用即成为问题。刑法中的兜底性条款具有典型特征，即附属于列举式立法之下，因此兜底性条款必须具有列举之条款的共有典型特征，当拟增设之条文所规制的社会关系无法具有该种特征时兜底条款即穷尽适用。我国的司法现实是出台大量的司法解释来明确刑法的适用，有时司法解释大大扩张了原条文的适用，比如，对非法经营罪先后出台了40个司法解释逐步扩大适用。因此，能够通过司法解释对法条加以适用的，应首先通过司法解释适用法条而不是增设新罪。刑法要尽可能保持稳定，新罪名的增加必须保证绝对必要，如果在不增加新罪名的情况下，也能在刑法体系中找到评价那些需要入罪行为的资源，就没有必要在刑法中增加一个罪名，因而，罪名的增加必须穷尽解释学。[1]

规范的不再适用和不能适用是指既有法条已经脱离社会现实、社会观念以及继续适用严重有损基本价值观时，既有条文需要被删除或者修正。刑法对投机倒把罪的废除即是基于该罪脱离社会现实的考虑，刑法修正案对大量犯罪死刑的废除乃是社会观念的要求，而《刑法修正案（九）》对嫖宿幼女罪的废除即是由于该罪的存在不是保护了幼女，反而在相当程度上背离了幼女保护的初衷并产生幼女污名化的恶果。社会现实、社会观念以及基本价值的衡量可以大体确定规范的不再适用和不能适用。确定了现有规范的穷尽适用、不再适用和不能适用，也就确定了增设规范具有迫切性，即必须通过刑法规制的方式对刑法予以修正。

---

〔1〕 董玉庭：《体系性视角下的刑法修正》，《中国社会科学报》，2018年5月23日。

二、现有条文的协调性评估

法制统一协调在我国是至关重要的，这是市场经济建立和运行的基础。[1] 张明楷教授指出，使法律协调是最好的解释方法。[2] 法制的统一协调当然也包括我国刑事法律的统一协调。萨维尼认为，良好的法律状况仰赖于三件事：胜任有为、圆融自洽的法律权威；一个胜任有为的司法机构；良好的程序形式。这种权威，甚至拟议中的法典亦须与之保持一致。[3] 萨维尼所指的法典应与其保持一致的权威，实则是指超然于法条的法律精神。该种法律精神保证了法律体系的统一与协调，法律的圆融自洽实际是指法律体系、法律内部的协调。在我国刑法频繁修正的现实下，保持刑法整体的协调统一也是法制统一的基本要求。事实上，刑法事关公民财产、自由乃至生命的限制或剥夺，其协调性更为重要，不仅可以树立刑法权威，而且可以消解司法困境。相似的刑事案件如果作出较大差异的判决，由此造成的恶劣社会影响绝对远甚于一般相似民商事案件的差异性判决。刑法修正的协调性，首要的是修正思想的协调性，其次是法律体系内部的协调性。

（一）刑法修正思想的协调性

在论及刑法修正的协调性时，往往关注的是实定法之间的协调。法的安定性必然强调实定法，在某种条件下，会导致使刑法成为不公正之法的恶劣化后果。[4] 因此，实定刑法的安定性首先是思想的安定性，在刑法修正的情况下，能够做到修正思想的协调和统一。以美国刑法为例，其渊源众多，包括数量众多的制定法、判例乃至惯例等，但美国刑法一以贯之体现出一种价值基础，即刑法的公正性和功利性并存。[5] 这种统一的思想也决定了美国刑法看似零散，但实则协调统一的境界。

---

〔1〕 张廉：《论法制统一的实现途径与措施》，《法律科学》，1997 年第 1 期。

〔2〕 张明楷：《使法律相协调是最好的解释方法》，《人民法院报》，2005 年 1 月 12 日。

〔3〕 ［德］弗里德里希·卡尔·冯·萨维尼：《论立法与法学的当代使命》，许章润译，中国法制出版社 2001 年版，第 83 页。

〔4〕 ［日］木村龟二主编：《刑法学词典》，顾肖荣等译，上海翻译出版公司 1991 年版，第 9 页。

〔5〕 储槐植：《美国刑法》，北京大学出版社 2005 年版，第 3 页。

第一，修正思想协调性的界定。法典是法律的最高形式，法典能够整合一国某种法律使之系统化、科学化，这使法典成为立法的最高追求，追求一部法典实际上就是追求法典的整体性以及法律之间的一致性和协调性。但一国法律的整体性并不意味着其必须以法典的形式体现出来，作为法律文本载体的法典只是一种形式上的整体和统一而已，能使一国法律最具整体性气质的应该是法律思想的协调和统一。同样地，对刑法而言，刑事法律的整体性最重要的是通过具有整体性、一致性的基本理念和思想体现出来。因而，刑法修正应在具有一致性的思想和理念指导下进行，修正的指导思想不能相互矛盾，不能导致刑法的价值取向发生冲突。在今天讲求刑事法治的时代，刑法修正应在刑法作为权利保障法的基本指导思想下进行，具体而言，在犯罪的设定上以谦抑性为原则，在刑罚的设定上以轻刑化为指导。

刑法修正思想的一致性从较广的视角来看，还应该包括与一国宪法奠定的基本思想相一致。如我国宪法提出的人权保障、私有财产保护的基本观念应成为刑法修正的指引。由于刑法规定的是犯罪与刑罚等具体规范，宪法是对一国基本制度、公民基本权利等的规定，目前，刑法具体规范的修正和宪法相抵触的情况基本不会发生，但刑法的修正可能和宪法提倡的某种观念相冲突，如在没有确切的证据证明必须加重某罪的法定刑时，刑法修正的加重处罚并不和宪法的规定直接冲突，但和宪法提倡的人权、人道理念是相悖的，这种思想上的隐性冲突实际上对一国法制协调性的损害更大。

第二，刑法修正思想协调性的实现。法律具有一定的不确定性，因而法律的协调性有时会成为问题。这也正是哈贝马斯之所以批判法律协调性的原因。[1] 就作为行为具体指引的刑法规范而言，哈贝马斯的批评是有道理的，但从上述刑法的连续性来看，无论具体规范有多大的差异，均应依存于一些统一的刑法理念，因此思想协调至少可以在相当程度上实现。实现刑法修正思想的协调，首先要树立科学的刑法观，如权利刑法、保障刑法观念，破除刑法万能论。其次是罪的设定，应坚持行为中心主义的指导

---

〔1〕　［德］罗伯特·阿列克西：《法律的重构、论证与实践——于尔根·哈贝马斯的法律商谈理论》，万平译，《中南财经政法大学研究生学报》，2006 年第 4 期。

思想。只有在出现一种新型犯罪行为时才可以考虑是否入罪。从各国刑事立法的现状来看，在行为刑法的立场下，基于"无行为即无刑罚"的思想，对许多犯罪都是以犯罪行为作为处罚对象的，这是目前各国刑事立法的通例。[1]但行为本身具有包容性及多样性等特征，基于行为中心主义的立法往往会造成刑法对行为规制的多重性。以诈骗罪为例，各国刑法均有多个罪名和法条对此作出规定，除普通诈骗罪外，还有各种金融诈骗罪。因此，以行为为中心修正刑法还必须注意，在行为侵犯的客体同一但无法为原行为所包含时才应考虑入罪的可能。刑法的修正，在没有确切的加重处罚理由的情况下，不得在修正时加重现行刑罚的量。储槐植教授指出我国刑法修改的价值取向——刑罚现代化，以减少死刑、多样化制裁、适中的刑罚幅度等来具体实现刑罚现代化。[2]

（二）法律体系内的协调性

法律体系内的协调是指刑法与其他法律应相互协调，刑法的修正首先应与作为上位法的宪法规定相协调。宪法是整个法律体系的基石，刑法的制定、修改和解释应以宪法为指针。[3]其次，还应和其他基本法律相协调。我国学者许章润先生指出，法律不仅是一种规则体系，同时必然是一种意义体系，这种意义体系，要求法律的最高境界和终极目标是公平正义，法律规则只是将此世道人心凝结为法意，表达为规则的存在而已。[4]富勒指出，矛盾的法律其实是相互打架的法律，虽然它们不一定会像逻辑上相互矛盾的陈述那样杀死对方，不协调的法律是不能吻合于其他法律或者与其他法律相抵牾的法律。[5]除了注意上下位法之间的关系外，刑法的修正更重要的是注意其应与其他平行法律之间相互协调以及刑法内部的自我协调。法律体系内的协调不仅是形式上的，而且是内容上的，刑法修正与其他平行法律之间相互协调主要是指刑法既与行政法协调，也与民法协调才能共同发挥规制社会关系的效能。王利明教授指出，刑法只有在侵权

---

〔1〕　陈家林：《论刑法中的危险概念》，《云南大学学报》（法学版），2007年第2期。
〔2〕　储槐植：《刑罚现代化：刑法修改的价值定向》，《法学研究》，1997年第1期。
〔3〕　晋涛：《合宪性原则在风险刑法修改中的运用》，《浙江树人大学学报》，2017年第3期。
〔4〕　许章润等：《法律信仰——中国语境及意义》，广西师范大学出版社2003年版，第2—3页。
〔5〕　〔美〕富勒：《法律的道德性》，郑戈译，商务印书馆2005年版，第82页。

法的配合下才能有效地调整社会关系,[1] 即是在此意义上而言的。由于刑民交叉主要集中于司法领域,相对于交叉的刑事与民事关系而言,行政处罚和刑事处罚在立法领域更需要厘清和界定,因此刑法修正时需要注意对行政处罚和刑事处罚关系的处理。基于行政法和刑法之间更为密切的关系,在此仅论述这二者之间的协调关系。刑法内部的自我协调包括刑法修正案与刑法典的协调以及修正案之间的协调。

1. 刑法修正与行政法的协调

刑法和行政法均具有对社会危害行为进行处罚的公法性质,这要求刑法的修正应与行政处罚法相互协调。这种协调要求处理好行政法和刑法对行为规制的二元划分关系,且在二者之间有合适的衔接,行政法不能侵入刑法的调整范围,刑法也不能逾越自己的界限将行政法调整的关系纳入自己的"势力范围"。强调这一点是由我国对行为的调整是从行政违法到刑事犯罪这种二元立法模式决定的——超出行政违法的范围便是犯罪。在这个问题上,我国刑法的修正已经受到批评。如有学者提出,《刑法修正案(八)》增设危险驾驶罪实际上是取消了行政处罚和刑事处罚的二元划分界限,将本应属于行政处罚的醉酒驾驶这一行政违法行为不当地由刑法进行处罚了。[2] 刑法修正除应与行政处罚法协调外,还要注意刑法修正应与前置性法律相协调。存在的问题是,在没有前置性法律对某种社会关系进行保护时,刑法修正时能否直接入罪。如我国《刑法修正案(七)》第7条对侵犯公民个人信息罪的设定,在我国《治安管理处罚法》中并没有对一般侵犯公民个人信息的规定,在民法中有对公民肖像权、姓名权和名誉权等隐私权的保护,刑法中有诽谤罪、侮辱罪、伪造变造居民身份证罪、侵犯通信自由罪以及私自开拆隐匿毁弃邮件电报罪等规定。从《刑法修正案(七)》第7条的规定以及《刑法修正案(七)(草案)》的说明第3条第1点中可以发现,该类个人信息是一些国家机关和电信、金融等单位在履行公务或提供服务活动中获得的公民有关身份证号码、社会医疗保险号码、DNA等个人信息,因此这种个人信息应是排除了有关能够构成侮辱罪和诽谤罪,且能够交易的物化信息,在行政法对这类物化信息没有规定的情况

---

[1]　王利明:《侵权行为法归责研究》,中国政法大学出版社1992年版,第7页。
[2]　于志刚:《刑法修正何时休》,《法学》,2011年第4期。

下，刑法直接入罪，这种情况在我国是独一无二的，前置性法律的缺失使得刑法成为唯一的保护该类信息的法律。从效果上看，能够起到保护公民个人信息的作用，但前置性法律的缺失使得这种保护过于超前，在一定程度是立法不谨慎的冒进主义和情绪主义的体现。对侵犯个人信息犯罪化的规定，是对专门性个人信息行政保护的召唤、对个人信息保护体系的促进与发展，更是刑法立法理念的提升与具体化。[1]《个人信息保护法》于2021年8月20日通过，在第71条中作出了一贯性的笼统规定，即"违反本法规定，构成违反治安管理行为的，依法给予治安管理处罚；构成犯罪的，依法追究刑事责任"。这仍然涉及行政处罚与刑事犯罪在该问题上的衔接和协调问题。因此刑法的修正必须和前置性法律相协调，才不至于突破我国刑法构成犯罪所要求的定量的要素。

2. 刑法修正自身的协调

刑法修正自身的协调包括修正案与刑法的协调以及修正案之间的协调。正如学者所言，刑法科学立法的刑法之内层面是强调新增或修订罪名应当充分考虑与原有类罪、个罪的体系关系、逻辑关系，避免失衡或产生新的立法冲突。[2]

（1）刑法修正案与刑法典的协调。我国学者详细论述了刑法修正案与刑法典总则相协调，与分则条款中的相似、相近规定相协调，同一规范的不同内容之间相协调等。[3]虽是作为刑法一般修正的协调性原则而论，但仍然适用于刑法修正案的修正。修正案与刑法典的协调事关刑法修正案和刑法典关系的界定，此中修正的技术方式起重要作用。如我国刑法修正采用美国宪法修正案的方式，则刑法修正案就是刑法的渊源之一，采用现今的修正方式则刑法修正案不可作为刑法的渊源。在不同的修正方式下，二者如何协调自不相同，在后一方式下，相当于重新立法而非"修正"，这在前文中已有论述。

（2）刑法修正案与修正案的协调。从一国刑法修正的现实来看，对刑

---

〔1〕 李凤梅：《个人信息安全的刑法保障——〈刑法修正案（七）〉第7条析解》，《河北法学》，2009年第12期。

〔2〕 徐岱：《〈刑法修正案（十一）（草案）〉的修订进路》，《法治研究》，2020年第5期。

〔3〕 王政勋：《刑法修正论》，陕西人民出版社2001年版，第80—83页。

法的修正会经历多次，如我国《刑法》从 1997 年重新颁布后，1999 年到 2020 年已经修正了 11 次，将来修正肯定会继续。在多次的修正中，修正案与修正案之间应具有协调性，如修正的语言表述方式、修正案的结构等都要有一致性。修正案与修正案的协调存在的突出问题就是对同一个条文的数次修正。如我国刑法修正案对刑法条文进行两次修正的有第 162 条、第 164 条、第 180 条、第 182 条、第 185 条、第 191 条、第 225 条、第 312 条和第 399 条。其中第 312 条连续由《刑法修正案（六）》和《刑法修正案（七）》修正。一个条文被连续修正或在相隔不长的时间内被修正，这说明在对该条进行修正时并没有进行合理的修正预测，初次修正有轻率修正之嫌。我国对修正案生效时间的表述方式为"本修正案自×××之日起生效"，如果这意味着"修正案"的生效，那么后一修正案对前一修正案修正过的条款再次进行修正时，应使用的修正语言是"将刑法修正案（××）第×××条修改为：×××"，但实践中并不是如此表述，修正案之间的形式不协调。修正案与修正案的协调不仅是形式上的语言表述，还应该是内容上的，这要求修正应尽可能地具有前瞻性以防止"修正的修正"的发生。或许这也可以理解为修正的条文和条文之间的协调。一个具有决定意义的理由是，法律的每个条款必须在准确而富有远见地洞察到它对所有其他条款的效果的情况下制定，凡制定的法律必须能和以前存在的法律构成首尾一贯的整体。[1]

（3）刑法修正案与刑法立法解释的协调。刑法修改的形式有修正案、单行刑法和附属刑法形式，关于三者的关系前已述及。存在的问题是刑法修正案和刑法立法解释二者之间的协调。在我国刑法修正中存在修正案将刑法立法解释完全吸收的情况。如 2002 年 4 月 28 日九届全国人大常委会第二十七次会议通过的《关于〈中华人民共和国刑法〉第二百九十四条第一款的解释》中规定："黑社会性质的组织"应当同时具备以下特征：①形成较稳定的犯罪组织，人数较多，有明确的组织者、领导者，骨干成员基本固定；②有组织地通过违法犯罪活动或者其他手段获取经济利益，具有一定的经济实力，以支持该组织的活动；③以暴力、威胁或者其他手

---

〔1〕〔美〕汉密尔顿等：《联邦党人文集》，程逢如等译，商务印书馆 1980 年版，第 437 页。

段，有组织地多次进行违法犯罪活动，为非作恶，欺压、残害群众；④通过实施违法犯罪活动，或者利用国家工作人员的包庇或者纵容，称霸一方，在一定区域或者行业内，形成非法控制或者重大影响，严重破坏经济、社会生活秩序。《刑法修正案（八）》第 43 条第 5 款规定了黑社会性质的组织应当同时具备的特征，将上述 2002 年的立法解释有关黑社会性质组织的特征完全吸收。由于后者是将前者的规定吸收、重述，因此不存在冲突，适用上没有问题，但刑法修正案和刑法立法解释同时作为重要的立法资源，后者将前者的内容重述不合立法的科学性、慎重性原则。况且二者均是由全国人大常委会发布的，效力相同。而刑法立法解释的效力和刑法典的效力是完全一样的，因而没有必要在《刑法修正案（八）》中将原规定重抄一遍。修正案之所谓"修正"是对原有规定的修改、补充或废止，在此意义上，《刑法修正案（八）》第 43 条第 5 款的规定不是"修正"，而是没有必要的"重述"。

　　3. 刑法修正案与刑事诉讼法、行刑类法律的协调

　　刑法修正应与刑事诉讼法以及监狱法等行刑类法律的协调缘于后者同样是以规制犯罪、使实体刑法得以实现为目的，因而它们在某些问题上的规定有重合点，这要求这些规定不能冲突，刑法修正应与刑事诉讼法以及行刑类法律相协调。我国《刑法修正案（八）》就缓刑的执行、减刑和假释问题作出了修正。在缓刑执行问题上《刑法修正案（八）》第 13 条规定："对宣告缓刑的犯罪分子，在缓刑考验期限内，依法实行社区矫正……"对于假释，《刑法修正案（八）》第 17 条规定："对假释的犯罪分子，在假释考验期限内，依法实行社区矫正……"2011 年《刑法修正案（八）》删除了《刑法》第 85 条原来规定的对假释犯由公安机关予以监督的规定。为与本规定相协调，2012 年《刑事诉讼法修正案》规定，对假释犯依法实行社区矫正。另外，由于我国并没有一部完整的刑事执行法，监狱法等行刑法异化为"管理监狱的法"，其行刑色彩和功能极弱。而《刑法修正案（八）》对社区矫正的规定，也督促相关配套立法尽快出台。[1] 因此未来专门行刑法的制定或者监狱法的修改也应和修正案规定的这些制度相协调。

---

[1]　高铭暄：《社区矫正写入刑法的重大意义》，《中国司法》，2011 年第 3 期。

（三）修正的协调性与修正的合法性、连续性

第一，修正的协调性与修正的合法性。修正的合法性评估，上文已述，即刑法修正应在《宪法》《立法法》和《刑法》内进行，不得与这些法律规定相抵触，也不得与这些法律的基本精神和价值相抵触。协调性修正也要求刑法修正应和这些法律相协调，以保持法律思想和精神的一致性，因而引出刑法修正的法制协调性原则与修正的合法性规则之关系问题。

协调性修正强调的是修正的刑法应和现存的实有法律规定相协调，是就法律整体的关系而言的，着重于修正的刑法与其他法律之间的统筹，协调性更多地强调现有实定法的协调。合法性规则要求的是修正的刑法合乎上位法、刑法基本精神的规定，重点在修正的刑法的效力问题，是基于法的位阶效力而言的。在通常情况下，合法性修正往往是符合协调性修正原则的，而协调性修正也往往能保证修正的合法性。

协调性修正是在现存法律与修正之刑法之间的协调，因而是现行法律体系内的协调。合法性修正不仅要求合乎上位法的现行规定，更重要的是合乎应然状态的法律规定以及法律精神，强调的是刑法修正的价值判断，包括目的与内容的正当性等，因此，合法性更注重应然层面的判断。合法性追求的不仅仅是现行法之间的协调，更重要的是理想层面的追求，这点是协调性原则无法达到的。由此，协调性修正并不一定能够保证修正是合法的。

第二，修正的协调性与修正的连续性。罪刑法定原则要求刑法的修正应有连续性，即在统一的刑法精神和理念下修正刑法。如果遵循该修正原则，则修正的刑法与刑法典、修正案与修正案之间就会产生协调的效果。因此在相当程度上，刑法修正的协调性和修正的连续性是一致的。协调性不仅要求刑法修正案之间、修正案与刑法典之间的协调，还要求整个法律体系内的协调，因此，协调性修正原则比合法性规则更具宏观指导意义。这也是笔者将罪刑法定原则作为刑法修正的原则，而将合法性作为修正规则的原因之一。

三、现有条文评估的方法

（一）通过刑法解释评估

在社会现实发生变化的情况下，必须对是否需要通过修正刑法对原有

条文加以修改做慎重评估。在传统社会中，财产一直是以有体物形式存在的，随着电的应用出现了偷电现象，这是否属于盗窃？德国对此问题的应对不是修正刑法而是对物做扩大解释，将物从传统的有体物扩大到无体物，财产存在的形式发生了变化。2003 年南京出现同性卖淫案件引起广泛讨论。传统社会观念一直认为卖淫是异性之间发生的，同性之间是否能构成刑法组织卖淫罪中的"卖淫"，关系到该行为是否构成犯罪的问题。最终全国人大常委会法制工作委员会认定该行为是卖淫。[1] 同样地，该问题的解决并没有通过修正刑法的方式进行。如果通过刑法解释可以对新的社会现象予以规制，就无须通过增设法条的方式进行。在我国，由最高人民法院、最高人民检察院、公安部等国务院部委对刑法的适用进行解释或者联合解释是我国刑法解释的基本形式，通过解释，阐明法条的具体适用，解决司法的疑难困惑。更为重要的是，通过解释可以在一定程度上避免刑法的频繁修正，保证刑法的稳定。假如醉酒驾驶行为并没有入罪，实际上也可以通过刑法解释的方式，将醉酒驾驶视为危险行为，行为人醉酒驾驶的行为可以类型化为以危险方法危害公共安全的行为，因此，醉酒驾驶行为即可以按照以其他危险方法危害公共安全罪处理。

（二）通过法条清理评估

法条清理是指有立法权的国家机关对一定时期和范围内的规范性法律文件集中审查、整理，废止有关文件，决定修改有关文件，重新确认有关文件的效力。在刑法修正中，法条清理是一种非常重要的立法方式。1997年《刑法》出台的时候，共清理了 23 个原有的单行刑法、附属刑法。此后，在已经出台 11 个刑法修正案、5 个单行刑法、13 个立法解释、530 个司法解释（包括会议纪要、函、意见、通知）、16 例刑事指导性案例的情况下，大规模的清理势在必行。通过清理，废除不必要条文，或将某些立法解释或者司法解释上升为刑法条文规定。如投机倒把罪早已废除，在相关规定中就不应存在这种说法，但 2009 年 8 月 27 日国家质量监督检疫检验总局才将《中华人民共和国计量法》等四部法律中的"投机倒把""投机倒把罪"的说法删除。刑法修正采用法条清理方式的，比较典型的是

---

〔1〕　赵兴武、宗一多：《江苏首例同性卖淫案惊动全国人大》，《现代快报》，2008 年 12 月 4 日。

《刑法修正案（八）》对《全国人民代表大会常务委员会关于〈中华人民共和国刑法〉第二百九十四条第一款的解释》的吸收，该立法解释事实上已经被清理。

（三）通过价值判断评估

通过价值判断进行评估，不仅因为法律行为本身就是一种价值判断，而且立法是一种价值的取舍。与事实判断相比，价值判断更具有主观性，因此会导致较大的差异性结论。价值判断较为抽象，以某种抽象的价值作为具体的判断标准本身即存在一定危险。因此刑法修正前通过价值判断对既有条文做出评估，必须慎重。

现代社会讲求包容性和多元化，价值观念也具有多元性。以某种价值观作为判断法条存废修正的标准实际上具有很大的不确定性。比如对于同性恋现象，持不同价值观的人态度完全相反：接受认可与坚决反对。死刑的存废更能体现出价值观上的尖锐对立。因而确立何种价值观作为判断的依据成为问题。这要求价值应具有明确性、公认性或者说普遍适用性，易言之，该价值能够被公众认同，具有大众的可接受性。如对非暴力性犯罪死刑的废除，即符合生命价值观；对流氓罪的废除即符合社会逐渐开放现实下的宽容价值；对嫖宿幼女罪的废除即符合对幼女平等保护的人权价值观。

第二节　增设条文的规范标准

一、增设条文的合宪性问题

刑法修正需要进行合宪性评估，也就是进行违宪性审查。在我国，一般违宪审查制度并没有建立起来，但刑法关乎公民生命、自由和财产，对刑法修正进行违宪审查显然更为重要。刑法修正的合宪性评估包括合乎宪法精神的评估，以及合乎宪法具体条文规范的评估。

合乎宪法精神的评估，首先要求刑法的修正应符合宪法原则。刑法的基本原则直接来自宪法原则,刑法修正更不应脱离宪法原则。以宪法规定的平等性原则来看,我国刑法在适用的过程中存在隐性不平等的现象,[1]刑法本身也存在不平等的规定。第一,刑法保护的不平等。如盗窃罪的起点远较贪污罪低,因而有鼓励利用职务在单位内部盗窃而不要在社会上盗窃之嫌。事实上,都是侵犯财产权的行为,对公职人员利用职务构成的犯罪要求应更严格一些,因此,贪污罪的起点应该低于盗窃罪而不是相反。《刑法修正案(八)》删除了盗窃罪中"盗窃金融机构,数额特别巨大"和"盗窃珍贵文物,情节严重,处无期徒刑或者死刑,并处没收财产"规定,删除的重要原因即在于保护的不平等。因为对公民个人财产的盗窃也完全可能达到特别巨大的数额。《刑法修正案(九)》对《刑法》第237条的修正,虽然增加了保护男性性权利,但规定与不满14周岁的男童发生性关系的,行为人构成猥亵儿童罪,与不满14周岁的幼女发生性关系的,行为人构成强奸罪。由于两罪的法定刑差别过大,对于不满14周岁的男童和不满14周岁的幼女是明显的不平等保护。发生在常州的女教师和13岁初中生发生性关系事件的最终处理也反映了这种保护上的尴尬。[2] 第二,刑法处罚的不平等。如招摇撞骗罪法定刑最高是十年有期徒刑,诈骗罪的法定最高刑是无期徒刑。冒充国家机关工作人员诈骗本应处罚更重,但刑法的规定相反。个人行贿构成行贿罪的,最高可以处无期徒刑,单位行贿构成单位行贿罪的,对直接负责的主管人员和其他直接责任人员最高才处5年有期徒刑。贪污国有资产构成贪污罪的,最高可处死刑,但私分国有资产的最高处7年有期徒刑,私分的实质也是贪污国有资产,而且采用单位内部公然私分的方式,反映了行为人对法秩序的更大蔑视和侵害,因而处罚应该更为严重,但刑法的规定恰恰相反。聚众哄抢罪法定最高刑是10年有期徒刑,抢夺罪法定刑最高是无期徒刑。纠集多人抢夺他人财产对法的侵害实际上更为严重。以上不合常理与逻辑的处罚似乎有"法不责众"思想的影响,但在适用法律平等的今天,这显然不合适。平等原则在宪法

---

[1] 付立庆:《论刑法适用中的隐性不平等——以刘海洋案为视角的考察》,《法律科学》,2004年第2期。

[2] 常法宣、刘国庆:《常州一初中女教师与男学生发生性关系,犯猥亵儿童罪获刑3年》,《现代快报》,2017年5月31日。

原则中是基本人权原则的具体内容之一，人人平等地受法律的保护，接受法律的惩罚，这是宪法上人人平等原则的最直白含义。作为关涉民众重大利益事项的刑法更应遵循宪法的保护、处罚平等原则。从上述刑法中存在的大量不平等情况来看，刑法对平等问题的解决任重道远，这要求在刑法以后的修正过程中，将平等保护和平等处罚作为重要的事项。

正当程序规则在现代国家基本成为一项重要的宪法原则。但刑法修正过程中是否存在程序问题不无疑问。如《刑法修正案（九）》增设了终身监禁制度，这是公众关注的重大问题，但在三审时才被提交审议，经过第三审即交付表决，如此重大事项的通过并没有公众的立法参与，似乎不合程序规则。

其次，刑法修正合宪性评估要求刑法修正不得违反宪法的具体规定。在正常情况下，刑法和宪法立法宗旨不同，宪法规范更侧重于原则性和纲领性，而刑法规范更具体，刑法规范不会和宪法规范直接冲突。但两者仍然会存在隐性的冲突。如我国《宪法》第 62 条规定，"全国人大制定和修改刑事基本法律"，第 67 条第（3）项规定，"在全国人民代表大会闭会期间，全国人大常委会对全国人民代表大会制定的法律进行部分补充和修改"。由此，全国人大常委会对刑法只能进行部分修改。从前述对 11 个修正案的分析来看，被修正的条文已近全部刑法条文的 46%，这已经不是部分修改的问题了，全国人大常委会已经通过这种渐进式刑法修正的方式达到了对刑法的大幅修改，这种刑法修正也是对宪法具体条文的违反。另外，我国刑法修正对增设犯罪死刑也完全由全国人大常委会以刑法修正案的方式进行，死刑关涉公民重大的基本权利，因此理应由全国人大修正。

二、增设条文的消极影响评估

刑法修正新增条文都是入罪性规定，如新增刑事处罚方式，新增犯罪行为方式，新增罪名等，因此必须对新增规范可能产生的消极影响进行评估。评估的目的在于确定其是否会导致民众正常行为的限缩。如果原来一种普遍存在能够被社会接受的行为因新增规范而急剧减少，说明新增规范对正常行为进行了不当的限制。1979 年《刑法》中的投机倒把罪即是适例,《刑法》第225条非法经营罪兜底条款的存在也不当限制了社会的正常经济行为。张明楷教授认为,以刑罚保护法益应进行是否会造成对其他法益的侵害以及侵害程度的判断。[1] 由于刑事处罚的对象是特定的,更由于责任主义之个人责任原则,因此不会对其他法益造成侵害。应予判断的是,增设条文对全体国民的自由的影响。[2]

三、增设条文的规范标准

(一)入罪条件设置的标准

近年来,每次刑法修正前都会出现大量新行为入刑的呼声与建议。归纳来看,这些行为基本不是所谓新型犯罪行为,而是一直就存在的,主要包括:一是行为多发且影响较大,如毒驾、违章建筑行为。二是相对而言属于新型行为,如"人肉搜索"行为、网络有偿删帖行为。三是对传统行为提出新解建议入刑,如吸毒行为、通奸行为、见危不救行为、性贿赂行为。四是按照现有规定即可处理的行为,如高空抛物行为、专利侵权行为、收取礼金行为、"裸聊"行为、虐童行为。五是在经济生活中多发的行为,如高利贷行为、海外代购行为、低价网络代购实名制车票行为、外汇交易中介行为、"吃空饷"行为。六是借鉴国外的立法提出应予入刑的行为,如浪费公款、垄断行为、虐待动物行为。

如何甄别各种行为并将其合理入罪,美国学者帕克提出了六个条件,只有全部满足这些条件的危害行为才应当受到刑事制裁:(1)该行为须是在大多数人看来有显著的社会危害性,且不专属于任何意义的社会阶层;(2)将该行为纳入刑事制裁不会违背惩罚目的;(3)抑制该行为不会约束人们合乎社会需要的行为;(4)须通过公平且不歧视的执行来处理;(5)通过刑事程序来控制该行为,不会使该程序面临严重的定性或定量的负担;(6)没有合理的刑事制裁替代措施来处理该行为。[3] 这里的入刑条件其

---

[1]　张明楷:《法益保护与比例原则》,《中国社会科学》,2017年第7期。
[2]　同上。
[3]　[美]哈伯特·L. 帕克:《刑事制裁的界限》,梁根林等译,法律出版社2008年版,第293—294页。

实是犯罪化的条件，通过这些条件可以将上述六种行为进行甄别，确定哪些行为值得犯罪化。在具备犯罪化条件的基础上，进而需要考虑的是入罪的具体标准。

刑法是规制犯罪行为的，因而增设规范必须以行为为导向，即具有明确的犯罪行为。这点我国并不是没有问题，如《刑法》第 133 条的规定无法提供构成交通肇事罪的具体标准，因而只有通过司法解释进一步予以明确，而日本、美国一些州的交通肇事犯罪的立法，则有明确的行为规定。行为的明确性是设置具体方式的首要条件。第一，我国采用违法与犯罪相区分的二元立法模式，不可避免地在刑法中需要采取"情节严重"的表述，在目前增设之罪依附于既有条文的情况下，增设之罪法定刑的设置并不是大问题，其一般规则是小于或者等于被依附之罪的法定刑。如果要超过增设之罪的法定刑，则一定要有充足的理由，即法益侵害的严重程度明显超过被依附的法条。在刑罚轻刑化的趋势下，这应该成为刑罚设定的重要参考。

第二，预防必要性的考量。在立法增设新罪时其实很难对预防必要性进行考虑，在对某种犯罪行为难以预测其模仿可能性的情况下，就难以以此为根据设定具有一般预防效应的刑罚。即便可以判断，根据一般预防的难度增加而在被依附之条文的基础上相应提高其刑罚，实际上导致后行为者为立法时"原罪"之行为人的行为负责，这显然不当。因此，增设之罪刑法定的设立只有在预防必要明显较少或者法益侵害程度明显降低的情况下，可以减少法定刑，相反，必须禁止基于预防必要性增加法定刑的做法，预防必要性的考量在司法量刑阶段完成即可。

第三节　启动修正的慎重要求

刑法关涉社会秩序的维护和人权保障两大最重要的任务，岂容稍有疏忽，而仓促立法，其疏忽又岂能避免。[1] 因此刑法修正应慎重，这是共

---

〔1〕 李洁：《慎重修改刑法论》，陈兴良主编：《刑事法评论》（第 11 卷），中国政法大学出版社 2002 年版，第 320 页。

识，刑法的最后法、谦抑品格等决定了刑法修正的慎重性。

一、慎重性修正的原因

刑法频繁修改会导致一系列不利后果，如使刑法缺少权威性，导致轻率立法和刑法解释论的地位低下并诱发立法要求，解释论的不健全直接影响司法的质量并难于发现真正的立法要求而影响立法质量，以及弱化刑法的规范机能。[1] 不慎重的轻率立法往往是在社会形式变化尤其是在经济改革中社会形势急剧变化时出现的，这种立法具有明显的功利化和工具主义特征，多有国家主义倾向的惩罚立法观念在内。从我国刑法修正的现实来看，对于个罪的修正除嫖宿幼女罪外，都是入罪的。不慎重的轻率修正在实践中会造成刑法的膨胀和体系矛盾。这种修正往往直接造成刑法适用的障碍，因而产生新的修正或立法需要，这会进一步催生新法。我国 1979 年《刑法》出台后，几年的时间中产生为数不少的"决定""补充规定"即是此证，由此造成刑法庞杂臃肿的体系，刑法适用不便，甚至产生冲突。

轻率修正基于解决现实问题的需要，产生了大量的司法解释，造成司法人员在遇到疑难问题时即求救于解释、批复的惯性和惰性。在最高人民法院推行量刑指导意见之前，中国的刑事法官在自由裁量权上存在一个矛盾的现象，即在刑罚的决定上存在相当的自由裁量权，但在对刑法规范适用于具体个罪构成的理解上基本不存在自由裁量权。原因即在于刑罚量的决定存在于一个相对确定的法定刑之中，而罪的构成基本上被刑法解释"量化"了，但这种解释有时根本不需要。如对《刑法》第 263 条第 7 项"持枪抢劫"中的"枪"是否包括假枪曾存在争议，[2] 2000 年 11 月 22 日《最高人民法院关于审理抢劫案件具体应用法律若干问题的解释》第 5 条中，认为"枪支"的概念和范围适用《中华人民共和国枪支管理法》的规定，即此处的"枪"是真枪而不包括假枪。其实，这根本不需要解释，

〔1〕 李洁：《慎重修改刑法论》，陈兴良主编：《刑事法评论》（第 11 卷），中国政法大学出版社 2002 年版，第 323—331 页。
〔2〕 车浩：《被害人视角下的"持枪抢劫"》，《政治与法律》，2010 年第 6 期；杨增兵：《持枪抢劫中的"枪"应包括"仿真枪"》，《人民检察》，2006 年第 17 期。

《刑法》第 263 条中的"枪"按照常识绝不可能包括假枪，因为刑法使用的对实物描述的语言就必须是该实物，如"毒品"就是毒品而不包括假的毒品，假枪不可能是该条规定的"枪"。如果刑法的这种规定也包括假的实物，那么刑罚的处罚就无法与行政处罚相衔接了。因此对"枪"的理解完全可以由法官在具体案件中处理。再如对第 140 条生产销售伪劣产品罪中"掺杂掺假""以假充真""以次充好"的理解，从 2001 年《最高人民法院、最高人民检察院关于办理生产、销售伪劣商品刑事案件具体应用法律若干问题的解释》第 1 条对此三个概念的解释中也可以看出，该种解释完全是基于一般常识进行的，并不需要专业判断。这种不必要的解释在我国刑法中大量存在。这在很大程度上催生了法官在刑事判决中的惰性。由此产生的另一个问题就是我国刑法学发展的创造力不足。其中未必没有刑法修正和刑事立法轻率的原因。

二、慎重性要求的内容

（一）慎重评估总则的修正

刑法总则作为"总的规则"，是对刑法的基本性规定，是有关犯罪、刑事责任和刑罚的一般原理等最基本的内容。[1] 总则指导分则，分则具体体现总则所确定的原理原则。[2] 刑法总则确立刑法的基本格调和价值取向，刑法的修正均不可与总则的规定相抵触。因此对总则的修正必须慎重，特别是对总则中体现刑法基本原则、理念和价值的规定更要慎重修正。总则关于此方面的修正必须在社会形势、价值观或原有的普世性观念发生较大变化并对刑法基本原则必然产生影响时才可以进行。如《刑法》第 1 条规定刑法的目的是"为了惩罚犯罪，保护人民，根据宪法，结合我国同犯罪作斗争的具体经验及实际情况，制定本法"。刑法的惩罚性在国权主义刑法下是没有问题的，但在人权保障的市民刑法下，这种提法仍然具有阶级斗争年代的阶级斗争的浓厚色彩，"同犯罪作斗争的具体经验"

---

〔1〕　高铭暄、马克昌主编：《刑法学》，北京大学出版社、高等教育出版社 2005 年版，第 352 页。
〔2〕　郭立新：《刑法立法正当性研究》，中国检察出版社 2005 版，第 155 页。

也与现代刑法的预防主义理念不再相符。[1] 因此，这种规定在今天的刑事法治理念下就可以修正。

(二) 慎重评估设立新罪和加重刑罚的原有量

首先，刑法修正设立新罪应该慎重。只有民法、行政法已无法遏制某种危害行为的发生，且刑法原有条文也确实无法涵盖某种新出现的危害行为或有原刑法规定遗漏的危害行为时，才能设立新罪。[2] 我国刑法修正时出现一些有轻率之嫌的建议，如设立见危不救罪、性贿赂入罪等。在《刑法修正案 (六) (草案)》中曾出现"非法鉴定胎儿性别罪"，但最后没有被通过。《刑法修正案 (七)》和《刑法修正案 (八)》也没有列入该项内容，很显然在我国社会保障体系还不健全、"养儿防老"等观念的影响下，这种行为即使入刑也很难起到实际作用。对某一新行为进行处罚必须考虑的因素是：法益的价值、行为的危险性和行为人的思想可责性。[3] 从这个角度看，我国刑法修正增设的骗取贷款罪、恶意欠薪罪等其实可以通过社会诚信建设、加强行政执法、民事司法救济等途径加以解决，其入罪的必要性令人费解，其效果也值得怀疑。[4]

其次，增加原有刑罚的量必须慎重。刑罚轻缓化是与人类历史发展的日趋文明化伴生的刑罚处罚的人道主义趋势，是人类历史文明发展的必然和世界和谐发展的趋势。[5] 我国刑法修正也处于轻刑化的趋势中，正从"厉而不严"到"严而不厉"转变。[6] 在这种背景与现实下，刑法修正如需在原有刑罚的基础上加重必须慎重。在一般情况下，加重的只能是被各国普遍以重刑处理的、具有跨国性且对公共安全具有极大危害性的犯罪，如恐怖活动犯罪、洗钱犯罪等。

---

〔1〕 马荣春：《刑法完善论》，群众出版社 2008 年版，第 28—29 页。

〔2〕 王政勋：《刑法修正论》，陕西人民出版 2001 年版，第 87 页。

〔3〕 [德] 汉斯·海因里希·耶塞克、托马斯·魏根特：《德国刑法教科书》，徐久生译，中国法制出版社 2001 年版，第 68 页。

〔4〕 杨兴培：《公器乃当公论，神器更当持重——刑法修正方式的慎思与评价》，《法学》，2011 年第 4 期。

〔5〕 侯艳芳：《刑罚轻缓化趋势及其价值基础研究》，《河南大学学报》(社会科学版)，2008 年第 4 期。

〔6〕 钱琛：《中国刑事立法的犯罪化与轻刑化——以刑法修正案一至八为视角》，《枣庄学院学报》，2011 年第 3 期。

三、慎重性要求的实现

刑法慎重修正的实现，需要确定一定的修正规划、完善修正技术以及厘清修正权限。

（一）确定修正规划

刑法的修正可以被规划吗？除了明显的立法疏漏或语言表述错误外，社会的发展变化是导致刑法修正的根本原因，似乎刑法的修正是难以被规划的。但社会的发展毕竟有一定的规律，法律的变化发展也有自身的规律，因此在一定程度上刑法的修正是可以被规划的。刑法修正的规划不一定就是具体到某某条款将来应如何修正，更主要的是指明确刑法修正的思想与目的，并以此为指引确立刑法修正的基本方向。如确立修正的焦点问题、明确某类罪或某个罪修正的目的等，尤其需要对刑法一般条款进行梳理，改变"修正的修正"以及因语言表达产生的问题。

（二）完善修正技术

修正技术关注刑法修正案的语言、体系和条款设计等问题。以慎重修正为前提，才会重视修正技术，此外，修正技术在内容上还涉及刑罚的立法技巧等问题。只有完善的修正技术，才能使刑法修正的目的真正得以实现。

（三）厘清修正权限

修正权限是保证修正慎重的重要条件，同样的修正由不同的修正主体进行，慎重性是其直接体现。我国学者指出，对刑法总则的补充修正应由全国人大进行，[1] 这种立法权限的划分无疑是修正慎重性的要求。

---

[1]　杨兴培：《公器乃当公论，神器更当持重——刑法修正方式的慎思与评价》，《法学》，2011年第4期。

第三章
刑法修正的法益基础

第一节　法益的实质

　　刑法的任务是保护法益，因而法益的确定与选择是刑法修正的核心。但"法益"一词及其相关理论是不折不扣的舶来品，其来自德日刑法理论。[1] 从时间上看，我国第一篇研究法益理论的学术文章出现于1996年。此前只是在一些教材性书籍中作简单介绍。时至今日，法益理论进入我国已二十载有余。法益理论成为当下刑法的基础性概念，法益保护成为刑法的教义性原则，法益机能成为法益理论中最具生命力和现实意义的问题。其间虽有少量的批判，但总体上已被我国刑法界接受，加上德日法益理论持续引进，至今已形成较为繁荣的景象。理论是对社会现实的回应，但中国的法益理论恰恰相反，它不是基于对中国现实的回应而生，非原创理论。法益理论在中国的接受与转化，牵涉中国刑法学的品格与走向。落地经年的法益概念是否对中国的司法现实产生经世致用之效而不是装饰刑法门面的"把戏"，需要找寻实践的印证。本章在反思法益概念自由主义基因的基础上，透过法益概念司法实践的乱象，反思法益自由主义意义的错觉，展望法益概念的未来，为刑法修正提供法益的基础性依据。

---

[1] 苏永生：《法益保护理论中国化之反思与重构》，《政法论坛》，2019年第1期。

一、法益概念的非自由主义基因

（一）法益概念的自由主义研究范式

法益理论在我国备受青睐，原因在于其限制国家刑罚权的自由主义品格，而我国传统刑法需要摆脱自身压制性的枷锁，法益理论正契合了这种现实期待。从法益研究之始，法益即被打上自由主义的烙印，这成为法益研究的基本范式。学者在较早的研究中指出，为防止国家刑罚权过度介入与个人价值观有异的伦理、宗教范围，保障公民的自由和权利，费尔巴哈在启蒙时期自然法思想的影响下，提出"权利侵害说"，该说成为法益理论的先驱，启蒙主义的自然法思想成为法益出世的土壤。费尔巴哈提出权利侵害说的初衷在于使 1532 年《加洛林纳法典》中宗教伦理色彩浓厚之犯罪得到明确的解释，以达到限制刑罚权之目的。[1] 此后自由主义成为法益不证自明的基因，法益自始至终都是自由主义的代言人，坚持法益理论意味着坚持自由主义。[2] 正是自由主义这一思想内核才让法益理论穿透180 年发展历史的厚幕。[3] 法益理论以启蒙时期的自由主义哲学为基础仍然是论说开头的引子。[4] 进而在该理论的价值上进一步解释为，自由主义为基础的法益论，重视对个人法益的保护，反对通过牺牲个人法益来扩张对所谓的共同法益或者集体法益的保护。[5] 这样自由主义一直是法益理论的内核，[6] 自由主义成为立法检视的工具，并予以理论化应用。[7] 这种一以贯之的说法被奉为圭臬用以解释自由主义的法益，以后的研究基本循此路径，形成了法益研究的自由主义范式。但法益真的一直具有这种基因吗？就如罗克辛教授所说的那样，当法益概念的创造者比恩鲍姆在 19 世纪

〔1〕 杨春洗、苗生明：《论刑法法益》，《北京大学学报》（哲学社会科学版），1996 年第 6 期。

〔2〕 苏青：《法益理论的发展源流及其启示》，《法律科学》，2011 年第 3 期。

〔3〕 杨萌：《德国刑法学中法益理论的历史发展及现状述评》，《学术界》，2012 年第 6 期。

〔4〕 苏永生：《法益保护理论中国化之反思与重构》，《政法论坛》，2009 年第 1 期。

〔5〕 杨萌：《德国刑法学中法益概念的内涵及其评价》，《暨南学报》（哲学社会科学版），2012 年第 6 期。

〔6〕 童德华、胡亚龙：《法益概念立法检视机能之衰落——以法益理论的流变为视角》，《湖北警官学院学报》，2016 年第 6 期。

〔7〕 张凯：《法益嬗变的困境与坚守》，《中国刑事法杂志》，2017 年第 2 期。

建立法益概念时，这个概念是否已经具有了划分刑事可罚性界限，从而使人获得自由的内涵，就像那种经常说的法益理论和启蒙时代的刑法之间的关系一样，是有争议的。[1] 如果从法益发展史来看，自由主义的法益更是一种错觉。

（二）基于法益概念史的非自由主义结论

费尔巴哈提出"权利侵害说"的初衷在于使 1532 年《加洛林纳法典》中宗教伦理色彩浓厚之犯罪得到明确的解释，以达到限制刑罚权之目的。[2] 另外其将一切形态之男性间性交以及兽交等单纯违反伦理的行为仍作为刑事犯予以处罚。由费尔巴哈起草的《巴伐利亚刑法典》加入了诸多政治性和保守主义之准则。[3] 在中古时期制定法为主的时代，费尔巴哈必然采取自然法、理性法作为基点，但哲学的思辨并不能等同于规范的处理，因此易导致"实务上之不安定性，亦未必对人权保障有利"[4]。比恩鲍姆的"财保护"理论乃基于对启蒙主义的反省和怀疑，且在德国从自然法转向实证主义，理性法导致法的安定性丧失的现实背景下，此后的法益已经与启蒙主义的自然法思想产生断裂。[5] 其"财侵害"理论在方法论上建立于对启蒙思想与实定的方法论之批判上，[6] 重视实证及历史的方法论，基于批判费尔巴哈理论无法解释实定法中存在的宗教犯罪以及人伦犯罪的目的，将个人主义、自由主义内涵做一定限制，扩大"公共财"的概念，使宗教的、伦理的观念总体为其主要内容，因此其已抛弃了启蒙主义之理论基础，放弃了启蒙主义依存的社会契约命题。[7] 对于曾经被启蒙主义批判矛头所指向的性犯罪及宗教犯罪，比恩鲍姆明确主张这些犯罪类型也是保护财的东西，是"集体财富"，于是他将人民在风俗上与宗教上的

---

〔1〕[德]克劳斯·罗克辛：《德国刑法学总论犯罪原理的基础构造》（第 1 卷），王世洲译，法律出版社 2005 年版，第 5 页。

〔2〕杨春洗、苗生明：《论刑法法益》，《北京大学学报》（哲学社会科学版），1996 年第 6 期。

〔3〕高志明：《刑法法益概念学说史初探——以德国学说为主》，台北大学 2002 年硕士学位论文，第 34 页。

〔4〕同上，第 153 页。

〔5〕[日]日高义博：《违法性的基础理论》，张光云译，法律出版社 2015 年版，第 89 页。

〔6〕同上，第 90 页。

〔7〕[日]伊东研祐：《法益概念史研究》，成文堂 1984 年版，第 40 页。

信念归入这一概念中。[1] 比恩鲍姆提出财概念的时代，已没有任何单一的哲学或价值体系能够主宰立法，包括启蒙自然法，民族的历史和习俗重新被重视，若要说比恩鲍姆的财学说中藏有自由主义、约束立法的力量，但在宗教保护和风化保护上却是错的。[2] 由此，比恩鲍姆"财侵害说"的适用结果，只能是对处罚范围的过度扩张。"比恩鲍姆的财侵害说在形成时，已经不将之连接至启蒙主义的要求，也因此使得国家刑罚的目的，再次扩及于人伦的保护上。"[3]

至宾丁提出规范论，认为以个人主义之考察方式，将个人的财与国家、社会的财严格区别之方法是错误的，法益总是全体的法益。个人的价值判断之对象，不单是作为个人的财，而且是作为社会的财受到法的保护。宾丁的法益理论在立法者价值判断之后，探求实质的法益概念，只要立法者认为对法益有保护的必要为即足，有无保护的必要性完全系于立法机关的"主观上的决定"。[4] 在肯定立法者价值判断之开创性意义下，宾丁指出对于法规解释具有决定性的，是法意思，是"理性解释的民族精神"，而非立法者单纯之主观意思。[5] 宾丁采用客观的解释论拟限制立法者的主观决定，但"理性的民族精神"又坠入另一个玄思之中导致无法明晰或权威主义，立法者的恣意判断或无法避免。李斯特对其批判为可以无止境变换其意义的空虚用语，[6] 克努特·阿梅隆甚至认为，这样的一个空洞的法益概念，丝毫没有限缩国家权力的功能，甚至可能"助纣为虐"。宾丁之后，李斯特以反对法律实证主义的立场，以目的论为研究方法，将法理论和与法邻接之各种领域加以统合，把"前实定的人类生活利益"作为法益的内涵。但李斯特的利益概念并不明确，而且刑法各条规定之犯

---

〔1〕 ［德］克努特·阿梅隆：《法益侵害与社会损害性》，吕翰岳译，《中德法学论坛》，法律出版社 2018 年第 14 辑下卷，第 6 页、第 22 页。

〔2〕 钟宏彬：《法益理论的宪法基础》，台湾政治大学法律学研究所 2009 年硕士学位论文，第 101—102 页。

〔3〕 高志明：《刑法法益概念学说史初探——以德国学说为主》，台北大学 2002 年硕士学位论文，第 153 页。

〔4〕 陈志龙：《法益与刑事立法》，台湾大学丛书编辑委员会 1992 年版，第 11 页。

〔5〕 ［日］伊东研祐：《法益概念史研究》，成文堂 1984 年版，第 82 页。

〔6〕 高志明：《刑法法益概念学说史初探——以德国学说为主》，台北大学 2002 年硕士学位论文，第 66 页。

罪，是否都能解释为对社会有害的法益犯罪，值得怀疑。[1] 从李斯特对性犯罪的论证来看，其实际上已经偏离了自由主义的面向。[2] 台湾学者钟宏彬认为比恩鲍姆、宾丁和李斯特的法益理论确实残留了一些启蒙主义意识——只是拔除了用核心价值内涵来批判立法者的态度，不再依从启蒙自然法的价值体系。[3]

19世纪末20世纪初，虽然自由主义的思想仍有影响力，但理性主义自然法的建筑、社会契约论与权利侵害说，都在19世纪的浪漫主义中碎成瓦砾，不再是法律论述的内涵基础。[4] 19世纪末期，法益研究开始转向，对法益实体内涵的探究转向为强调其在刑法解释中所具有之机能，方法论的、目的论的法益概念出现，这也直接导致法益概念的扩张，出现了法益概念的精神化。精神化法益概念之兴起，与纳粹政权及德国当时之社会思想背景有密切之关系。[5] 1919年魏玛宪法制定，宪法秉承民主、自由精神，"乍看之下，这一时期的法益理论并不是受魏玛宪法的指导，致力于用民主、自由精神来建构犯罪理论。实则不然。"[6] 霍尼希借用迈耶的"结果概念的相对性"主张作为财的构成不是个人而是共同体评价的问题意识，即刑法关系到共同体价值，[7] 向明确化的法益概念的扩张迈进了一步。伊东研祐对此特别指出："这里所指的共同体价值、被客观化的共同体意思的强调，基于一定的政治性倾向，在政治性意思・机能、反个人主义的态度上必须充分留意"[8] 此后许宾格对此概念更加积极地予以展开。"他认为，为了知道什么是法益，就需要实定法之研究，因为现代的法益

---

〔1〕　〔日〕伊东研祐：《法益概念史研究》，成文堂1984年版，第82页。

〔2〕　Knut Amelung Rechtsgueterschutz und Schutz der Gesellschaft, S. 89. 转引自钟宏彬：《法益理论的宪法基础》，台湾政治大学法律学研究所2009年硕士学位论文，第43页。

〔3〕　钟宏彬：《法益理论的宪法基础》，台湾政治大学法律学研究所硕士论文，2009年，第43页。

〔4〕　Knut Amelung Rechtsgueterschutz und Schutz der Gesellschaft, S. 38. 转引自钟宏彬：《法益理论的宪法基础》，台湾政治大学法律学研究所硕士学位论文，2009年，第21页。

〔5〕　高志明：《刑法法益概念学说史初探——以德国学说为主》，台北大学2002年硕士学位论文，第117页。

〔6〕　Knut Amelung Rechtsgueterschutz und Schutz der Gesellschaft, S. 214. 转引自钟宏彬：《法益理论的宪法基础》，台湾政治大学法律学研究所硕士学位论文，2009年，第50页。

〔7〕　〔日〕伊东研祐：《法益概念史研究》，成文堂1984年版，第40页。

〔8〕　同上，第105页。

概念，已经被剥夺了所有自然法的内容，而须以实定法为依归。"〔1〕进而他将法的安定、正义、刑事政策、预防之目的等包含于法益的概念之中，使其成为法规目的或者立法理由的同义语。但法益只是解释的一个要素，这样无疑会急剧扩张法益的概念，导致实体的法益概念被消解，仅余失去个性价值的无所不包的解释论法益概念、目的论法益概念，将行为实行之手段、态样、人的关系，甚至连情操都纳入法益概念，这导致法益概念的"结果相对性"。结果定型性的丧失，无疑会使法益概念空洞，构成要件明确性会受到损害。

这种法益概念至纳粹时期，发展为政治性的、将个人主义从法益解释中排除的共同体关系概念。此后法益经米塔什的"由变迁之社会伦理与社会理念而定立之诸价值"以及沃尔夫的"附着社会伦理的价值实在而形成的文化财"的法益概念发展，使法益出现了伦理化倾向。"这样的法益概念，与国家权力的限制、自然权尊重的自由主义的个人主义倾向，不管怎么说很明显是疏远的。"〔2〕但这一时期，迈耶和威尔哲尔对精神化的法益予以批判并展开了物质性法益概念的问题。迈耶明确反对刑法的扩张，"单纯的法益保护的扩张并不是良好的实行，同时必须贤明地加以限制。对刑法作用于幻觉的刑法的膨胀，刑法保护的过度扩张必须排除"〔3〕迈耶以实在的"状态"或社会价值利益的外在世界上的客观化、体系化来捕捉法益概念的可能性，"法益形成了以保护客体为前提的刑法规定所固有的动机"〔4〕张明楷教授认为迈耶的法益概念并不明确，"因为他说的状态具有多义性"〔5〕威尔哲尔的法益理论"出发点在于努力扩张各种法益概念"，"没有侵害法益的行为也可能是犯罪行为，故法益侵害并不是违法的实质"，威尔哲尔不赞成法益概念的精神化，"认为法益具有作为物的对象的性质"，"刑法最重要的使命，在于积极的、社会伦理性质的方面"，强调刑法维持社会伦理的机能，"对法益的保护包含在对社会伦理的心情价值的保护之中"，"通奸行为、男子间的猥亵行为（同性恋行为）及反自

---

〔1〕　〔日〕木村龟二：《刑法的基本概念》，有斐阁1955年，第129页。
〔2〕　〔日〕伊东研祐：《法益概念史研究》，秦一禾译，中国人民大学出版社2014年版，第149页。
〔3〕　同上，第177页。
〔4〕　同上，第179页。
〔5〕　张明楷：《法益初论》，中国政法大学出版社2000年版，第86页。

然的猥亵行为（兽奸行为）虽然是犯罪，但却没有侵害任何法益"。[1] 对于威尔哲尔的观点，除存在过度维持社会伦理价值问题外，日本学者奈良俊夫认为，"法的心情的基本价值"的内容非常模糊，难以根据这样的基准实现构成要件的个别化、明确化，因而容易使罪刑法定主义原则受到破坏。[2]

二战时期"民族共同体"代替了"个人"，法益偏向国家和社会利益的保护，变为精神化的"共同体的法益概念"，已与自由主义国家之个人主义脱离[3]。其间威尔哲尔提出目的行为论，反对法益概念的精神化，反对将法与伦理相分离，认为存在没有侵害任何法益的犯罪，如通奸和兽奸行为。迈兹格在1936年"将保护民族共同体的绝对的法价值赋予了刑法基本思想的位置，使这样的保护思想与法益论相结合"，"这里所指的法益是接受作为民族共同体决定秩序的法自身的内涵构成的概念"。[4] 张明楷教授对法益概念概括为，"大体是指由制裁所保护的制度即社会伦理的价值、规范的妥当状态"。[5] 在性犯罪上，纳粹时期也将单纯的成年人之间的同性性行为的构成要件，建立在"性风俗"之类的法益上。[6]

二战后，耶格尔、罗克辛等学者"主张接受启蒙主义的刑事政策，认为刑法的目的仅仅在于保护法益"，[7] 这说明启蒙主义对法益的影响二战后才进入研究视域。学者伊东研祐也认为，"盖格尔自身的法益观，并不是特别的耳目一新的观点。但是，对法益概念自身与启蒙后期自然法思想的结合出发构造的耶格尔、希奈等初期的刑事政策的法益论所敲的警钟的意义是可以承认的"。[8] 由此法益开始与启蒙主义的刑事政策相关联。

希奈在1962年发表论文指出，"法益概念直接来源于启蒙主义的自由

---

〔1〕 张明楷：《法益初论》，中国政法大学出版社2000年版，第91—93页。

〔2〕 ［日］奈良俊夫：《目的行为论与法益概念》，《刑法杂志》，1977年第21卷第3号。

〔3〕 F. Schaffstein: Der Streit um das Rechtsgutsdogma, DStrR4, 1937, S. 338.

〔4〕 ［日］伊东研祐：《法益概念史研究》，秦一禾译，中国人民大学出版社2014年版，第135—136页。

〔5〕 张明楷：《法益初论》，中国政法大学出版社2000年版，第107页。

〔6〕 ［德］克努特·阿梅隆：《法益侵害与社会损害性》，吕翰岳译，《中德法学论坛》，法律出版社2018年版，第14辑下卷，第11页。

〔7〕 张明楷：《法益初论》，中国政法大学出版社2000年版，第96页。

〔8〕 ［日］伊东研祐：《法益概念史研究》，秦一禾译，中国人民大学出版社2014年版，第256页。

主义思想，法益的自由主义的内容是法益概念整体的最重要的一个侧面"。[1] 即便二者具有共同的自由主义基因，但从其中存在的长期间隔来看，实难证明二者存在的关系。自由主义如果一直是法益的固有内涵，则法益的概念完全不应产生如此混乱与多义。以至于张明楷教授认为，"几乎每个学者都有自己的法益定义"，"到 20 世纪 60 年代，法益概念实际上极为混乱"。[2] 因此，日本学者"认为法益概念直接来源于启蒙主义的自由思想也是不准确的"。[3] 希奈的法益理论将刑事立法的任务限定在法益保护，使法益保护成为刑事政策的口号。[4] "战中、战后世代的学者所思考的刑事政策的法益保护理论预定了'法益'，和从战前的世代特别是以新康德学派价值哲学体系为基础的刑法理论学的法益保护为前提的'法益'之间有质的不同"。[5] 此后，鲁道菲不太承认自由主义的法益概念对刑法理论学的价值，因为"以法定之前的（前实定法的）而且不一定在法秩序内得到承认的价值观为基础所形成的概念，不能说明依据法律具有可罚性的一切行为的共同实质内容，自由主义的法益概念属于法政策（学）的领域"，因此鲁道菲的法益论"没有将法益概念规定与启蒙主义自然法思想直接结合起来，而是从国家社会中自由市民的良好共同生活的前提条件中寻求法益内容，并且将法益内容与宪法规定联系起来"。[6] 马克斯从希奈的法益概念出发，援用法益概念的自由主义内涵作为历史的本质性特征来论定希奈的观点，他认为一般的羞耻感情以及人伦感情正是作为法益而得到保护的。[7] 他承认"在学说史上还没有一次成功地采用法益的定义"，[8] 克努特·阿梅隆认为，"在规范的及描述的视角中，法益保护学

---

[1]　张明楷：《法益初论》，中国政法大学出版社 2000 年版，第 114 页。

[2]　同上，第 115 页。

[3]　［日］甲斐克则：《K. Amelung 著〈法益保护与社会保护〉（一）》，《九大法学》1983 年第45 号，第 206 页以下。转引自张明楷：《法益初论》，中国政法大学出版社 2000 年版，第114 页。

[4]　张明楷：《法益初论》，中国政法大学出版社 2000 年版，第 114 页。

[5]　［日］伊东研祐：《法益概念史研究》，秦一禾译，中国人民大学出版社 2014 年版，第 135—136 页。

[6]　张明楷：《法益初论》，中国政法大学出版社 2000 年版，第 119—120 页。

[7]　［日］伊东研祐：《法益概念史研究》，秦一禾译，中国人民大学出版社 2014 年版，第 321 页。

[8]　同上，第 316 页。

说都偏离了启蒙时代的社会损害构想"[1] 20 世纪 60 年代以后,将刑法与基本法连接,立足于基本法重建法益理论逐渐成为主流。[2] 直到二战后宪法性法益概念的提出,刑法法益概念才拥有了真正的价值内涵,也正是在此时民主自由的宪政之下出现的实定性的法益才真正具有立法批判的实质意义。

德国 1973 年《性犯罪法》拉开了对诱人通奸、同性恋、兽奸等行为除罪化的改革序幕,同时将《德国刑法典》分则第 13 章的标题由"违反风俗的重罪与轻罪"改为"侵犯性自主权的犯罪"。这与其说是法益思想的胜利,不如说是性权利影响的结果。20 世纪 60 年代至 70 年代,西方发生了挑战传统性观念和性道德的社会思想和社会运动,性权利观念崛起。在 60 年代,性浪潮更是席卷整个德国,正是在这种背景下,德国的性犯罪才真正被触动修改,简单地将这种转变委之于法益保护的思想,无疑忽视了真实的社会背景。《1966 年刑法选择草案(总则部分)》对法益思想作了纲领式规定,罗克辛认为,将性犯罪法限制于侵害法益行为的《1968 年刑法选择草案(分则部分)》在这个改革过程中发挥了特别影响,是法益思想在这次刑法改革的最后阶段获得的最大胜利。[3] 但这是德国的性解放运动之直接影响还是法益保护的功绩,实难精确探析二者在此中的意义。性解放运动的直接影响不可否认。"很难证明类似风俗犯罪的除罪化受益于法益论的努力。随着时间的推移,一个被社会视为必要和理性的风俗犯失去社会合理性,更可能是公众观念变化使然"[4] 罗克辛教授认为,并不是因为人们的观念已经发生了变化并且这样的行为不再被认为是不道德的了,从而成人间同性恋行为不再可罚,而恰恰是不再可罚导致了人们观

---

[1]　[德]克努特·阿梅隆:《法益侵害与社会损害性》,吕翰岳译,《中德法学论坛》,法律出版社 2018 年第 14 辑下卷,第 5 页。

[2]　马春晓:《法益理论的流变与脉络》,《中德法学论坛》,法律出版社 2018 年第 14 辑下卷,第 111 页、第 118 页。

[3]　C. Roxin:StrafrechtAT, Bd. I, Grundlagen, der Aufbauder Verbrechenslehre. 4. Aufl. München, 2006, S. 19, Rn. 17. 转引自杨萌:《德国刑法学中法益理论的历史发展及现状述评》,《学术界》,2012 年第 6 期。

[4]　冀洋:《法益保护原则:立法批判功能的证伪》,《政治与法律》,2019 年第 10 期。

念的变化，后者是非刑罚化的结果而不是其原因。[1] 但这似乎过于强调单一刑事处罚变化的意义了，而且也颠倒了大规模社会性运动引起的观念变革对法律变化的意义。如果认为 20 世纪 70 年代的风化犯罪非犯罪化运动一定是受法益影响的结果，那么就无法解释 90 年代德国的性犯罪改革运动，因为此后法益概念没有发生变化。事实上，20 世纪 90 年代开始的性犯罪刑法改革，德国在 1994 年 5 月 31 日第 29 次刑法修正案中才完全废除男同性性行为罪。其背景环境是通过 60 年代的社会、文化和法律变迁所创造的。20 世纪 90 年代初交织着欧洲及国际倡议的改革进程，性刑法犯罪有一次改变。[2] 这也反衬出 70 年代的废除风化犯罪并非法益影响的结果。晚近 20 年以来德国在恐怖主义、性、腐败、卫生、杀人犯罪、兴奋剂与体育博彩欺诈等领域的刑事立法，体现了严厉化、压制性的趋势。[3] 法益的自由主义意蕴和立法指引功能越发被消解。

二、法益自由主义意义的幻觉

（一）法益实践中的混乱概念

自由主义对缺失自由观念的传统产生了一定的颠覆和冲击，特别是在我国传统刑法被视为压制型刑法的前提下，法益的自由主义立即被视为刑法理论的"福音"得以传播。在中国刑法学知识从"苏化"转向"德日化"的整体背景下，法益理论的接受性自然可以想象。但是，法益保护原则是以层阶式犯罪论体系为前提的，只能在阶层式犯罪论体系框架下理解法益保护理论。[4] 在目前马工程教材四要件强势回归的现实下，法益概念只是观点的平移而已，忽视了中西犯罪论差异、刑法语境差异，只是进行认同性、"拿来式"解读，法益理论成为典型的"试图按照西方理论和实

〔1〕 ［德］克劳斯·罗克辛：《刑法的任务不是法益保护吗?》，樊文译，《刑事法评论》，2007 年第 19 卷，第 147 页。

〔2〕 ［德］汉斯·约格·阿尔布莱希特：《德国性犯罪刑法的改革与成果》，周子实译，《刑法论丛》，2013 年第 3 卷，第 341、第 344 页。

〔3〕 ［德］贝恩德·海因里希：《德国刑事政策的当前形势》，李倩译，江溯主编：《刑事法评论》，2020 年第 42 卷，第 324 页。

〔4〕 苏永生：《法益保护理论中国化之反思与重构》，《政法论坛》，2009 年第 1 期。

践来纠正中国实践的逻辑"[1]，这种非语境化的研究范式掩盖了法益存在的文化和具体制度的差异性。光芒四射的自由主义也掩盖了这种文化和制度差异。

法益理论 20 世纪 90 年代中期进入我国，但对该理论大规模的研究在 2004 年之后，这一年后关于法益研究的文章每年超过 10 篇。1997 年我国刑法修正，该刑法被认为是采取了法益侵害说的立场，突出强调了其自由保障机能。[2] 相反，前法益时期的中国刑事司法被描绘成故入人罪不注重自由保护的场景。然而，近年来影响力比较大的冤案错案，相当部分发生在 1997 年《刑法》生效之后，[3] 新刑法的法益保护立场并没有表现出比旧刑法更好的对自由的保护。在理论上，法益的自由主义的意义在于须坚持刑法的个人主义与规范主义。[4] 然而，对个人主义的坚守实际上是通过责任主义原则实现的。规范主义在前实定法的法益概念中无法实现，因为前实定性法益或者说宪法性法益只是一种本身不完整、不确定的经验实在，不完整性表现在其不具有规范性。[5] 法益的认定必须与刑法规范相关联，只能在刑法规范之内进行，就此而言，法益的概念才具有规范性。[6]

法益概念从产生之始即具有不确定性，从一开始具体的物质性、有形性概念到精神化、抽象化概念，从追寻法益概念的单一性实质，到日本学者关哲夫提出法益概念的相对性，[7] 理论上法益概念多元纷争。从法益的实践适用情况看，在无讼网上检索带有法益字样的刑事判决书，这种判决书于 2011 年首次出现，其数量在 2018 年达到顶峰。中国知网上检索到的法益相关论文数量从 2006 开始，除个别年度数据略有下降外，每年增加 10 篇左右。以犯罪客体为关键词在中国知网上搜索，关于犯罪客体的论文数从 1998 年的 17 篇起一直到 2011 年达到顶峰，此后数量逐渐下降，2019

〔1〕 陈柏峰：《"迈向实践"的法学——读黄宗智著〈过去和现在〉》，《学术界》，2010 年第 3 期。
〔2〕 张明楷：《新刑法与法益侵害说》，《法学研究》，2000 年第 1 期。
〔3〕 根据历年最高人民法院的工作报告，1980 年工作报告指出共纠正冤假错案 251000 件，1982 年 185 件，1983 年共 301000 件，2017 年工作报告指出，十八大以来纠正冤假错案 34 起，2018 年工作报告指出 39 起。2019 年指出近五年来依法纠正重大冤假错案件 39 件。
〔4〕 苏青：《法益理论的发展源流及其启示》，《法律科学》，2011 年第 3 期。
〔5〕 刘孝敏：《法益的体系性位置与功能》，《法学研究》，2007 年第 1 期。
〔6〕 李立众：《法益理论不是皇帝的新装》，《人民检察》，2018 年第 5 期。
〔7〕 〔日〕关哲夫：《法益概念与多元的保护法益论》，《吉林大学社会科学学报》，2006 年第 3 期。

年的数量恢复到 2000 年前的水平。[1] 从年度绝对数量上比较，法益论文数远超犯罪客体论文数，这说明学术研究的旨趣转向明显，理论上法益研究逐渐取代犯罪客体研究，有关法益的判决书的数量逐年上升也反映了理论研究的影响。

　　上述司法文书对法益概念的使用基本上把法益等同于犯罪客体，将二者作为完全相同的概念使用。在以传统四要件理论认定构成犯罪的判决书中，许多判决书直接用法益的概念取代了犯罪客体，将法益作为犯罪成立的条件之一。[2] 如具体表述为"被告人朱辉的行为在侵犯的法益、犯罪客观方面及犯罪主观方面均不符合寻衅滋事罪的犯罪构成要件"；[3] 或者将二者在表述上作同义使用，如"贩卖毒品罪侵犯的法益（客体）是国家对毒品的管制，无论买毒品还是卖毒品均侵犯了这一法益（客体）"；[4] 再者就是将二者结合起来使用，实际是同义反复，如"在案证据表明，被告人张正全系涉嫌非法转让、倒卖土地使用权罪，其所侵犯的法益客体是扰乱市场秩序，与侵犯公民人身权利、民主权利的犯罪客体不属同一类别，不具可比性"；[5] 此外，还有在同一判决书中同时使用法益和犯罪客体，[6] 但二者完全在同一意义上使用，差别仅仅在于使用的语境不同，前者往往是"保护的法益"，后者则是"侵犯的犯罪客体"的表达方式。从具体内容看，法益包括公私财产所有权[7]、国家对毒品的管理制度[8]、

---

〔1〕　从 2011 年到 2019 年，含法益刑事判决书的具体数量分别为 2、7、19、117、168、234、343、376、275，2020 年 1—3 月共 7 个。以法益为关键词进行精确搜索，2011 年到 2019 年论文的数量分别为 189、247、338、249、375、247、243、144、153。以犯罪客体为关键词进行精确搜索，2011 年到 2019 年论文的数量分别为 87、75、70、51、59、43、43、43、26。

〔2〕　辽宁省瓦房店市人民法院（2017）辽 0281 刑初 289 号刑事判决书，珠海市金湾区人民法院（2017）粤 0404 刑初 85 号刑事判决书，重庆市巴南区人民法院（2016）渝 0113 刑初 505 号刑事判决书，苏州工业园区人民法院（2015）园刑二初字第 0126 号刑事判决书，吉林省吉林市丰满区人民法院（2012）吉丰刑初字第 146 号刑事判决书。

〔3〕　宁波市鄞州区人民法院（2017）浙 0212 刑初 48 号刑事判决书。

〔4〕　蚌埠市蚌山区人民法院（2018）皖 0303 刑初 76 号刑事判决书。

〔5〕　毕节市七星关区人民法院（2019）黔 0502 刑初 102 号刑事判决书。

〔6〕　目前这种判决书共有 17 个，如石棉县人民法院（2017）川 1824 刑初 75 号刑事判决书。

〔7〕　重庆市巴南区人民法院（2016）渝 0113 刑初 505 号刑事判决书。

〔8〕　宁夏回族自治区银川市兴庆区人民法院（2015）兴刑初字第 219 号刑事判决书。

身体权和健康权[1]、公众健康[2]、市场经济秩序[3]、经济利益[4]、公共信用[5]、公共安全[6]、婚姻关系[7]等，这和理论上法益概念的多样性基本一致。但是此前法益概念在我国尚未"登堂入室"之时，作为社会关系的犯罪客体概念在具体解释时也经常被解释为权利、具体的社会关系、社会制度或者社会秩序，不仅判决书中做如此表述，一直以来的传统主流刑法学教科书对个罪犯罪客体的解释也是如此。[8] 由此，此种概念的法益无异于犯罪客体，其使用实际上并没有产生新意。

对于法益与犯罪客体的关系，自从我国学者将法益概念引进以来，即意图将犯罪客体"逐出"我国刑法理论，并以法益概念取代。[9] 陈兴良教授主张应将犯罪客体还原为刑法法益，实质上也是主张以法益取代犯罪客体。[10] 虽然有人坚定地认为法益和犯罪客体不能随意互换，[11] 但从我国司法实践对法益概念的使用来看，二者任意替换甚至做无意义的同义反复是常态。这表明实践中意图使法益取代犯罪客体的努力基本落空，也反映了西方叙事的法益研究方式并没有实质影响我国的实践，以法益一词取代传统犯罪客体一词并没有产生多少新意，至少从法益概念的使用上，可以发现这种影响只是形式的、表面的。

（二）法益自由主义意义的错觉

以自由主义纯粹理性的自然法思想作为法益的基础，这些自然主义的观念只要被视为约束立法者的前实证的标准，其本身的模糊性就会使法益理论的批判力大打折扣。[12] 当然，必须承认，"启蒙—自由主义这个传统目标绝没有过时，而必须总是历久弥新地、不断抵御各个领域中限制自由

---

〔1〕 河北省清河县人民法院（2015）清刑初字第 13 号刑事判决书。
〔2〕 山东省青岛市黄岛区人民法院（2015）黄刑初字第 1070 号刑事判决书。
〔3〕 徐州市铜山区人民法院（2015）铜刑初字第 733 号刑事判决书。
〔4〕 安阳市文峰区人民法院（2014）文刑初字第 419 号刑事判决书。
〔5〕 浙江省泰顺县人民法院（2014）温泰刑初字第 18 号刑事判决书。
〔6〕 广东省深圳市中级人民法院（2011）深中法刑一终字第 580 号刑事判决书。
〔7〕 河北省沧州市新华区人民法院（2015）新刑初字第 10 号刑事判决书。
〔8〕 高铭暄、马克昌主编：《刑法学》，高等教育出版社、北京大学出版社 2019 年版，第 52 页。
〔9〕 赵运锋：《法益规范诠释机能的检视与发展》，《政法学刊》，2018 年第 6 期。
〔10〕 陈兴良：《社会危害性理论——一个反思性检讨》，《法学研究》，2000 年第 1 期。
〔11〕 李立众：《法益理论不是皇帝的新装》，《人民检察》，2018 年第 5 期。
〔12〕 赵书鸿：《犯罪化的正当性：法益保护？》，《中国刑事法杂志》，2019 年第 3 期。

的趋势"〔1〕但这种观念并不当然使法益——刑法保护的对象——具有自由的内涵。法益自由主义还被认为代表了一种自由主义的价值观，国家不是凌驾于个人之上，而是为了更好地保护个人利益而存在，因此，在刑法的适用上，应当谦抑，将实际侵害或者威胁到法益的行为作为犯罪处理〔2〕但国家不是凌驾于个人之上，更多的是现代民主政治发展的结果。现代民主制度确立了人民主权原则、权力制约原则等，〔3〕"国家不要对公民正面的福利做任何关照，除了保障他们对付自身和外敌所需要的安全外，不需要再向前迈出一步；国家不得为了其他别的最终目的而限制他们的自由"〔4〕对国家的这种限制并不是一个简单的法益概念能够实现。谦抑原则缘起于启蒙思想发展的过程中。洛克反对残酷的刑罚，反对国家轻率或者草菅人命的权力〔5〕孟德斯鸠指出，治理人类不应该用极端的方法，我们对于自然给予的统率民众的种种手段的使用应该慎而又慎〔6〕卢梭反对严刑峻法，认为严厉的惩罚只是一种无效的手段，它是气量狭小的人所发明的，旨在用恐怖来代替他们所无法得到的对法律的尊重〔7〕可以看出，启蒙刑法思想已经蕴含人道、谦抑的内容。通过对法益一词的考察，其产生时间晚于谦抑原则，即便法益奠基于启蒙思想，仍然是启蒙之后近代刑法学旧派代表费尔巴哈等尤其是后期旧派宾丁的贡献。因此实际上是刑法谦抑主义要求只能对侵害法益的行为进行处罚，而不是相反。将法益的着眼点放在个人及其自由发展的目标之上，虽然为这种虚无缥缈的风险找到了一个实在的落脚点，但无疑是对这种风险本身的无视或者说故

〔1〕　［德］克劳斯·罗克辛：《刑法的任务不是法益保护吗？》，樊文译，《刑事法评论》，2007年第19卷，第150页。

〔2〕　黎宏：《法益侵害说和犯罪的认定》，《国家检察官学院学报》，2006年第6期。

〔3〕　陈戈寒：《论国家目的理念对治国模式的影响》，《江汉大学学报》（人文科学版），2004年第5期。

〔4〕　［德］威廉·冯·洪堡：《论国家的作用》，林荣远、洪兴元译，中国社会科学出版社2016年版，第54页。

〔5〕　约翰·洛克：《政府论》（下篇），叶启芳等译，商务印书馆1964年版，第105页。

〔6〕　［法］孟德斯鸠：《论法的精神》（上册），孙立坚译，陕西人民出版社2001年版，第223页。

〔7〕　［法］卢梭：《社会契约论》，商务印书馆1986年版，第36页。

意规避。[1] 因此，无法通过追溯其所谓自由主义起源来实现"法益"之于"犯罪客体（社会关系）"等传统概念的天然优势。[2] 强调其自由主义，还会产生对法益保护的损害。正如张明楷教授所言，刑法的法益保护机能与自由保障机能常常表现出对立的局面。越是强调保护法益的机能，越容易损害自由保障机能；反之，越是强调自由保障机能，越不利于法益保护。[3]

三、法益概念的实质在于处罚确定性的确立

（一）法益的实质在于处罚确定性的导向

法益概念产生于启蒙主义的背景之下，启蒙主义的刑法思想必然会对其产生影响。启蒙主义的刑法思想基于反对中世纪罪刑擅断而产生。启蒙思想家们一致反对对思想定罪和处罚，认为只有行为才可能构成犯罪，只有对犯罪行为才能科处刑罚。在格劳秀斯看来，惩罚是由于邪恶行为而招致的。霍布斯明确否定思想可以构成犯罪，犯罪只能由行为构成。孟德斯鸠指出，思想应该和某种行动连接起来，法律的责任只是惩罚外部的行动，对思想定罪判刑是大暴政。[4] 18 世纪后半期的德国刑事司法处于极不安定的状态，费尔巴哈为了克服这种局面，将犯罪的本质统一于对权利的侵害，从而实现刑事司法的安定性，保障市民的自由。[5] 这种统一带来的直接结果是对犯罪的认识落实到具体的侵害之中。李斯特认为，任何法律都是针对一定的事实规定一定的效果，事实与法律效果成为所有法领域中的最高的两个概念，而结合这两个概念的就是法益。[6] 古典学派反对主观归罪，注重客观行为以及由此产生的结果，并将此种确定性作为处罚的

---

[1] 贾健、朱冰洁：《法益侵害论与规范违反论的后传统社会回应——以 Roxin 与 Jakobs 的理论为样本分析》，《甘肃政法学院学报》，2011 年第 3 期。
[2] 冀洋：《法益保护原则：立法批判功能的证伪》，《政治与法律》，2019 年第 10 期。
[3] 张明楷：《新刑法与法益侵害说》，《法学研究》，2000 年第 1 期。
[4] 马克昌主编：《近代西方刑法学说史略》，中国检察出版社 1996 年版，第 4 页。
[5] ［日］内藤谦：《刑法中的法益概念的历史展开（一）》，《东京都立大学法学会杂志》，1966 年第 2 号。
[6] 张明楷：《刑法的基本立场》，中国法制出版 2002 年版，第 16 页。

标准以结果的形式予以体现。对国家权力予以限制实际是旧派立足于个人主义和自由主义的结果。旧派认为世界是以人为基础而存在的，人的存在本身即是目的，为了个人的生存与发展，就必须尽可能少地限制个人自由，对国家权力必须尽可能多地进行限制，因此代表国家权威与规制的刑法，也应该限制处罚范围。[1] 旧派由此坚持刑事责任的基础是表现在外部的犯罪人的行为及其实害，费尔巴哈的权利侵害说和比恩鲍姆的"财侵害"的重点在于"侵害"的事实，或者说注重侵害的结果。宾丁指出，规范之所以禁止某种结果，是因为所禁止的行为可能造成的状态与法的利益相矛盾。[2] 因而处罚的实质仍然在于行为造成的状态，重视犯人通过他的具体行动给现实造成的危害，把客观发生的实际危害看作是犯罪的基本要件。[3] 既有的研究将法益放在启蒙主义背景下进行，这本身没有问题，但似乎过于宽泛化并脱离了法益产生的刑法学发展的具体背景。在犯罪论发展的历史上，古典三阶层犯罪体系是刑法理论史上第一个成形的犯罪阶层体系。古典犯罪阶层体系的构成要件合致性（符合性）是对具体犯罪事实的抽象描述，是客观的要件而不具有评价色彩。[4] 这种客观的、记述的犯罪类型的轮廓，被批评为是一种概念的、形式的观点。[5] 此后该观点的创立者贝林格也修正了自己的观点，但对犯罪成立始于客观性判断、从客观到主观的判断至此被确立下来。构成要件符合性应着重于这种客观性判断优先的理论支撑是刑事古典学派的刑法客观主义，即只能将客观行为及其后果（危险）作为处罚根据，否则会回到封建刑法司法专横、擅断的老路上。[6] 法益概念的产生和最终提出与犯罪论体系的发展、成熟体现出完全一致的脉络，构成要件符合性的客观判断在于客观的行为及其结果，而这种客观判断优先重视的无非是：法益侵害后果的判断和法益侵害行为的判

〔1〕 张明楷：《刑法的基本立场》，中国法制出版 2002 年版，第 36 页。

〔2〕 张明楷：《法益初论》，中国政法大学出版社 2000 年版，第 31 页。

〔3〕 ［日］藤木英雄：《刑法上的学派对立：旧派和新派、客观主义和主观主义》，郭布、罗润麒译，《环球法律评论》，1980 年第 1 期。

〔4〕 许玉秀：《当代刑法思潮》，中国民主法制出版社 2005 年版，第 63—64 页。

〔5〕 ［日］小野清一郎：《犯罪构成要件理论》，王泰译，中国人民公安大学出版社 1991 年版，第 29 页。

〔6〕 周光权：《刑法公开课》（第 1 卷），北京大学出版社 2019 年，第 10 页。

断。[1] 犯罪论体系成熟的标志是威尔哲尔提出"人的不法"的违法性评价。[2] 但其行为无价值和结果无价值无论分歧如何，二者都提供了判断的归属之地——行为或者行为引致的结果。在犯罪论体系的发展过程中，法益最终承担了这种客观判断的依托：具有法益侵害的行为才进入到犯罪是否成立的判断之中。法益保护原则是以层阶式犯罪论体系为前提的，只能在阶层式犯罪论体系框架下的根本原因。但法益保护原则不仅对应违法性的判断，其还对应构成要件符合性的判断，而且这个理解从限制司法权的角度看更为重要。甚至有学者直接认为，犯罪结果或者结果发生的危险即是法益侵害，因此坚持所谓"无结果（未侵害法益）则无犯罪"的原则是妥当的。[3] 事实上，大陆法系犯罪论的发展一直对这种客观的确定性青睐有加：晚近的着重于危险制造、提升和实现的客观归属理论仍表明了这种倾向，其与因果关系的关系目前争议尚多，但较因果关系的判断而言，客观归属意在突出对危险这种客观确定性的判断，因而实是对客观判断的强化。

　　我国的司法实践同样体现了法益的确定性属性。与司法实践中法益概念混乱使用形成反差的是，法益侵害作为社会危害性的实质[4]、违法性的标准[5]、实质违法性的根据[6]、客观违法性或实质违法性的标准[7]、法益侵害是构成要件结果的形式[8]等在判决中得到广泛确认。某种社会制度、秩序、利益等是否受到侵害以及多大程度上受到侵害并不是抽象无法感知的，其社会危害程度应具有"确定性"，即必须通过具体法益来表征。[9] 因此，无论法益作为社会危害性的实质、违法性的标准，还是实质违法性的根据、标准或者客观违法性的标准，都和法益作为构成要件结果

---

〔1〕 周光权：《刑法公开课》（第 1 卷），北京大学出版社 2019 年，第 14 页。
〔2〕 张小虎：《犯罪论的比较与建构》，北京大学出版社 2006 年版，第 59 页。
〔3〕 ［日］西田典之：《日本刑法总论》，刘明祥、王昭武译，中国人民大学出版社 2007 年版，第 22 页。
〔4〕 延安市宝塔区人民法院（2016）陕 0602 刑初 47 号刑事判决书。
〔5〕 佛山市顺德区人民法院（2015）佛顺法刑初字第 897 号刑事判决书。
〔6〕 广东省普宁市人民法院（2016）粤 5281 刑初 171 号刑事判决书。
〔7〕 上海市虹口区人民法院（2014）虹刑初字第 875 号刑事判决书。
〔8〕 上海市闵行区人民法院（2016）沪 0112 刑初 2074 号刑事判决书。
〔9〕 福州市鼓楼区人民法院（2017）闽 0102 刑初 468 号刑事判决书。

的实质是一样的，即作为侵害的客观性、确定性标准而存在。克努特·阿梅隆通过对法益理论存在的实证主义、法西斯主义以及战后基尔学派观点误解的论证，认为"作为历史性概观的结论，这样一件事变得明确，即法益保护理论的机能，并不是将启蒙主义自然法思想移到刑法中来"，"法益保护理论并不具有正确显示社会保护的机能，倒不如说，具有将结果伦理思想贯彻到刑法中的机能"〔1〕"结果伦理思想贯彻到刑法中"实质上仍贯彻了作为处罚前提的确定性标准。日本学者认为，方法的法益或者目的的法益概念只不过是立法目的的同义语本身，法益概念在刑法学中的重要性，是将法益作为保护的客体来对待，应该要明确作为侵害的犯罪实质的内容，因而现在的法益概念应是实体的法益概念，〔2〕作为保护客体的实体法益概念其实质性司法意义在于保护的反面——受到侵害，只有具有侵害的确定性时，法益限制刑罚权发动的自由主义保障机能方才体现出来。有学者认为，"法益"作为一种精神现象，是一种价值评价的产物和价值判断的符号，不过是在评价一种行为是否需要被规定为犯罪的一种价值观念的反映，起着价值引导的作用〔3〕这种观点不无道理，法益的确具有价值评价的导向作用，更进一步而言，法益价值评价的导向作用是通过处罚确定性的导向作用完成的。无论法益概念的内涵是什么，其实质在于提供了处罚确定性导向。

（二）安全刑法的处罚确定性

晚近刑事立法出现了安全刑法的趋向。特别是自"9·11"事件之后，刑法和刑事司法已经获得了融入安全整体性架构的动力。如果将重点放在安全性上，那么自由刑法的导向性原则、刑法的片面性以及将自由放到第一位的呼吁，这些终将被边缘化〔4〕安全刑法被定义为一个风险社会稳定

---

〔1〕［德］克努特·阿梅隆：《德国刑法学中法益保护理论的现状》，姚培培译，《中德法学论坛》，法律出版社 2018 年版，第 14 辑下卷，第 26—27 页。

〔2〕［日］木村龟二主编：《刑法学词典》，顾肖荣、郑树周译校，上海翻译出版公司 1991 年版，第 101 页。

〔3〕杨兴培：《中国刑法领域"法益理论"的深度思考及商榷》，《法学》，2015 年第 9 期。

〔4〕［德］汉斯·约格·阿尔布莱希特：《安全、犯罪预防与刑法》，赵书鸿译，《人民检察》，2014 年第 16 期。

的基本前提条件,[1] 其将自己的关注点放在了将来而不是过去,尤其是在法益概念出现了精神化乃至将主观情感作为法益予以保护的情况下,刑法处罚的确定性便成为问题。在风险社会的安全刑法下,通常将刑法对风险的规制解读为刑法的提前介入和法益保护的前置,在刑事立法上体现为危险犯的增加。增加危险犯的规定,从而使危险消除在危险状态阶段,以便更好地保护法益,[2] 其中似乎隐含着提前保护的是同一法益。但立足于规制实害发生和实害预防的立法,保护的显然是不同法益,只有在侵害法益是同一的情况下,对其才谈得上是"更好的保护"。刑法的关注点在于未来,是为了预防将来实害的发生,从最一般的意义上看,是在保护将来的法益,但刑法永远只能规制现实的行为,在规范的意义上,刑法只能保护现实存在的法益,而不是在保护将来的法益,因此,法益保护的提前或者说法益保护的前置化、早期化并不是准确的说法。只有在这种情况下,刑法处罚的确定性问题才存在意义。

　　风险刑法概念一经提出,其在许多方面和传统刑法即处于相悖的状态。如果认为刑法的目的是保护法益,风险社会下的安全刑法并没有突破传统刑法的保护宗旨。但不得不承认,在刑法法规领域中的法益关联性极为稀薄化。[3] 由此,在法益精神化乃至将情感作为法益内容的时候,安全能否作为刑法法益予以保护,进而安全应如何确定?如果安全不作为法益予以保护的话,刑法则从法益保护转向独立的安全保护,但这仍然存在如何确定安全的问题。无论对安全、恐慌、慌乱不安、不安感的界定如何困难,其处罚确定性导向不管是作为法益还是与法益并立的立法转向,都要求处罚的确定性指向。况且,法益保护的早期化目的并不是背离法益保护原理,而是更加有效地保护法益。[4] 刑法处罚的是显现于外部的行为,在这一点上,其仍处于法益保护主义与行为主义的框架之内。

　　与法益概念在判决书中晚近频繁出现形成反差的是,法益理论在我国

---

〔1〕 [德] 乌尔斯·金德霍伊泽尔:《安全刑法:风险社会的刑法危险》,刘国良编译,《马克思主义与现实》,2005 年第 3 期。

〔2〕 张明楷:《新刑法与法益侵害说》,《法学研究》,2000 年第 1 期。

〔3〕 [日] 关哲夫:《现代社会中法益论的课题》,王充译,赵秉志主编:《刑法论丛》,2007 年第 12 卷,第 359 页。

〔4〕 黎宏:《法益论的研究现状和展望》,《人民检察》,2013 年第 7 期。

盛行，学者从多角度论证法益的价值尤其是其解释论机能，但匪夷所思的是，在这些论述中几乎没有引用我国法院的司法判决实例的，被引用的都是 2008 年德国的血亲相奸案，以此来说明法益的解释机能。这种西方叙事型法益研究范式，并不关注中国的问题，没有对中国问题的理论和现实关怀。任何法律问题都势必体现为关乎动态司法过程的实践性论题，必然与具体的社会环境、政治气氛、文化样态、经济状况等因素产生接触、排斥、调适、融合，[1] 一种旨在认识法律现象的法律理论必须研究规范体系在其社会现实中的实际存在，不考虑社会现实的法律科学是不可思议的。[2] 当下的研究忽略了法益的法治实践性，法益停留于静态的西方法律文本和理论的层面，我国司法实践中对法益的应用也只是理论言说的翻版，法益似乎是一种玄思性的东西。同时，法益理论研究体现出鲜明的西方化倾向，借用邓正来先生的说法，法益理论形成了对西方知识的"消费主义倾向"，西方的法益研究成为我国法益理论的理想图景，其在中国刑法学术场域中自始即具有基于自由主义基因的天然正当性，我们甚少反思法益理论的学术传统和学术建制。正如于飞教授所言，当从域外引入一个概念时，应当思考以下问题：其本为何意？解决的是什么问题？实践中的应用如何？我国是否有同样的问题？该概念能否解决我国的问题？该概念如何融入我们的体系？[3] 显然，刑法法益借助自由主义的基因以及各种非凡的机能理论，忽视了一些最现实的乃至基本的需要反思的问题。如果从这个角度讲，刑法理论从照抄苏联转向照搬德日的法益理论，跟随德日主流学说的我国法益概念本身就面临着"合法性"的问题，以至于其和犯罪客体的关系目前仍聚讼纷争。

法益侵害性并不具有独立的存在价值，它是刑法规范所设定的客观标准，是评价行为的规范前提，[4] 这种客观标准即在于提供了处罚确定性指引，从传统的结果和行为，到现今所谓安全刑法的安全和风险，从物质性法益到精神性法益，都是这种具体指引的体现。刑法处罚的应该是确定性

〔1〕　曾令健：《实践主义法学研究范式》，《浙江大学学报》（人文社会科学版），2018 年第 4 期。

〔2〕　［英］尼尔·麦考密克、［澳］奥塔·魏因贝格尔：《制度法论》，周叶谦译，中国政法大学出版社 1994 年版，第 56 页。

〔3〕　于飞：《"法益"概念再辨析——德国侵权法的视角》，《政法论坛》，2012 年第 4 期。

〔4〕　周光权：《行为无价值论的法益观》，《中外法学》，2011 年第 5 期。

的真实存在，因此法益概念的实质在于以确定性为基础的处罚的思维指引。

第二节 法益的选择

一、法益变化的评估

（一）法益存在的确定性

犯罪的本质究竟是法益的侵害还是对规范的违反，成为具有相当影响的对立学说。在立法之后，犯罪实际上同时构成对规范的违反和对法益的侵害。在分层次的犯罪概念确立之后，犯罪究竟是对法益的侵害还是对规范的违反才有讨论的意义。某种行为在犯罪化之前，不存在规范违反的问题。因此犯罪化的问题，首先是法益侵害问题。没有法益的存在，刑法即失去了保护对象。古时立法，将某种没有具体法益作为依托的抽象的关系作为保护的对象，本质上是讲求刑法的威慑和恐吓性，这使得刑法失去了其保护法性质。20 世纪 50 年代以来全球范围内非犯罪化浪潮的兴起因素，其中之一便是法益保护原则的盛行。[1] 在现代社会无被害人犯罪非犯罪化的依据之一便是无被害的具体法益。如成人之间基于合意秘密进行的性行为，不应作为聚众淫乱罪处理。将其作为犯罪予以处罚，在一定程度上是以抽象的社会秩序、风俗否定了个人性权利以及对个人性权利的支配，个人的具体权利被淹没于抽象的社会秩序中。某种社会生活利益应否由刑法保护，莫不以法益概念作为决定性的依据，法益概念成为确定刑法处罚范围的价值判断标准，[2] 因而刑法修正时首先应评估是否存在具体的法益。在目前世界性的无具体被害人犯罪非犯罪化的趋势下，刑法修正不应增设该种新罪，相反可以对聚众淫乱罪、赌博罪等基于此种原因做无罪化处

---

〔1〕 卢建平、刘传稿：《法治语境下犯罪化的未来趋势》，《政治与法律》，2017 年第 4 期。
〔2〕 林山田：《刑法特论》（上册），三民书局 1978 年版，第 4 页。

理，修正时将其删除。

（二）刑法保护的必要性

只有具有重要价值的法益才值得刑法保护，[1] 这为法益的刑法保护提供了原则性指引，具有重要意义。但是并不是存在法益就应该以刑法来保护，也并不是重要法益都值得以刑法加以保护。法益的重要性并不好判断，其是变化的，更是现实的。如公民个人信息在传统社会中并没有凸显出重要性，但在今天的信息社会，已经变得极其重要。如果从权利平等、法益平等的视角而言，对所有的法益刑法和其他法律均应平等地保护，难以用重要与否进行区别性保护。

因此，用刑法来保护的法益必须具有刑法保护必要性。刑法对外行人来说通常是法的全部，但它绝不是法的全部，甚至也不是法的最重要部分，民法是调整日常关系和决定正常人的日常行为的，它在高度发展的社会中，是法的重要部分。[2] 这种调整日常生活关系的法律看来只能是民法，即专属于民法调整，刑法不应介入。在刑法和其他法律共同规制的场合，这种法益非专属于刑法或者其他法律。在行为侵害刑法的非专属法益的场合，只有在穷尽其他治理手段后该行为对社会的损害或者威胁仍是显著的情况下，才能做犯罪化处理。[3] 在刑法是其他法律保护法的意义上，刑法没有自己的专属法益，对法益的保护通过各种法律进行，只有在其他法律无法达到保护效果时，才具有刑法保护的必要性。在《刑法修正案（九）（草案）》出台之前，曾有将"号贩子"行为入刑的呼吁。然而在机票、各种火车票实名制的情况下，"号贩子"的生存空间已经极小了，以行政处罚的方式应对足矣，对该种客运秩序的侵害就没有以刑法保护的必要了。

具有刑法保护的必要性就必须对侵害法益的行为予以刑罚处罚，这意味着刑罚处罚应该是有效的，并且不存在其他替代性措施。刑罚有效性应该在三个层面上理解，一是能使行为人得到应有报应；二是能有效预防犯

---

[1] 张明楷：《法益保护与比例原则》，《中国社会科学》，2017 年第 7 期。

[2] ［美］罗斯科·庞德：《通过法律的社会控制》，沈宗灵等译，商务印书馆 1984 年版，第 80 页。

[3] 陈璐：《犯罪化如何贯彻法益侵害原则》，《中国刑事法杂志》，2014 年第 3 期。

罪，包括一般预防和对犯罪人的特殊预防；三是犯罪人能有效复归社会，被侵害的社会关系得以修复。刑罚目的发展史上，无论是报应占主流还是预防占上风，一定的报应和预防均不可少。报应主义和预防主义之争其实是二者的比例问题，现代社会的刑罚必须同时讲求二者，只是在不同的犯罪以及刑事诉讼的不同阶段二者的侧重体现不同而已。传统社会中的刑罚适用，重在报复和惩罚，有时受害人对犯罪人的痛恨并没有随着犯罪人被惩罚而减轻，二者势如水火的关系依然如故，而受害人沉浸在被害的痛苦中无法解脱。此时，以刑罚执行前后社会关系的变化来看，社会关系的和谐度被降低了，并没有恢复到犯罪前的状态。因此，现代社会刑罚的有效性必须是能够使犯罪人复归社会，并能有效恢复被侵害的社会关系。

刑法保护的必要性还意味着不存在替代刑罚的其他措施。这里主要关系到非刑罚处罚措施的适用问题。从我国刑罚适用的情况来看，非刑罚处罚措施的适用逐渐增加，如刑事禁止令的确立以及适用等。非刑罚处罚措施的报应和威慑效果较低，并且只有在关系到特殊资格等事项的剥夺或者禁止时才有适用的价值。因此，非刑罚处罚措施的适用必须考量犯罪是否为非严重犯罪、是否需要特定资格的剥夺或者限制。

二、法益保护的现实性

（一）法益之刑法保护的可接受性

在许多时候刑法的修正由社会现实变化所导致，刑法必须因应社会的发展做出变革。刑法修正的绝对多数皆因此而起。换言之，刑法对社会规制的实用和有效是刑法修正的重要依据。但是，社会变革并不是刑法修正的绝对指标，实用性也不是刑法修正的绝对依据。在社会变革时，刑法对法益的保护还必须具有刑法保护的可接受性。

现实和观念并不是完全对应的关系，通常社会现实变化历经一段时间之后才会引起观念的转变，毕竟思维对社会现实的认识需要一个过程，况且还存在观念转变困难无法接受现实的情况，因此会出现观念的滞后。当社会对某一现象的认识处于一种通识状态时，即便在日后看来这种观念是落后的，但在当时这种观念就是正常的社会观念。观念的变化不仅仅受社会现实的影响，而且受到其他多种因素的影响。当今中国社会的变革，在一定程度上是制度变革在前，社会变革在后。易言之，中国社会变革的现实在很大程度上是观念先行——通过制度先改变人的思维。或许可以说，制度即是思维的物化形式。在这个意义上，是思维改变了现实，观念也在相当程度上脱离、独立于现实。基于此种观念与现实一定程度的分离，刑法对某种法益的保护，必须具有观念上的可接受性。以通奸罪为例，在传统社会，各国刑法多设有通奸罪，在现代社会通奸行为仍然大量存在。在保守的性观念下，本罪的存在符合当时社会现实。在性权利张扬的今天，对通奸行为各国均以非犯罪化处理，观念的转变在其中的作用不言而喻。以死刑来看，和我国经济社会发展状况相当的国家，甚至有比我国经济落后的许多国家，刑法上或者事实上已经废除了死刑。但近期废除死刑在我国仍然是不现实的，其中最重要的原因就是观念上对完全废除死刑的不可接受。公众对死刑的威慑力抱有很高的期待，[1] 现代文明要求刑法应慎重介入情感因素等，都增强了这种不可接受性。日本刑法对危害皇室罪的废除实际上也是平等观念深入普及的结果。

　　因而，社会现实的变化，并不是刑法修正的绝对条件，在社会变化基础上的刑法保护法益的可接受性成为刑法修正的重要依据。极端的情况下，社会现实、某种行为并没有发生变化，仅仅是观念的变化也会引起刑法修正。立法应具有一定的超前性，但该种超前必须具有可接受性，规范才会得到认可。规范不被认可的危害，并不是简单的规范有效性问题，有时甚至关系到政治合法性。如果某一社会中的公民都愿意遵守当权者制定和实施的法规，而且还不仅仅是因为若不遵守就会受到惩处，而是因为他们确信遵守是应该的，那么，这个政治权威就是合法的。[2] 因而刑法修正的可接受性实际上具有更高层次的意义。《刑法修正案（九）（草案）》出台前一度传出贪污受贿犯罪的死刑将被废除，即便是传闻，也已经引起舆论波动。人们之所以遵守和服从统治和法律，是因为他们所确认统治和法

---

〔1〕　张伟珂：《理想与现实：死刑改革与公众死刑威慑观念的转变》，《江西科技师范大学学报》，2016 年第 6 期。

〔2〕　[美] G. A. 阿尔蒙德：《比较政治学：体系、过程和政策》，曹沛霖等译，上海译文出版社 1987 年版，第 35 页。

律是正确的并值得尊敬。[1]

（二）法益之刑法保护的可行性

法益之刑法保护的可行性，是指对法益以刑法保护具有现实性和可操作性。保护的现实性是指刑法对法益的保护符合社会现实，即便某种法益将来一定需要刑法的保护，具有刑法保护的必然性，但目前并没有保护的现实性，则不可以用刑法加以保护。如《刑法修正案（九）》对《刑法》第237条的修正，增加保护男性性权利，但在强奸罪中并没有这种保护。或许在将来强奸罪中会增加男性性权利的法益，但在当下男性性权利一定程度上缺失的社会现实下，目前在强奸罪中增加男性将其作为强奸罪的犯罪对象显然不具有现实性。刑法修正中死刑的废除存在同样的问题。2011年云南李昌奎案件被云南省高级人民法院由死刑改判为死刑缓期执行后，引起巨大争议。云南省高级人民法院副院长田成有接受记者采访，称李案"十年后肯定是一个标杆、一个典型"。[2] 公平地讲，云南省高级人民法院在本案中贯彻推行死刑政策，这本身或许没有多大问题，但在当时情况下，这种处理方式难以得到公众认可，因而不具有现实性，自然就引起汹涌舆论。

刑法对法益保护的可操作性并不是指刑法规范的可操作性，没有形成真正的规则，而是从司法运作成本和可行性的角度而言，法益保护不存在困难。以聚众淫乱罪为例，在本罪参与人极为秘密进行的情况下，如果不是参与人自己爆料，犯罪事实很难暴露出来，因而这种案件的侦查成本过高，难度过大。可以预见，今后对于成人之间基于合意秘密进行的性行为将会被非犯罪化。再比如，中国目前存在大量的地下安乐死，对实施安乐死的行为人实际上很难以故意杀人罪处理，原因很大程度上也在于司法运作的成本过高。因而处罚某种行为导致刑事程序负担过重的，则可否定其可行性。

---

〔1〕 ［英］戴维·赫尔德：《民主的模式》，燕继荣等译，中央编译出版社1998年版，第316页。
〔2〕 刘子瑜：《云南高院副院长："赛家鑫"案十年后将成标杆》，《重庆晨报》，2011年7月13日。

第四章

刑法修正的理念基础

第一节 修正的罪刑法定理念

关于罪刑法定主义和刑法变动的关系，学界对此专门的研究甚少。日本 1971 年对刑法予以修正，形成《改正刑法草案》，修正过程遵循的最重要原则就是罪刑法定原则。[1] 从罪刑法定的"法无明文规定不为罪，法无明文规定不处罚"的基本意义看，通过刑法修正的方式将罪和刑法定化，似乎并无不妥。张明楷教授对罪刑法定原则的内容从形式侧面和实质侧面进行了详细介绍，[2] 罪刑法定的形式和实质内容隐含着与刑法变动的一般关系，而且频繁地变动、修正刑法是否真正符合罪刑法定原则也值得探讨。有学者认为，刑法立法应继续坚持和强化罪刑法定原则，在刑法修正中如何强调罪刑法定原则都不为过。[3] 本部分在罪刑法定与刑法变动的一般关系上论及罪刑法定主义作为刑法修正的一般原则，指出罪刑法定主义的重要意义在于维护刑法的安定性价值，频繁修正刑法会在实质上损害刑法的安定性；安定性也要求刑法修正的连续性，以防止肢解并形成支离破碎的刑法。罪刑法定主义的实质内容也对刑法修正的明确性和正当性提出了要求。

---

[1] 满达人：《战后日本现行刑法全面修改的特点及其争论》，《兰州大学学报》（社会科学版），1987 年第 1 期。

[2] 张明楷：《外国刑法纲要》，清华大学出版社 2007 年版，第 23—34 页。

[3] 张志钢：《转型期中国刑法立法的回顾与展望——"历次刑法修正评估与刑法立法科学化理论研讨会"观点综述》，《人民检察》，2017 年第 21 期。

一、罪刑法定理念的安定性价值

罪刑法定原则的内容涵盖形式侧面和实质侧面观点。在更高的层面上，李洁教授将罪刑法定看作是法治原则在刑法领域的集中体现，正是在这个意义上，刑法中的罪刑法定也可以称为刑事法治。[1] 这是罪刑法定原则之于刑法的最高层价值。笔者认为，罪刑法定原则的基本意义在于其安定性价值，无论其形式内容还是实质内容均与安定性价值具有密切关系。

（一）法的安定性价值

在理论法学中，安定性是法的重要价值。考夫曼认为，法的安定性有两种意义，一是从法的外部功能视角看法律作用于社会达至的秩序与安宁；二是从法律内部来看的法律的认知、操作和实践可能性。[2] 这实际上是从法律与法律的社会意义两个方面来认识法的安定性。美国联邦法院大法官卡多佐认为，法的安定性有合理的和伪劣的两种，"合理的"安定性是一种"连续、一往无前的发展整体"，即整体意义上的法的安定性，"伪劣的"安定性是指支离破碎地看待法律，这是一种局部意义上的法的安定性。[3] 这是从法律的体系内关系来认识安定性的。拉德布鲁赫认为法的安定性包括三个因素，即实证性、实用性和不变性。[4] 无论如何，法不可能静止不变，但法的安定性要求法至少应该是相对稳定的，即使在变动的情况下，也应该是连续的，这种连续性要求法在变动中应具有某种关联，同时法律本身以及不同法律之间逻辑上应该是自洽的。变动的法不应是支离破碎的，相互之间应具有某种连续性以保持法的整体性是安定性的基本内容。

（二）罪刑法定的安定性价值

刑法事关生杀予夺之重要情事，其安定性是必要的。刑法的安定性在相当程度上是刑法的灵魂——罪刑法定原则——赋予的。习惯法的不成文

---

〔1〕 李洁：《论罪刑法定的实现》，清华大学出版社 2006 年版，前言第 3 页。

〔2〕 ［德］阿图尔·考夫曼：《法律哲学》，刘幸义等译，法律出版社 2004 年版，第 274 页。

〔3〕 ［美］本杰明·N. 卡多佐：《法律的成长——法律科学的悖论》，董炯等译，中国法制出版 2002 年版，第 12 页。

〔4〕 ［德］拉德布鲁赫：《法哲学》，王朴译，法律出版社 2005 年版，第 274 页。

性，使国民依据习惯法很难真正预测自己的行为，法的权威也很难真正产生。罪刑法定原则要求废止类推、排斥习惯法，要求对罪和刑成文化，在根本上这是要求刑法应具有安定性，不能变动不居，由此国民的预测可能性才能实现。这种安定性乃基于罪刑法定排斥习惯法和禁止类推解释两个形式侧面而产生，这种安定性实际上是刑法本身的安定性，即形式安定性。罪刑法定原则要求禁止事后法，适用事后法意味着国民必须遵守行为时根本不存在的"法律"，[1] 会造成人们依据现行法安排的现行为与依事后法所为行为之冲突，因此刑法的溯及适用会破坏刑法的安定性，并必将造成社会生活秩序的混乱。罪刑法定原则要求刑法应该是明确的，模糊的刑法无法给国民的行为提供足够的指引，只有依据明确的刑法，国民才能更好地安排自己的行为，社会生活秩序的安定性才可能实现。这种安定性实际上是刑法对社会生活秩序的意义，通过刑法本身的安定实现了社会生活秩序的安定。这可以看作是罪刑法定原则的实质安定性。罪刑法定原则通过其形式要求和实质内容决定了刑法本身的安定性及由此产生的社会生活秩序的安定性。在这个意义上，刑法的安定性正是罪刑法定原则赋予的，因此只要一国刑法确立了罪刑法定原则，刑法的安定性就成为其重要价值。木村龟二教授也认为法的安定性理念在刑法中最重要的表现就是罪刑法定主义原则。[2] 也正是在安定性价值和罪刑法定原则的形式与实质内容相联系的基础上，安定性成为超越其形式与实质的更高层面的价值。如果罪刑法定等于刑事法治是从最高的价值层面上来看罪刑法定的，安定性就是该价值下罪刑法定原则的基底性价值。从对法的安定性的一般解读中可以发现，法本身的安定性和其达至的社会生活秩序的安定性和上述罪刑法定原则形式与实质内容产生的安定性恰恰吻合。在理论研究中，罪刑法定的安定性价值并没有得到重视。或许对罪刑法定原则之刑事法治价值的重视在一定程度上将其安定性价值遮蔽了。罪刑法定原则的形式与实质内容体现了刑法的安定性价值，反过来，安定性价值也要求罪刑法定原则反对习惯法，反对类推，并要求刑法的明确性等。在这个意义上，将安定性作为罪刑法定原则的实质并不为过。

---

〔1〕 张明楷：《外国刑法纲要》，清华大学出版社 2007 年版，第 25 页。

〔2〕 ［日］木村龟二主编：《刑法学词典》，顾肖荣等译，上海翻译出版公司 1991 年版，第 9 页。

（三）安定性价值要求的刑法连续性

刑法的安定性不仅仅要求刑法的相对稳定，还要求刑法应该是连续性的。如果罪刑法定是法治在刑法内的表达，就必须将罪刑法定和法治相联系。麦考密克认为法治需要具备法的持续性、公开性和不溯及既往等形式特征。[1] 富勒也将此作为法治的形式特征。[2] 法治的实质存在一定争议，但法的持续性、公开性、明确性、不溯及既往等法治的形式特征基本得到确立。这些形式特征自然也应为刑事法治所拥有，刑事法治意味着刑法的持续性、公开性、明确性以及不溯及既往等要求。法治的形式特征实际上本就和罪刑法定原则的内容具有相当重合性，由此刑事法治就是罪刑法定的结论正在此中成立。因此，不仅要重视罪刑法定的安定性价值，还应重视其要求的刑法之整体性以及连续性意义。正如卡多佐大法官所言，在安定性的一般意义上，它还要求法的变动应该是连续的，而不应是支离破碎的，这是"合理的"法之安定性。因此，罪刑法定之安定性还要求刑法的持续性，以此来保证刑法的整体性。刑事法治要求刑法应持续、公开、明确以及不溯及既往等。从上述分析来看，公开、明确以及不溯及既往仍然是安定性的要求。因此，刑事法治、罪刑法定和安定性完全是一致的，只不过是在不同角度和层面下对同一个问题的解读而已。刑法的持续从刑事法治的语境来看，不仅是一部刑法典的持续，也应是刑事法律体系的持续。既然是持续的，其中就应有一以贯之的理念。

因此，从罪刑法定的价值看，刑法的安定性应得到重视。从刑事法治的角度看，刑法的连续性也必须得到重视。

二、罪刑法定与刑法修正

只要刑法典中确立了罪刑法定原则，刑法修正则理应体现并遵循罪刑法定原则。但是刑法修正后将罪与刑分别法定并不意味着此种修正即符合罪刑法定原则，罪刑法定原则的安定性、连续性以及其实质内容要求刑法

---

[1] ［法］托克维尔：《论美国的民主》（下），董国良译，商务印书馆1996年版，第872页。
[2] ［美］富勒：《法律的道德》，郑戈译，商务印书馆2005年版，第70页。

修正并不是简单地进行罪之法定和刑之法定。

（一）罪刑法定的安定性与刑法修正

安定性要求刑法应该是稳定的，不能经常发生变动。但基于社会变动的必然，刑法也必然要发生变化。刑法既然不能频繁发生变化，那么对刑法变动与社会变化的具体联系能否获得一种相对清晰的认识呢？或者，换言之，社会变化何时才能要求刑法发生变动呢？

社会变化有宏观的变迁和具体政治、经济制度的变化导致的中观社会变化，以及现实社会生活的微观变化等三个方面。宏观变迁是一种整体性的变化，往往导致社会形态、政治制度等发生重大转折性变化。中观社会变化是局部性社会变化，往往引起某种社会具体制度的调整。这两种变化的产生有渐进式和激进式两种方式，我国的经济体制变化就属于典型的渐进式的，1949 年社会主义制度在我国的确立，就是一种激进式的变化。微观的社会变化即具体的社会生活变化每时每刻均会发生。从社会变化与刑法变动的关系来看，主要是宏观变迁与中观具体制度变化具有密切关系，微观社会变化即使有时会引起导致刑法变化的标本性事件，但这种变化的背景仍然深刻地存在于中观的社会背景中，因此微观的社会变化和刑法变动关系不大，就具体的社会行为而言，只是在特殊情况下才会对刑法变动产生影响。社会的宏观变迁是促成刑法变动的重要因素，如中华人民共和国的成立，使得原来的刑法完全被废除，新的刑事法律制度得以确立。再如社会变迁也成为我国刑法上罪刑法定原则确立的根据[1]宏观的社会变迁往往是对既有制度的颠覆，这导致刑法必然发生变动。而我国的宏观背景决定了现行刑法确立的基本原则等在将来很长的时间内都不会发生改变，尤其是在社会变迁处于渐进的情况下，刑法的变动就更为缓慢。就中观的社会变化而言，这是导致刑法变动的重要因素，刑法的许多重大变化往往与此有关。如市场经济的确立，使刑法从国权刑法转变为民权刑法，刑法的理念产生重大变化，在具体个罪上也使投机倒把罪等得以取消。社会的中观变化往往是人为的、有计划进行的，这也使得刑法的变化成为常态。时至今日，我国刑法的诸多变化仍然处于这个背景之下。如以买卖公

---

[1]　程凡卿：《社会变迁与新中国刑法发展的良性互动》，《法律适用》，2011 年第 4 期。

民器官犯罪为例，只有在国家建立了完善的保护公民器官制度的背景下，且医学较为发达的今天才能将此行为入刑。因而刑法的变化应从相应的社会制度变化中寻找线索，尤其出罪和入刑的变化更是如此。就微观的社会变化而言，诸如飙车、醉驾等实则和社会制度变化没有任何关系，只是考虑到行为的现实面才将其犯罪化处理。因此就社会变化和刑法变动的关系而言，可以分为两个方面，一是刑法变化和社会具体制度变化有关的，如市场经济的确立使罪刑法定原则以及权利刑法观得以确立，可以将这种刑法变化称为制度性变化。二是刑法变化和具体社会制度变化没有关系，只是基于行为自身的特性才引起刑法变动，相对于社会宏观变迁下的刑法必然性变动而言，这种变化可以称为偶然性变化。对于和社会制度的变化直接相关的制度性刑法变动来说，其需经历一个相对缓慢的社会制度确立过程，这种情况下的刑法变动更多的是种演进性的。对偶然性刑法变动必须进行较长时间的调研，在行为频繁发生、客观后果严重且行政处罚无法杜绝的情况下，才应推动刑法发生相应变化，这种刑法变化更多的是建构性的，由此需要确立刑法变动的补充性和慎重性观念。

（二）罪刑法定的连续性与刑法修正

在罪刑法定就是刑事法治的意义上，罪刑法定要求刑法应具有连续性，应在整个刑法体系内，保持一定的连续性。这种连续性对于刑法修正而言，就不仅仅是适用上的，更应是在刑法发生变动的情况下，刑法理念等基本原则和观念的连续性。

只要刑法是生效的，刑法的适用便必然具有连续性，这是不言自明的，但刑法适用的连续性只是安定性的最基本要求。刑法的安定，不仅是刑法条文的安定，从一国刑法的整体来看，更应该是刑法基本理念的连续。从通常情况看，一国刑法一般包括刑法典、单行刑法、附属刑法等多种渊源，即便如我国以刑法典为主者，也是包括立法解释和单行刑法在内形成的一个刑法整体。但这些渊源之间不应是毫无关系的，它们都应体现刑法的基本品格。而这种统领刑法的品格实际上更多的是由条文背后的刑法理念决定的，这种品性决定了刑法修正的基本方向，应成为刑法修正的基本指引。因此，在以单行刑法、刑法修正案等方式修正刑法时，刑法的各种修正方式应以此统一的理念间接联系起来。这样，刑法的修正就不是破碎的、零散的，有了一以贯之的主线。如我国刑法在市场经济下的权利刑法特征决定了刑法的修正的基本方向。

刑法修正的连续性要求在修正刑法时必须将刑法的基本精神或理念贯穿其中，如此才能真正保持一国刑法的系统性，不破坏刑法的整体性。这种连续性才能达到修正案与刑法典其他条文、其他修正案、单行刑法等的真正协调，不至于相互冲突。刑法修正的连续性在我国刑法修正中并没有得到重视，这点在下面对我国刑法修正案的具体分析中将予以进一步阐述。

（三）罪刑法定的内容与刑法修正

罪刑法定的形式内容和刑法修正也有一定的关系，如刑法修正应以成文法的形式体现出来，但与刑法修正关系最密切的还是罪刑法定原则的实质内容。

1. 明确性与刑法修正

罪刑法定的明确性要求规定犯罪的条文必须清楚明确，使人能确切了解违法行为的内容，准确确定犯罪行为与非犯罪行为的范围，以保障该规范没有明文规定的行为不会成为该规范适用的对象。[1] 张明楷教授指出，明确性包括构成要件的明确性和法定刑的明确性两个方面。[2] 从刑事司法的角度看，构成要件与刑罚的明确性对于限制法官自由裁量权的滥用是至关重要的。从刑事法治的角度来看，明确性也是对刑法立法和刑法修正的要求。从我国已有研究来看，也有注意到刑法修正的明确性的，但只是从一般的理解上看待此问题，明确性实质为罪刑法定之要求这点并没有得到认识。构成要件的明确性从我国刑法修正的具体情况来看，也存在不少问题。但构成要件是类型化和抽象化的观念形态，因此是高度概括性的。从我国刑法修正的现实可以发现，似乎有时构成要件过于明确，从而缺乏类型化和抽象性。如《刑法修正案（七）》第2条第1款规定的证券交易所、期货交易所、证券公司、期货经纪公司、基金管理公司、商业银行、保险公司等金融机构的从业人员违反规定从事内幕交易的规定，实际上这里的"证券交易所、期货交易所、证券公司、期货经纪公司、基金管理公司、商业银行、保险公司等金融机构"完全可以用"证券交易机构"来概括。

---

〔1〕［意］杜里奥·帕多瓦尼：《意大利刑法学原理》，陈忠林译，法律出版社1998年版，第24页。

〔2〕张明楷：《外国刑法纲要》，清华大学出版社2007年版，第31—32页。

法定刑的明确性实质上是要求禁止绝对不确定的法定刑等不定期刑，从我国刑法修正案之法定刑的具体设置来看，同样存在有待检讨之处。如刑法修正案中共有 77 处作出"并处罚金"的规定，这种规定近乎绝对不确定的法定刑，似乎有违明确性。

2. 实体正当性与刑法修正

实体正当意味着刑法的善法品格，这也正是人们对于实质法治的界定。实体正当性也被张明楷教授表述为刑罚法规适正原则，其首先要求禁止处罚不当罚的行为，其次要求禁止残虐的、不均衡的刑罚。[1]"禁止处罚不当罚的行为"要求合理地犯罪化，处罚的应是值得以刑罚处罚的行为。这要求犯罪化的刑法修正只能在刑法才可解决的情况下对行为入刑。从我国刑法修正的实际看，醉驾、恶意欠薪等行为入刑存在很大争议，争议的实质即在于对这种行为进行处罚是否是实质正当的。"禁止残虐的、不均衡的刑罚"要求应用合适的刑罚对应当处罚的行为予以处罚，且处罚的时候应做到罪刑均衡。对残虐刑罚的禁止在任何法治国家都是最基本的要求，在罪刑法定即为刑事法治的命题下，自然也应是刑事法治的要求。从我国刑法修正的现实看，对部分罪名死刑的废除使得刑法的正当性特征更加突出。刑法修正的刑罚均衡性实际和刑法的罪刑均衡原则是完全一致的，它要求科学地设置和配置刑罚。这不仅关系到刑罚观念问题，在立法技术层面，对此产生影响的更是刑罚设置技术问题。如我国刑法将财产损失与人员伤亡后果并列，作为选择性处罚某种刑罚的同等根据，很难以说是做到了罪刑均衡。[2]

第二节　修正的前瞻性理念

一、前瞻性修正的含义

前瞻性是现代社会发展对人类思维的必然要求，它要求人们加强预

---

〔1〕 张明楷：《外国刑法纲要》，清华大学出版社 2007 年版，第 33 页。

〔2〕 李洁：《论罪刑法定的实现》，清华大学出版社 2006 年版，第 238—243 页。

测，因为只有加强预测，才能为人们进行"目的性"的活动提供保证。运用前瞻性思维能使思维主体在客观存在的基础上，根据客观事物的发展规律获得先于客观事物变化的、符合事物发展趋势的具有超前性的认识。[1]刑法修正的前瞻性意味着刑法的修正不是被动应对社会形势，而是在现实的基础上预测新的犯罪态势和特点，从而对将来必然会出现的新型犯罪作出规定。因此，前瞻性修正和被动修正相对，是一种主动性立法行为。前瞻性以科学的预测为依据，这意味着前瞻性修正必然具有目的性，从而能够在一定程度上摆脱刑法的盲目性，中国古语"凡事预则立，不预则废"也给我们提供了一种恒久且有效的前瞻性启示。

刑法的前瞻性修正具有以下四个原因。一是社会发展变化的必然要求。社会的发展变化经常使刑法处于一种相对落后的状态，但刑法不能经常发生变动。因此在刑法修正的时候维持其一定的前瞻性就能够相对解决刑法滞后于社会的问题。意大利著名刑法学家菲利说："法律总是具有一定程度的粗糙和不足，因为它必须在基于过去的同时着眼未来，否则就不能预见未来可能发生的全部情况。现代社会变化之疾、之大使刑法即使经常修改也赶不上它的速度。"[2]这种变化现实要求刑法修正必须具有一定的前瞻性。这是修正必须具有前瞻性的最深层次原因和社会基础。二是对犯罪现象的充分认识。任何事物都有一个变化发展的过程，犯罪这一社会现象也不例外。从某些行为的过去特征到今天的状态，可以分析其存在的原因、发展态势等，从而科学预测其在将来的发展走向。因此一个行为是否能够在将来发展到刑法应予规制的犯罪状态，通过对既有规律的分析可以作出预测。这是刑法前瞻性修正的思维基础。三是摆脱刑法修正随意性的需要。稳定性是维护法律权威性和公正性的基本要求，也是法律的生命力所在。法律的朝令夕改必然使人们无所适从。[3]刑法作为社会秩序的最后保障法，必须维持一定的稳定性。刑法如果过于从既有的社会现实出发必然需要经常修改，这显然和刑法的权威性、稳定性的要求相悖。这是

〔1〕　陈红萍、郑爱菊：《理论思维的前瞻性》，《学术研究》，2006 年第 11 期。
〔2〕　［意］恩里科·菲利：《犯罪社会学》，郭建安译，中国人民公安大学出版社 1995 年版，第 125 页。
〔3〕　赖登赞、林庆坚：《司法解释与法律的稳定性》，《人民检察》，1998 年第 3 期。

刑法前瞻性修正的刑法效力基础。四是刑法修正的目的要求。刑法修正具有前瞻性意味着刑法修正应具有一定的预见性和目的性，因此能够摆脱刑法盲目应对犯罪的现实。刑法修正的预见性和目的性意味着修正应具有一定的超前性，是主动应对社会需要，而不是对社会现实的单纯事后回应。从我国刑法修正的现实看，修正案体现了一种较为被动的立法思路、采取的立法技术也具有明显的被动性。[1] 只有合目的的修正才能够真正应对社会的发展。目的性是刑法修正的现实基础。

前瞻性修正属于超前立法。超前立法是指有立法权的国家机关为了更有效地实现统治阶级的意志和利益，根据事物发展的客观规律，针对某些尚未成熟或者处于未然状态的社会关系，预先进行的，以促进、阻碍或者禁止该社会关系出现的立法。[2] 当然刑法修正的前瞻性与一般法律修正的前瞻性有所差别，因为刑法必须遵循谦抑性原则，特别是新罪不到万不得已的时候不应设定，[3] 这进而涉及前瞻修正的限制问题。我国目前刑法修正很大程度上表现出回应性修正的倾向，特别是针对民众关切的热点问题，这可能会导致刑法修正的应急性、短视性和有限性。立法者应前瞻性地考虑如何作出适度的回应，通过前瞻性、体系性、必要性的考量，对现实问题作出恰当的回应选择，形成回应有度、前瞻充分的刑法修正格局，从而避免刑法修正单以回应性为品格带来的负面性问题。[4]

二、前瞻性修正的限制

前瞻性修正旨在使刑法适应社会变化的需要，应符合刑法作为最后保障法的特征，因此刑法修正的前瞻性不是任意的，前瞻性修正应受如下两个方面的限制：

（一）前瞻性事项应是可行的

刑法修正的前瞻性应该是可行的，如果修正的内容虽好但过于先进而

---

〔1〕 王培斌：《刑事立法摆脱被动应对局面的思考——评全国人大常委会关于信用卡犯罪的立法解释与刑法修正案》，《天津市政法管理干部学院学报》，2005 年第 3 期。

〔2〕 刘风景：《超前立法论纲》，《中国人民大学学报》，1999 年第 3 期。

〔3〕 王政勋：《刑法修正论》，陕西人民出版社 2001 年版，第 87 页。

〔4〕 彭辅顺：《回应性刑法修正反思》，《山东警察学院学报》，2019 年第 2 期。

超出本国的现实，使得刑法并不能产生实际的规制效果，则虽具有前瞻性却不可行。因此，前瞻性刑法修正是对刑法发展的预测，这种预测还必须和本国的实际相适应，这意味着刑法修正的前瞻性必须对本国的社会形势等进行合理预测，从而使二者相契合。以死刑在我国的废止为例，从《刑法修正案（八）》开始，废除了 13 个死刑，我国从此踏上死刑废止的征途。[1] 从前瞻性来看，我国必然会废止死刑，但基于我国的现实，立即完全废除所有罪名的死刑，是不可行的。因此，前瞻性应以可行性为限制条件。

（二）前瞻性事项应是必要的

前瞻的必要性意味着刑法修正必须是不得已进行的，应符合刑法的谦抑理念。这要求在修正时必须考虑新罪设立的必要性，即在其他法律无法规制该行为时才能采用刑法进行调整。前瞻的必要性和刑法的谦抑性并不完全是一回事。刑法的谦抑性主要是从人权保障的罪与刑的设立两个角度进行的，前瞻的必要性主要是从刑法规制犯罪之罪的设立角度进行的，因此具有很强的功利性和目的性。在人权观念勃兴的时代，刑法前瞻性修正应以刑法谦抑性为指引，即在人权保障下为控制犯罪所必需时才能修正刑法。

三、前瞻性修正的保障

前瞻性修正毕竟是一定程度上的超前立法活动，需要具备一定的制度保障才能达到前瞻的效果。

（一）进行修正的前瞻性调查

前瞻性调查是流行病学中的常见的群体调查的基本方法之一，是就某一可疑致病因素是否与某病的发生有联系所进行的追踪调查。一般是将特定范围的未患某病的人群划分为暴露于某因素的暴露组和非暴露于该因素的对照组，追踪观察一定时间，记录各组发生该病（或该病死亡）的例

---

〔1〕 高铭暄、苏惠渔、于志刚：《从此踏上废止死刑的征途——刑法修正案（八）草案死刑问题三人谈》，《法学》，2010 年第 9 期。

数，并对两组的该病发病率和死亡率作比较，以研究该因素是否与该病的发生或死亡有关。前瞻性调查多用于分析病因，考察特定因素的致病作用和社会保健措施的效果。对于在某地新发生的某危害行为，如果刑法没有规定为犯罪，是否可以修正刑法将其规定为犯罪，这一问题可以采用前瞻性调查方法。基本的处理方式是首先选择经济、文化等各个方面相似的但没有该危害行为发生的同类地区，然后分析该危害行为发生的原因，如果这种原因具有特别的地方性，即在类似的其他地区未发生，则该行为就不是普遍存在的，刑法就没有必要修正。若在类似的地区也会发生该行为，说明该行为的发生具有普遍性，可以考虑修正刑法。这一设想关系到比较参数的设计等诸多细节问题，这里仅仅是一个大致的想法，基于本书的写作目的，不展开讨论。

前瞻性调查和立法预测有密切联系，立法预测是在立法规律和法律发展规律的指引下，运用科学的方法和手段，对立法的发展趋势、未来状况进行考察、推测的方法、过程及相应的结果。[1] 前瞻性调查是立法预测的基础，着重分析某种行为的现状和发展趋势，因而强调的是行为调查，立法预测是对可能的立法的调查，强调的是"将来法"的调查。一定程度上前瞻性调查和修正前提的评估具有重合之处，区别在于前瞻性调查仅重在事实性调查。

在我国目前的刑法修正中也存在大量的立法机关调研活动。如《刑法修正案（八）》于 2011 年 2 月 25 日颁布，但为拟定《刑法修正案（八）（草案）》，早在 2009 年下半年，全国人大常委会法制工作委员会即着手对当前刑事犯罪中出现的新情况和新问题进行了深入调查研究。[2] 但这种调研是针对已经发生的行为进行的，因而更侧重于对现实的回应。前瞻性调研不仅是对既有新情况的调查，其更着重于在既有情况基础上对新行为的分析、预测，以求尽可能准确地描述行为的未来态势。当然在实际调研中，这两种情况可能并不好作具体划分，在立法调研时往往都会对行为的未来发展态势进行分析预测。

---

〔1〕 万其刚：《立法理念与实践》，北京大学出版社 2006 年版，第 170 页。
〔2〕 赵秉志：《刑法修正案（八）宏观问题探讨》，《法治研究》，2011 年第 5 期。

（二）合理使用抽象性用语和类型性用语进行修正

前瞻性修正毕竟只是一种基于现实的预测性分析，因而对前瞻性修正的使用应慎重。在修正的语言表述上，前瞻性修正应尽可能地使用抽象性语言和类型性语言相结合的表述方式，以此适当增加规范的概括性和解释力。张明楷教授指出，分则性条文对各种犯罪应作类型性的描述，既不能按照现实发生的个别案件详尽描述构成要件，也不能单纯使用抽象的概念，而是将构成要件描述为可以与具体案件相比较的类型。[1] 详而言之，对基本原则和具体犯罪的设定应以概括性为主，兼顾明确性，对罪状的表述和对法定刑幅度的规定应体现明确性原则的要求，兼及概括性。[2]

第三节 修正的目的性理念

刑法修正应有一定的方向指引，这一方向最直接的体现就是刑法修正的目的。前述刑法修正前提条件中的前瞻性修正在一定程度上是由刑法修正的目的决定的。从我国刑法修正案的条文表述来看，前四个修正案和第十个修正案有目的条款的表述，其他修正案中没有目的条款的表述，但在修正案草案说明中有修正目的的说明。刑法修正的内容受修正目的的直接限制，有何种修正目的指引，就会有体现该目的价值的修正内容。刑法修正的目的性规则首先要求修正的目的明确，其次要求修正目的是理性的。

一、修正目的的明确化

（一）目的明确性的功能

刑法修正目的的明确化是指刑法每一个条款的修正都应有明确的目的。刑法条文的稳定性对刑法的权威性至关重要，修改意味着同一个行为可能构成犯罪或不再是犯罪，任何一个条款不在必要情况下不应作修正，

---

〔1〕 张明楷：《刑事立法的发展方向》，《中国法学》，2006 年第 4 期。
〔2〕 王政勋：《刑法修正论》，陕西人民出版社 2001 年版，第 70—71 页。

也就是说，每一个条款的修正都应有直接的、明确的目的作为指导。只有如此，修正才不是盲目的，才能在这种被动局面中具有主动性因素，进而才可能排除"就事论事"式的修正，使修正更具有前瞻性。

如果刑法典原有条文存在问题，或者出现了新的犯罪行为，这两种情况均可确立对刑法条文的修正目的。相对于此而言，要求刑法修正的整体应有明确的目的，似乎存在问题。从我国刑法修正案的现实来看，第一个修正案是对破坏社会主义市场经济秩序犯罪的修正，《刑法修正案（二）》是对《刑法》第342条的修正，《刑法修正案（三）》是对恐怖活动犯罪的修正，《刑法修正案（四）》是对破坏社会主义市场经济秩序、妨害社会管理秩序和国家机关工作人员的渎职犯罪行为的修正。有的修正案没有目的条款表述，原因很简单，即修正案涉及修正的犯罪较多，尤其是《刑法修正案（八）》还涉及总则的修正，因此如果像《刑法修正案（四）》一样将所有类犯罪表述出来，则修正案语言显然过于拖沓，而且也不好用一个统一的目的来涵盖。因此刑法修正的总体性目的，其明确性只能是概括性的，这种概括性的修正目的也就只能是抽象的，不会像单个条款的修正那么明晰、明确。因而刑法修正目的的明确性实际上更多的是指具体条款修正目的的明确性。但这并不是说刑法修正的总体目的不存在或者不需要。刑法的基本理念等在一定意义上或许是这种整体性目的的翻版。

（二）目的明确性的实现

明确刑法修正的目的，存在两个基本条件：一是需要对现行刑法条文进行梳理，厘清存在的问题。二是修正时尽量做到修正条款本身的明确性。

第一，梳理刑法条文。梳理刑法条文是使修正目的明确的前提，只有确定前提，修正才可能具有针对性和目的性。比如，原刑法条文存在语言表述问题，修正的目的即是进行语言修正。对刑法条文存在问题的梳理是个长期工作，我国学者关于刑法典存在问题的研究成果较多，也提出很多可行性建议。因此可以由专门的机关如全国人大常委会法制工作委员会的相关机构进行工作，包括收集、统计刑法典存在的问题，进行调研等。

第二，增强修正条款本身的明确性。条文本身的表达方式也影响着刑法修正目的明确性的实现。修正条款本身应具有明确性也是罪刑法定原则的要求。对刑法总则的修正应尽量使用概括性语言，这是由总则不规定具体犯罪构成的特点决定的。上述已论及的修正目的的明确性实际上更多的是指刑法分则修正目的的明确性，因此这里的增强修正条款本身表达方式的明确性与总则修正使用概括性语言并不矛盾。

二、修正目的的理性化

修正目的的理性化是指在修正目的明确性的基础上，修正目的应是科学的，符合刑法发展趋势的。具体而言，随着社会矛盾的缓和、犯罪率的降低，社会对刑法修正的犯罪化、重刑化要求将逐渐改变，对刑法修正科学性的要求会不断提高，非理性的民意不再是刑法修正的理由，理性将成为评价刑法修正优劣的基本标准。同时，立法者对于刑罚"双刃性"的认识也将提高，刑事政策理论、刑法学理论、犯罪学理论将运用于刑法的修正，[1] 不理性有时也意味着野蛮骄横。贝卡里亚就其所处的时代曾指出，受到残酷的愚昧和富奢的怠惰宰割的软弱者在吞声饮泣；对于未经证实的或臆想中的罪犯所徒劳滥施的野蛮折磨正在变本加厉；不幸者最凶狠的刽子手是法律的捉摸不定，以及监狱的日益阴森恐怖。[2] 按照韦伯的说法，目标理性似乎具有一定的功利目标色彩，因而，能够科学解决犯罪问题，即是一种理性。事实上，理性主义即源于科学和实证的方法。这样来看的话，修正目的的理性化有工具理性的成分在内。但无论如何，刑法的修正首先应该排除情绪化的非理性修正。刑法蛮横恣意的非理性在西方中世纪和我国封建时代留下了臭名昭著的刑事立法和司法，现今的刑法修正坚持理性就是反对专断的刑事立法和司法，是在科学犯罪观、刑罚观的指引下对犯罪和犯罪人的科学认识和处理。

---

〔1〕　龚培华：《我国刑法修正的特点及发展》，《东方法学》，2010 年第 5 期。
〔2〕　［意］贝卡里亚：《论犯罪与刑罚》，黄风译，中国大百科全书出版社 1993 年版，第 6 页。

第四节　修正的谦抑性理念

谦抑性是现代刑法的优秀品质，它也在相当程度上决定了刑法的气质。谦抑主义不仅是刑法的解释与适用上应当考虑的，也是立法上应当考虑的。[1] 作为刑法的一项重要理念，谦抑性也是刑法修正所应遵循的。

一、谦抑性修正的必然

刑法谦抑性意味着刑法不能适用于所有的违法行为，而只能慎重地适用于必要的行为。刑法修正的谦抑性意味着不在万不得已的时候，不应修正刑法。谦抑性是就刑法的适用而言的，由于刑罚是产生痛苦的严重惩罚措施。因此刑法修正的谦抑性实质是要求入罪修正和加重处罚修正的谦抑性。刑法的修正不是纯粹规制犯罪的需要，其不仅是技术性的，现代刑法的权利刑法性质、宽容精神以及人文关怀因素在相当程度上是由谦抑性塑造的。

刑法修正的谦抑性是刑法观念转变的必然要求。市场经济的发展，使得我国的社会结构发生了深刻变革，市民社会与政治国家开始发生分离，而社会结构形态的变迁必然引起刑法功能、观念与文化的嬗变。[2] 这直接引起我国刑法从政治刑法向市民刑法转变。平等、自由、人权、正义等原本属于市民社会的美德便开始成为市民社会对刑法的要求。[3] 市民刑法要求刑法对市民社会领域的尊重——不得单纯为国家的利益任意侵蚀市民社会的领域；要求刑法充当起最后保障法的作用——服务于市民社会，同时恪守谦抑的价值准则，[4] 这使得人文关怀、民权本位等成为市民刑法的典

---

〔1〕　张明楷：《外国刑法纲要》，清华大学出版社 2007 年版，第 8 页。

〔2〕　陈兴良：《从政治刑法到市民刑法》，陈兴良主编：《刑事法评论》（第一卷），中国政法大学出版社 1997 年版，第 1 页。

〔3〕　田宏杰：《中西刑法现代化趋势之比较考察》，陈兴良主编：《刑事法评论》（第七卷），中国政法大学出版社 2000 年版，第 24 页。

〔4〕　姚建龙：《论刑法的民法化》，《华东政法学院学报》，2001 年第 4 期。

型特征。从我国刑法的现实来看，我国正处于政治刑法向市民刑法转变的阶段。[1] 1997 年《刑法》已经具有部分市民刑法的色彩，但仍然存在死刑过多等重刑化的政治刑法倾向。因此，在我国以刑法修正案作为刑法主要修正模式的情况下，在我国社会二元结构的背景下，刑法从政治刑法到市民刑法的转变，刑法修正的谦抑性是必然的选择。

二、修正谦抑的实现

谦抑性修正要求新罪的设立必须是最后手段，刑罚的设立应该是轻刑化和人性化的。有学者提出刑法立法上谦抑主义的实现需具备以下几个条件：第一，行为在大多数人看来对社会的威胁是显著的，是社会所不能容忍的；第二，对这种行为科处刑罚符合刑罚的目的；第三，对这种行为进行控制不会导致禁止对社会有利的行为；第四，对这种行为能够进行公平的、无差别的处理；第五，对这种行为进行刑事诉讼上的处理时，不产生质与量的负担；第六，对这种行为的处理不存在代替刑罚的适当方法。[2] 以上条件其实也正是从罪与刑两个方面论述的。

（一）修正的罪之谦抑

罪之谦抑的实现必须能够合理划定犯罪圈，尽量抑制新罪的设立。从国际形势来看，非犯罪化成为国际性的趋势。但也有学者认为从我国的现实来看非犯罪化并不可行。[3] 从理论研究和立法建议来看，基本上是对某行为应该"入刑"提出立法建议，典型的如性贿赂一度成为立法建言应"入刑"的焦点，只是最终没有被采纳。相反，提出应废除某罪的建议少之又少，11 个修正案只废除了一个罪名。从这个现实看，似乎我国刑法修正还存在一定的国家主义倾向。国际上普遍将无被害人犯罪和以自己为被害人的犯罪非犯罪化处理，如滥用毒品等违禁药物罪、赌博罪等，但我国

---

〔1〕　陈兴良：《从政治刑法到市民刑法》，陈兴良主编：《刑事法评论》（第一卷），中国政法大学出版社 1997 年版，第 43 页。

〔2〕　H. L. Packer, *The Limits of the Criminal Sanction*, Stanford University Press, 1968, p. 296. 转引自张明楷：《外国刑法纲要》，清华大学出版社 2007 年版，第 8 页。

〔3〕　陈兴良：《刑法的价值构造》，中国人民大学出版社 1998 年版，第 396 页。

仍然恪守侵害社会公共秩序这一抽象的所谓"被侵害的社会关系"的观念。因而罪之修正的谦抑在根本上需要观念的转变，即宽容观念的产生、确立并能够影响刑事立法。而一个国家的宽容程度与大多数民居的个性自由与独立思考程度成正比。[1] 在历史上，贸易所带来的平等和交流往往使这些地区和国家的人民更容易接受宽容的道理。但在我国，农业经济直至20世纪80年代末期仍占主导地位，这显然对宽容精神的产生具有一定障碍。公众和个人的宽容是官方宽容的社会基础，很难想象由宽容的个人所组成的宽容的大众会产生或容忍一个不宽容的官方。[2] 因此，宽容地看待某种犯罪行为直至将其从刑法中去除，看来是一个缓慢的过程。随着我国市场经济的发展，市场化和城镇化的扩大无疑会使宽容存在的社会基础更加坚实和宽广，罪之谦抑性修正的基础会逐渐具备并促使谦抑的最终实现。

（二）修正的刑之谦抑

与非犯罪化潮流相应的趋势是非刑罚化趋势，即减轻法律规定的对某些犯罪的刑事处罚，这些行为仍被认为是犯罪，但对待这些犯罪的方法与原有的刑事惩罚是不同的，人们致力于组织对监禁的替代方法，非刑罚化成为各国刑之谦抑的基本途径。[3] 从我国的传统观念以及社会现实来看，非刑罚化在我国显然是不可能的。但这并不影响刑之谦抑在我国一定程度上的实现，这就是通过轻刑化的方式达至刑之谦抑的实现。轻刑化受对犯罪认识的影响和对刑罚功能的理性判断，从我国的刑法修正的现实来看，虽有加重原刑罚的修正，但总的来看，刑罚修正处于趋轻的态势，特别是《刑法修正案（八）》废除13个罪名的死刑，《刑法修正案（九）》废除了9个罪名的死刑，使得刑罚形势的总体强度大大减轻。我国刑罚正走向轻刑化趋势的结论应该能够成立。

---

〔1〕　〔美〕房龙：《人的解放》，郭兵、曹秀梅、季广志译，北京出版社1999年版，第3页。
〔2〕　同上，第4页。
〔3〕　陈兴良：《刑法的价值构造》，中国人民大学出版社1998年版，第413—414页。

第五章

刑法修正的技术基础

第一节　刑法修正方式的规范解释

相对于其他规范性文件的修正而言，刑法修正具有更多的方式，诸多修正方式共同承担着刑法修正、发展的使命，但它们具有不同的个性及其自身独特的作用。本部分就修正案与刑法典、单行刑法、附属刑法、刑法立法解释的关系进行规范性界说。

一、刑法修正案与刑法典

刑法修正案与刑法典的关系是个老生常谈的话题。从既有文献看，存在刑法修正案如何援引、刑法修正案条文和原刑法条文关系的争议等诸多需要解决的问题，这说明刑法修正案和刑法典的关系并不是一目了然的。刑法修正案并不是刑法文本，刑法修正案在生效后即不再具有立法和司法的意义。但在修正案成为刑法主要修改方式的情况下，刑法的生命和发展与刑法修正案又具有绝不可分的关系。

（一）刑法修正案并不是刑法文本

刑法修正案是对刑法典相关条款的修正，因此修正案条款是对刑法典中原有条款的替代，故修正案和刑法典在内容上是替代关系。严格来说，修正案中"如何修正"的内容才与刑法典中被修正条文是替代关系。按照《立法法》第 59 条第 2 款的规定，法律被修改的，必须公布新的法律文本。因此刑法修正案出台并依其颁布新的刑法典，意味着新的刑法文本即已形成。刑法修正案具有表明该修正案生效时间的条文，实际上是指修正案具体条款的生效时间。因此刑法修正案的生效时间实质上是指修正后的新的刑法文本的生效时间。在新的刑法文本生效后刑法修正案即不再具有意义，刑法修正案只是新旧刑法文本之间的一个过渡、桥梁而已，刑法修正案能够告诉阅读者旧的刑法文本何时被修正以及进行了何种修正。

刑法修正案之于旧的刑法文本是其发展的形式，但对于新的刑法文本而言不再具有意义。因此刑法修正案在生效后于司法判决中援引时，必然是援引修正后的刑法文本，而绝不应援引刑法修正案。我国关于刑法修正案如何援引的争议实际上没有区分刑法修正案与刑法新旧文本之间的关系，继而忽视了刑法修正案是对原刑法条文的替代这一根本性问题，必然在刑事判决书中同时援引刑法修正案和刑法条文。同时援引刑法修正案和刑法条文确实能够使让当事人明白具体的判决依据，也能将刑法的发展变化清楚地显示出来。[1] 但刑事判决书的意义在于刑事责任问题的解决和一定程度上对当事人的说服，刑法的发展变化对于判决书中的受害人和被告人而言不具有任何意义。解决刑事责任问题的刑事判决依据的是刑事实体法，有此依据就够了，无须向当事人说明该依据的由来，因此刑法修正案的援引并不必要。如果要援引刑法修正案，势必出现一种不可思议的现象，若一个刑法条文被数个修正案修正，在援引时理应依次援引之前的数个修正案，因为仅援引最新的一个修正案无法说明刑法的发展变化。但这种援引在判决书中显然是不太适当的。美国其宪法修正案可以在判决中直接援引，因为其宪法修正案是相关内容的直接表述，其中并不含有我国刑法修正案中"在×××条增加一条（款）作为×××"，或者"将×××条修改为"等"如何修正"的表述。如果刑法修正案采用类似美国宪法修正案的表述方式，刑法修正案就可以成为刑法的渊源之一并被直接援引。刑法修正案不是刑法文本，也不是刑法的渊源，其意义仅仅在于生成新的刑法文本。

---

〔1〕 卢勤忠：《我国刑法修正案立法的问题及对策》，《南京大学学报》（哲学·人文科学·社会科学），2009 年第 3 期。

（二）刑法修正案与刑法发展

在刑法修正案和新旧刑法文本的关系上，刑法修正案在修正旧刑法的基础上使新的刑法文本得以产生，在新的刑法文本产生后刑法修正案的使命实际上已经完成。在刑法新文本持续适用之后如果需要对其继续修正，则会再产生一个刑法的文本。因而在目前刑法修正案是刑法修正主要模式的情况下，刑法修正案是刑法发展、进化的形式动力。在刑法修正案改变原有个罪成立条件、新设或废止某一个罪或做其他改变时，刑法修正案使刑法典具有了开放性功能，刑法典的僵化性在一定程度上被打破。这一问题会在后面的论述中详加分析。

刑法修正案与刑法发展的此种关系是良性的，但在形式上会产生一个不容忽视的问题。按照《立法法》第 59 条第 2 款的规定，法律部分条文被修改或者废止的，必须公布新的法律文本。严格按照这一规定执行的话，目前我国会根据 11 个修正案的出台依次出现 11 个刑法文本。这种情况很可能更会导致一种混乱和误解，并给人不严肃的感觉，特别是在两个刑法修正案间隔时间较短时这种不严肃感会更加强烈。如《刑法修正案（二）》和《刑法修正案（三）》之间仅仅间隔 4 个月，如果在这两个修正案公布后分别公布新的刑法文本，就容易使人产生刑法的随意性之感。我国并没有在每个修正案公布后公布新的刑法文本，有学者认为最高立法机关如果在每次修正之后，迅速公布修正之后的刑法典条文，那么公民和司法人员在学习刑法典时，就有一个统一的文本和统一的格式，这样就比较直观，容易学习和掌握，容易培养公民对规则的认同、忠诚。[1] 这种说法有一定的道理，毕竟有个及时出台的修正后的刑法典文本，的确方便学习使用。但如果频繁出现新的刑法典也会不当地增加学习的困难，公众对刑法的认同和忠诚可能会在这种频繁变化中弱化。因此，我国立法机关没有在每次修正案出台后公布新的刑法文本并不是没有意识到《立法法》第 59 条第 2 款的规定，不公布新的刑法典应该是有意而为，以减少统一的刑法典频繁变动的情况，能够在一定程度上维护刑法典的权威性和安定性价值。

---

〔1〕　吴情树、夏晨旭：《试论我国刑法修正技术的改进》，《山东警察学院学报》，2009 年第 6 期。

二、刑法修正案与单行刑法

刑法修正案在我国第一次出现是在 1999 年，相对于单行刑法而言，刑法修正案在我国的历史要晚得多。单纯从形式上看，二者的差异比较明显，在应用背景、具体功能等两大方面具有深层次的差异。

（一）应用背景差异

单行刑法或者说特别刑法是我国刑事立法最初的一种形式，早在民国政府时期即已颁行了维护政权稳定、惩治职务犯罪、惩治经济犯罪、惩治危害社会治安犯罪、惩治毒品犯罪、惩治军事犯罪以及涉及刑事执行等七大类单行刑法。[1] 中华人民共和国成立之初到 1979 年《刑法》颁行前后，共颁布了 14 个"决定"，8 个"补充规定"以及 1 个《惩治军人违反职责罪暂行条例》，1997 年《刑法》出台后又于 1998 年颁行了一个《关于惩治骗购外汇、逃汇和非法买卖外汇犯罪的决定》，以应对诸多情况下刑法法条缺失的局面，这些"决定""补充规定"和"条例"仅仅是名称的差异，实际上都是单行刑法的具体形式。[2] 我国第一个刑法修正案是在 1997 年《刑法》适用两年之后颁布的。单纯从时间上看，单行刑法无论有无刑法典均可以适用，刑法修正案则只能在刑法出台后才可以适用。

从单行刑法适用的具体情况来看，由于其主要基于规制新的经济犯罪行为而出台，因而可能具有"应急性"，是在刑法条文没有规定或规定不完善的情况下制定以备现实之需。但从社会现实变化的恒久性来看，这种应急性不可避免，因而单行刑法也会长久存在。刑法修正案是针对刑法本身既有条文进行的修正，因而是对既存法条的变革，这种变革或者是修改原条文，或者是废止原条文，或者是在原条文的基础上增加新的规范。但无论何种改变，修正案的存在取决于刑法典本身的存在，进一步而言取决于刑法具体条文的存在。刑法修正案依附于具体条文存在的局面使得修正

[1]　赵秉志、于志刚：《中国台湾地区之单行刑法要论》，《湖南省政法管理干部学院学报》，2001 年第 1 期。

[2]　张波：《关于单行刑法的立法技术的历史考察和展望》，《安徽大学法学评论》，2007 年第 2 期。

案具有对刑法某一具体条款修正的可能，由此，"刑法修正案"的说法或许就不太准确，严格来说应称为"刑法第×××条修正案"，尤其是在修正条文较少的时候这种说法或许更为合适。如2001年8月31日出台的《刑法修正案（二）》，仅仅是对《刑法》第342条的修正，因而完全可以使用"刑法第342条修正案"的措辞。但大部分情况下刑法修正是对多个条文同时进行修正，因此以"刑法第×××条修正案"命名并不现实。这也正说明了作为对具体刑法条文修正的刑法修正案必须而且仅仅依附于刑法条文而存在的事实。

因此，刑法修正案的应用取决于刑法典的存在，单行刑法的存在与刑法典并没有直接联系。这种联系的程度取决于一个国家既有刑事立法本身的完善程度。可以这样说，一个国家的刑事立法越周全，单行刑法的使用就越少。从我国1997年《刑法》颁布后只有1998年12月29日一个"决定"出台而此前存在14个"决定"也可以印证这一结论。

（二）具体功能差异

单行刑法具有创制新罪名，解释新概念，调整犯罪主体、犯罪成立要件、法定刑以及修改时间效力等功能，[1] 刑法修正案具有补充和增设新罪等功能，即立法机关针对社会上新出现的刑法典未规定为犯罪的严重危害行为，通过颁布刑法修正案的方式将之规定为犯罪，该功能有利于突破刑法典的局限性。[2] 其实对刑法修正案的该种功能还可以从更细致的角度进行审视。根据以上关于刑法修正案和单行刑法应用背景的分析，刑法修正案如果仅仅依附于刑法具体条文而存在这一结论成立的话，修正案增设新罪的创新功能就值得怀疑。刑法修正案是对刑法原有条文的修正，因而增设新罪仅仅存在于现有条文对相关行为已经作出规定但不完善的情况下，或者虽没有具体条文规定但在刑法分则目前十类犯罪客体中已经有其他规定的情况下才适用。如果新出现的犯罪客体无法为目前既有客体包含，那么刑法修正案就无法依附于某一具体条款而存在，修正就无从谈起，毕竟"修正"之本意乃在于"改正，修正使其正确"。如果勉强将不是同类客体

---

〔1〕 段立文：《简述十年来单行刑事法规对刑法的补充、修改》，《当代法学》，1991年第2期。
〔2〕 黄京平、彭辅顺：《刑法修正案的若干思考》，《政法论丛》，2004年第3期。

的犯罪或出现的新客体之新犯罪归于某一法条之下，显然有悖于刑法分则各罪按同类客体划分的逻辑。事实上，这种不恰当在我国刑法修正案中已经出现了。[1] 因此刑法修正案的创设新罪功能仅仅存在于其客体为目前刑法分则既有犯罪客体所包含的情况下。但根据社会现实的多变性以及人类生活的复杂性，新的目前未被认识的客体会不断出现，在这种情况下，修正案的创设新罪功能无疑无从谈起。此时修正案的创设新罪功能必须由单行刑法来实现。单行刑法不依赖于刑法典存在，其存在取决于社会形势的变化，其内容不依附于行政、经济、民事法律的内容，这使得创新功能成为单行刑法的核心。[2] 因此在具体功能上，修正案的创新功能与单行刑法相比是受到既有刑法典的限制的，而完全依托于社会现实的单行刑法能够紧跟社会现实的变化，可以说其几乎不受限制。

刑法修正案对犯罪圈的调整和刑罚结构的调整能够在相当程度上改变刑法的既有理念，但刑法修正案是在刑法范围内的修正，因此必须做到刑法修正与刑法基本原则的协调，与刑法总则规定的协调，与分则性条款中相似相近的规定相协调，同时也应注意与同一规范的不同内容之间相协调。[3] 可以将协调性归纳为修正案应与既有刑法规定相协调。单行刑法在通常情况下应该和刑法典相协调、统一，[4] 在刑法典规定不完善的情况下这种统一很重要。如果刑法典没有规定，单行刑法在相当程度上要突破既有刑法的规定和理念，因而在某些方面突破刑法限制的情况就会发生，单行刑法与刑法典的统一就难以实现。刑法修正案如果突破了这种协调性创制为目前刑法犯罪客体无法包含的犯罪，无疑有越俎代庖之嫌。

关于刑法修正案和单行刑法，对其共同的创设新罪之创新功能必须加以审慎对待，二者界限上的模糊很可能使得刑法修正案名不符实进而危及刑法的统一。因而有学者认为，我国有悠久的刑法典编纂传统，且当前的刑法典足以应对急遽的社会变迁，故没有必要在"解法典化"的影响下盲

〔1〕 齐文远、刘代华：《关于中华人民共和国刑法修正案第 1 条的研讨》，《法商研究》，2001 年第 2 期。
〔2〕 郝兴旺：《我国单行刑法的若干基本理论问题研析》，《法学家》，1999 年第 4 期。
〔3〕 王政勋：《刑法修正论》，陕西人民出版社 2001 年版，第 80—83 页。
〔4〕 熊万林：《单行刑事法律若干问题研讨》，《法学评论》，1993 年第 3 期。

目采用特别刑法模式。[1]

三、刑法修正案与附属刑法

刑法修正案与附属刑法之间最需要厘清的问题是，在什么情况下可用附属刑法的方式修改刑法，什么情况下应用修正案方式修改刑法。进而言之，采用修正案的方式修正刑法和采用附属刑法的方式修正刑法是否有界限。在同一个问题上修正案和附属刑法是否均可采用。下面分别从二者存在的内容差异和功能差异两个方面对此加以论述。

（一）内容差异

附属刑法，是指除刑法典、单行刑法、刑法修正案等刑法渊源以外，在经济、行政、民事等法律中规定有犯罪和刑罚的条款，学界又称之为散在型特别刑法，也有学者称之为非刑事法律中的刑法规范。[2] 附属刑法之附属性专指其附属于经济、行政和民事等非刑事法律，因此其存在于经济、行政和民事等非刑事法律中。根据我国《立法法》的规定，行政法规只能由国务院制定，同时《立法法》第 8 条第（四）项规定，犯罪和刑罚事项只能由全国人大和全国人大常委会以法律的形式予以规定，因此，在我国行政法规、管理条例及行政命令中不可能出现附属刑法条款。从我国的实际来看，附属刑法主要存在于一些经济法律中，如《中华人民共和国反垄断法》。附属刑法的存在仍然是应对急剧变化的社会现实而产生，但刑法典的安定性本质要求不应频繁修改刑法典，而在某一新型犯罪行为出现时，如《中华人民共和国反垄断法》第 52 条规定的"对反垄断执法机构依法实施的审查和调查，拒绝提供有关材料、信息，或者提供虚假材料、信息，或者隐匿、销毁、转移证据，或者有其他拒绝、阻碍调查行为"的，显然对此单一行为专门制定单行刑法势必导致大量的单行刑法出现，整个刑事法律体系的系统性会受到影响，此种情况下附属刑法的制定就成为必要。因此就犯罪类型而言，附属刑法专门针对易变的社会现实作

---

〔1〕　高铭暄、郭玮：《我国刑法修正模式辨正》，《法学杂志》，2018 年第 12 期。
〔2〕　高铭暄主编：《刑法学原理》（第一卷），中国人民大学出版社 1993 年版，第 238 页。

出反应，故其多涉及一些新型的较为复杂的犯罪，并不关涉传统型犯罪。

附属刑法规制的多是易变的经济性犯罪，从犯罪性质上看往往属于非暴力的较传统犯罪情节较轻的轻微经济犯罪和行政犯罪，[1] 即相对于刑法典规定的犯罪而言，附属刑法中的犯罪只能是社会危害性或者法益侵害性比较低的。换言之，严重的刑事犯罪只能规定在刑法典中，而不能由附属刑法规定。[2] 从目前刑法修正案的应用来看，其可以"无所不能"，从总则到分则，从罪的构成到刑罚的调整，均可以采用修正案的形式进行。因此刑法修正案对刑法的修正并不受犯罪类型和犯罪性质的限制。虽然我国8 个刑法修正案修正的内容多是经济性犯罪，[3] 但这并不影响附属刑法规范和刑法修正案在对某类犯罪修改上的区别。

（二）构成差异

附属刑法附属于非刑事法律，脱离了其所依存的民事、经济、行政等法律，附属刑法自然无从谈起。在此意义上，附属性是其重要特征。[4] 附属性决定了附属刑法的根本构成特征，即以非刑事法律的存在为前提，非刑事法律成为附属刑法的前置性法律。典型的附属刑法规范仍然由罪状和法定刑两部分构成，罪状部分一定是和前置性法律的规定有关的，并且罪状在刑法典中并没有作出规定，法定刑可以由附属刑法条文直接规定，也可以援引刑法典中的其他条文。附属刑法的罪状在非刑事法律中独立规定的特征使其真正具有了补充刑法适用的功能。在许多非刑事法律中经常有"构成犯罪的，依法追究刑事责任"的表述，在这种表述之前即使有具体的行为方式描述，却没有作出如何加以刑事处罚的法定刑规定，这并不能被认为是附属刑法规范，因为这种规定并不能在刑事判决中援引适用。"构成犯罪的，依法追究刑事责任"的规定实际上只是强调性和提示性的规定，在刑法典中已有对该行为方式构成犯罪的具体规定时，强调性和提示性意义就更为明显。因此该种"构成犯罪的，依法追究刑事责任"的规

---

〔1〕 高铭暄、赵秉志编著：《新中国刑法学研究历程》，中国方正出版社 1999 年版，第 316 页。

〔2〕 吴情树、陈开欢：《附属刑法规范的理性分析与现实选择》，《福建警察学院学报》，2008 年第 5 期。

〔3〕 高铭暄、吕华红：《论刑法修正案对刑法典的修订》，《河南省政法管理干部学院学报》，2009 年第 1 期。

〔4〕 孟庆华、樊书哲：《附属刑法的基本构成特征探析》，《学理论》，2010 年第 11 期。

定并不是附属刑法规范。附属刑法规范的构成必须具备以下三个条件，即存在于非刑事法律中，有独立的罪状描述且刑法典中没有对该种行为构成犯罪作出规定。刑法修正案作为刑法典的一部分，其罪状和法定刑的规定并没有区别于刑法典的独特之处，但修正案的构成必须以刑法典的存在为前提。因此，附属刑法附属于非刑事法律，刑法修正案则附属于刑法典。这种附属性质不仅决定了这两种不同刑法规范存在的状态，在深层意义上还具有符合我国法律体系的二元结构意义。

从性质上看，前置性法律一般是行政管制法律，行政罚则在该种法律中有明确的规定，在非刑事法律中附属刑法的规定和刑法的规定相衔接。如果没有行政罚则规定于前，则不会有附属刑法的规定。在我国法律体系中，根据行为的危害程度，分别将其划入行政处罚和刑法两个领域，"违法"与"犯罪"有严格的界限和分水岭。[1] 如果没有行政罚则而直接规定附属刑法规范，明显不合我国行政管制和刑法处罚的二元立法体制。因此，附属刑法规范还必须具备第四个构成要件，即已有行政罚则的规定。从附属刑法存在的实际来看，罚则中也都是先表述行政处罚，再表述刑事处罚。因而严格来讲，附属刑法之附属性应附属于行政罚则。附属刑法的这种性质也决定了其必然以分散的形式存在，虽国外有编纂型附属刑法立法模式，但只提纲挈领地指出某种经济犯罪行为的出处，其实质内容由具体的经济法规加以规定。[2] 因此在适用的时候仍然无法单独直接援引该法律的规定进行刑事处罚，其存在实质上仍然是分散型的。这种存在的方式和刑法修正案的集中性、"微型"法典化的方式显然区别较大。

四、刑法修正案与刑法立法解释

刑法修正案和刑法立法解释乃基于不同的需要而产生，二者在存在前提、性质、产生程序和未来发展趋势四个方面存在差别。

（一）前提差异

需要进一步加以规范的事项可以采用修正案的形式，也可以采用立法

---

〔1〕 于志刚：《刑法修正何时休》，《法学》，2011 年第 4 期。
〔2〕 孟庆华：《附属刑法的立法模式问题探讨》，《法学论坛》，2010 年第 3 期。

解释的形式，但并不是任何需要进一步调整的事项都可以没有差别地使用这两种形式。基于具体事项的不同，二者在此方面存在重大差别。

有学者将刑法立法解释的类型分为明确条文型、裁断分歧型、修改补充型三种类型，明确条文型刑法立法解释是对刑法条文进一步的界定，其实质是不超越法律文本原意的细化规定。裁断分歧型刑法立法解释是在最高人民检察院和最高人民法院形成分歧不能达成共识时进行的裁断性解释。修改补充型刑法立法解释是对不确定或不很确定的法律条文含义补充缺漏、扩充含义而非具体执行或字面意义的理解说明。[1] 这是按照刑法解释的功能类型和原因类型进行的分类。[2] 这其实也可以看作是刑法立法解释存在的前提，即在需要进一步明确条文含义、裁判存在分歧以及需要补充条文含义三种情况下可以采用刑法立法解释的形式。因而刑法的立法解释无论是何种类型都具有一个共同的前提，即原条文本身存在需加以厘清的问题或者产生有分歧的理解。对刑法条文的理解产生分歧可能并不是刑法条文本身的问题，或者是由于社会现实的变化导致，或者是司法者由于自身的知识、经验和阅历等导致，在该种情况下，必须采用刑法立法解释的方式予以澄清。在刑法条文本身存在问题时采用刑法立法解释的方式还是刑法修正案的方式，必须依据条文本身存在的具体问题对二者选择适用。在刑法条文本身比较概括、立法过粗时应采用立法解释的形式予以细化，此时不宜采用刑法修正案的方式。在刑法条文需要废止时只能采用修正案的形式而不可采用立法解释的方式。在刑法条文需要根据社会形势的变化改变犯罪成立的条件以及刑罚规格时必须采用刑法修正案的方式进行。这是由立法解释的主体以及主体的权限决定的。在我国，有的学者认为，只有在刑法施行过程中立法机关对发生歧义的规定所做的解释才是真正意义上的刑法立法解释。[3] 在这种情况下，刑法立法解释的适用范围就更狭窄。在刑法解释的该种界定下，在需要改变原有的刑法规范或者增加新的刑法规范时应采用修正案的方式，需要对原有刑法规范的含义进一步

---

〔1〕 刘晓莉、贾国发：《论刑法立法解释之废止》，《理论界》，2004 年第 4 期。
〔2〕 刘艳红：《刑法立法解释若干问题新析》，《华东政法学院学报》，2007 年第 1 期。
〔3〕 张明楷：《立法解释的疑问——以刑法立法解释为中心》，《清华法学》，2007 年第 1 期。

明确时需采用刑法立法解释的方式。[1]

（二）性质差异

正是上述适用范围和存在前提上的差异，导致二者具有截然不同的性质。刑法立法解释是对刑法的明确和补充，是在刑法原规定基础上的进一步延伸，因此其不应超越刑法的既有规定，不能突破刑法既有规定预示的可能范围，这使得刑法立法解释在性质上具有受刑法限制的特点。刑法立法解释受刑法限制并不是说该种解释必须和刑法完全一致，否则解释就没有必要了，因此刑法立法解释在有些时候会对现有规定作适当的扩张。[2]但立法解释的该种规定仍然只是在已有规定的基础上进行的，尤其是需要明确刑法条文的刑法立法解释时更是如此。正如学者所言，刑法立法解释在立法文本的意义射程内作出才是合刑法目的性的。[3]也正因此，并不好将刑法立法解释看作一种立法活动。

相对于刑法立法解释的这种受限性和补充性，刑法修正案虽然在形式上依附于刑法，但在内容上是对刑法既有规定的变革、完善或颠覆，因而刑法修正案具有强烈的立法性，虽名为"修正"但更似"立法"，在新设犯罪或废止犯罪时更是如此。刑法立法解释并不具有"立法"性质，刑法修正案名为修正但实为立法。

（三）程序差异

刑法修正案和刑法立法解释在程序上大体是一致的，都经过提出并拟定议案、审议草案、表决公布使法案通过等几个大的阶段。但是刑法立法解释和刑法修正案基于上述性质的不同，在通过的程序上仍然存在重要差别。根据《立法法》第 48 条的规定，刑法立法解释草案经常务委员会会议审议，由法律委员会根据常务委员会组成人员的审议意见进行审议、修改，提出法律解释草案表决稿。第 49 条规定，表决由常务委员会全体组成人员的过半数通过。刑法修正案属于立法，是正式的立法活动，因此按照《立法法》第 29 条的规定，一般应当经三次常务委员会会议审议后再交付

---

〔1〕　刘丁炳：《刑法立法解释问题探析》，《国家检察官学院学报》，2008 年第 2 期。
〔2〕　唐稷尧：《事实、价值与选择：关于我国刑法立法解释的思考》，《中外法学》，2009 年第 6 期。
〔3〕　徐岱：《刑法的立法解释论》，《吉林大学社会科学学报》，2003 年第 6 期。

表决。同时按照《立法法》第 20 条的规定，经各代表团审议的法律草案表决稿，由宪法和法律委员会（原法律委员会）根据各代表团的审议意见进行修改，提出法律草案表决稿，由主席团提请大会全体会议表决，由全体代表的过半数通过。第 30 条规定，部分修改的法律案，各方面的意见比较一致的，也可以经一次常务委员会会议审议即交付表决。因此，按照《立法法》第 20 条和第 30 条的规定，对刑法修正案的表决，全国人大和全国人大常委会均可进行，由全体代表的过半数通过即可。从我国刑法修正案表决通过的情况来看，虽然目前 11 个修正案均是由全国人大常委会表决通过的，但并不意味着将来不会由全国人大表决通过。这一点也得到了我国学者的肯定。[1] 因此，刑法修正案的表决通过在具体程序上要比刑法立法解释严格得多。这种程序的差异也印证了刑法修正案具有立法性质的观点。

（四）未来走向

从我国的现实来看，刑法修正案会成为今后我国刑法修正的主要方式。这一观点在本文绪论中作了交代，许多学者对此也作出了论证，学界争议很少。但对刑法立法解释存在较大争议，有废止论、肯定论和在肯定基础上的限制论三种主张。[2] 立法解释在我国目前已经颁布了 13 个，无论理论上对其存在的争议如何，立法解释的方式在我国肯定会继续使用。但立法解释过多，必然造成膨胀的立法解释将刑法淹没，从而会损害刑法的权威性。因此，刑法立法解释的适用受到限制也是一种必然趋势。

第二节　刑法修正目的条款的表达

从我国目前刑法修正方式看，只有刑法修正案存在语言表达上的特殊性，这也是刑法修正案不是刑法文本的重要原因。因此，本章仅从刑法修正案的语言进行论证。

法律是一种语言机构，法律是用语言制定的，那些用来构成法律的概

---

[1] 王政勋：《刑法修正论》，陕西人民出版社 2001 年版，第 32 页。
[2] 刘艳红：《刑法立法解释若干问题新析》，《华东政法学院学报》，2007 年第 1 期。

念只能通过语言才能为人们所理解。[1] 同样地，刑法修正案是修正刑法的，如何修正必须以语言的形式告诉读者。刑法修正案具有"如何修正＋修正内容"的结构，"如何修正"的语言不同于刑法典对规范进行表述的语言，这种语言差异构成了刑法修正案的基本特征。本章从刑法修正案的目的条款用语和修正用语两个方面论述刑法修正案的语言规则。刑法修正案的目的条款，是指在修正案开头表明修正目的的条款。一般地，该条款均以"为了"开头。从其他法律的立法表述来看，许多法律都以"为了……"作为目的条款。我国《刑法修正案（一）》到《刑法修正案（四）》均有目的条款，从《刑法修正案（五）》到《刑法修正案（八）》则没有该条款，《刑法修正案（十）》又出现了该表述。"为了……"条款反映了修正案的直接目的，但刑法修正的目的条款和刑法的目的条款并不完全一致，修正案的目的条款具有自己的特点，在不同语境下目的条款具有不同意义。

一、修正案"为了"的界说

（一）"为了"的一般法律意义

在汉语中"为了"表示具有一定目的，为人或事情着想，引导目的状语从句。在我国古汉语中，一般使用的是"为"字，如"愿为市鞍马，从此替爷征""凡君之所毕世而经营者，为天下也""慎勿为妇死""为宫室之美，妻妾之奉，所识穷乏者得我欤""今为宫室之美为之"等句中"为"字的用法均和"为了"同义。在现代汉语中，有时也用"为"字表示"为了"的意思，如"为中华之崛起而读书"。有时"为"字也表示"替"的意思，此时和"为了"的意思完全不同，如"我为你买了一本书"，此中"为"字表示"替"或"给"的意思，而不具有目的性。出于白话文表述的习惯，通常情况下使用的是"为了"。我国颁行的法律中第 1 条一般是目的条款，通常是以"为了"开头引导出本部法律制定的目的。

法律的目的条款是立法者自身的主观愿望，即"为了"某目的才制定

---

〔1〕 ［美］约翰·吉本斯：《法律语言学导论》，程朝阳、毛凤凡、秦明译，法律出版社 2007 年版，第 2 页。

某法律，反映了在立法者立场下的思维。如果从被制定的法律的立场来看，这种目的似乎并不是被制定的法律的目的，严格地说，应属于被制定法律的任务或功能。将某部法律的第 1 条作为立法目的，实际上是表达立法者的立法目的，而不是本部法律的目的，法律的第 2 条通常规定该部法律的任务，这才是该部法律的目的。因此，法律中的"为了"条款的意义实质是在告诉读者该部法律制定的背景。但通常情况下，目的条款中对这种背景的表述是比较粗略和宏观的，因此对法律的解释意义往往并不明显。

（二）修正案"为了"的特征

第一，表明修正的原因性。目的条款是立法者制定法律的目的，因此表明了立法者主观上欲达至的追求或者说表明了制定法律的原因，如《刑法》第 1 条规定的"为了惩罚犯罪，保护人民……制定本法。"《刑事诉讼法》第 1 条规定的"为了保证刑法的正确实施，惩罚犯罪，保护人民……制定本法。"这种表述在意义上完全等同于"因为要惩罚犯罪，保护人民……制定本法"，"因为要保证刑法的正确实施，惩罚犯罪，保护人民……制定本法。""为了"和"因为"此时在表明法律制定原因的意义上是相通的。从我国《刑法》前四个修正案对"为了"的使用来看，其表述都是"为了惩治……对刑法作如下补充修改（修改和补充）"。这就反映了刑法修正的原因，修正案的目的条款首先具有说明修正原因的作用。

第二，反映修正的工具性。从修正目的用语的表述来看，其是为了惩治某种犯罪，保障某种秩序或保护某种利益，这反映了刑法修正的工具性特征，即修正是为了实现立法者的某种目的而进行的。维拉曼特将法律的目的归纳为 10 种，即实现神的意志，使人的个性获得最充分的发展，给每个人以应得的权益，维护社会秩序，使个人得以在社会自由活动，使最大多数人能获得最大幸福，使公民履行其义务，维护社会制度的安全，实现平等以及达到人类需求的最大满足。从法律制度的起源来看，其主要的目的是维护和平，为此目的，大量法律规则都可作为刑事规则。但并非一切犯罪行为都是通过惩罚来处理的。[1] 法律并不能为了惩罚而存在，而是通过惩罚达

---

[1] ［澳］维拉曼特：《法律导引》，张智仁、周伟文译，上海人民出版社 2001 年版，第 300 页。

到维护社会秩序、保障公民权利等效果，惩罚只是实现这种最终结果的一种手段，或许这也是维拉曼特没有将惩罚犯罪归纳为法律目的的原因之一。

在陈兴良教授看来，我国刑法正进入到市民刑法阶段，[1] 人权保障成为这一阶段刑法的重要特征。在社会防卫思想下，刑法已走在反对传统的报复性的刑罚惩罚制度，预防（犯罪）、保护（受害人）和安置（犯罪人）的道路上。[2] 因此刑法的立场也由惩罚转向预防。我国1997年《刑法》采用"为了惩罚犯罪，保护人民"的表述方式，体现出刑法的传统立场，在今天的刑法观念下，这种目的表述并不合适，将惩罚犯罪作为刑法目的的体现了惩罚主义倾向，而惩罚主义倾向很容易陷入重刑主义，任何时代的刑法都不能摆脱惩罚犯罪的本性，但此本性只宜作为刑法达到某种合理目的的手段，而不是将手段与目的相混淆。[3] 遗憾的是，刑法修正案仍然沿袭了刑法的该种惩罚式表述，只是将刑法的"惩罚"一词改为"惩治"而已，实质意义没有发生变化。"惩罚"与"惩治"的意义基本相同，但刑法修正案和刑法使用的并不是同一个"惩罚"而是"惩治"，其原因在于刑法"惩罚"后面搭配的是"犯罪"一词，一种最广义的犯罪，修正案使用"惩治"一词基于适用的对象是某种或某类具体的犯罪，使用"惩治"更为具体贴切一些。但这只是词语的习惯用法问题，并没有改变"惩治"的"惩罚"色彩。因此修正刑法的目的并不能界定为作为工具性手段的惩罚。

第三，体现修正的逻辑性。从目的条文的用语来看，立法者修正刑法是为了惩治某种犯罪行为，此中存在的逻辑就是立法者认为一定会发生某种犯罪行为，并按目前规定不足以惩处这种犯罪行为，因此需要修正刑法予以惩治。这是立法者的意思表示，并建立在立法者的权力基础之上，同时还必须具备有犯罪行为出现这一现实要件。换言之，"为了"体现出立法者内心世界的真实想法，同时字面意义上体现的是一种可能，但处罚实质上需要的是客观真实。哈贝马斯提出"三个世界理论"，认为人类活动所涉领域可以分为三个部分，一是自然的外在客观世界，它要求"真实

〔1〕　陈兴良：《从政治刑法到市民刑法——二元社会建构中的刑法修改》，《刑事法评论》（第1卷），中国政法大学出版社1997年版，第40页。
〔2〕　王宏玉主编：《刑事政策学》，中国人民公安大学出版社2008年版，第80页。
〔3〕　马荣春：《刑法完善论》，群众出版社2008年版，第28页。

性"；二是人与人之间形成的社会世界，它要求"正确性"；三是人的内心世界，它要求"真诚性"。[1] 在立法者的立场上刑法修正是"为了惩治……"，反映了立法者的内心世界，立法者真诚地希望以此惩罚犯罪行为，并且立法者基于国家权威认为这种为了惩治而进行的修正具有社会意义上的正确性，但惩治的实现必须依托客观外在出现犯罪行为这一真实性问题。"为了"勾连起三个世界和三种不同要求，反映出"为了"能够发挥作用的逻辑进路，因而修正案的目的条款赋予修正的逻辑正当性。

第四，折射目的条款的不必要性。刑法修正案"为了……"的目的条文从表述上看与刑法的目的条文表述基本一致，都是为了惩治某种犯罪行为，保障某种秩序或保护某种利益而对刑法作出修正或制定。从修正案的性质来看，这种表述存在一定的问题。刑法修正案是修正刑法的，修正的原因在于刑法条文的规定出现了问题，换言之，制定修正案是为了修正刑法。从前述修正案和刑法的关系来看，修正案本身并不可以直接适用，因而修正案并不具有直接的惩治、保护或保障的功能，这种功能是修正后的刑法承担的。修正案的意义在于产生新的刑法条文，告诉读者刑法是在何时以及如何被修正的，在促成刑法修正后其意义仅在于此，因此修正案的"为了"仅在于为了修正刑法。从我国刑法修正案使用的"为了"条款来看，只有前四个修正案和第十个修正案有，其他修正案没有使用该条款。其原因在于，有"为了"条款的修正案每一个都是基于一种或多种同类犯罪修正的，如《刑法修正案（一）》是基于市场经济犯罪修正，《刑法修正案（二）》是基于非法占用农用地罪修正，《刑法修正案（三）》是基于恐怖活动犯罪修正，《刑法修正案（四）》是基于市场经济犯罪、社会管理秩序犯罪和渎职三类犯罪进行修正，《刑法修正案（十）》是基于惩治侮辱国歌的犯罪行为。修正案修正的内容和犯罪的类别增加，如果将修正的这些内容均在目的条款中表述出来则显得过于冗长、啰唆，实际上也无必要如此表述。或许刑法修正案对"为了"条款的使用纯粹与表述是否方便有关。按照法律用语一致性原则，在后几个修正案中理应采用同样的表述方式。成文法中的所有用语都是有用的、必要的、不多余的，而且应当发生

────────────

〔1〕 章国锋：《关于一个公正世界的"乌托邦"构想——解读哈贝马斯交往行为理论》，山东人民出版社 2001 年版，第 22 页。

相应的法律效果，虔诚的咒语、单纯的宣言达不到这种效果，因此这种目的条款不应出现于成文法中。[1] 实际上，除我国刑法之外，世界上其他许多国家如法国、意大利、德国、加拿大、西班牙、俄罗斯、奥地利、泰国、瑞士等国的刑法典没有目的条款，或许这正能证明目的条文仅具有的纯粹宣示性意义。我国《刑法》第1条规定了目的条文，基于这种立法的惯性在修正案中也确立了这种条文，但修正案的目的仅在于修正刑法，其并不需要在修正案中表述出来。

二、修正案的"为了"与刑法典的"为了"

（一）目的的单一性与目的的多重性

从表述用语上来看，修正案的目的条文和刑法典的目的条文基本是一致的。但从修正案和刑法典的关系来看，修正案并不是直接适用的刑法规范性条文，它只是告诉读者刑法是如何被修正的，刑法典新条文是如何形成的。因此，修正案只是为修正刑法而存在，修正的目的仅在于修正不适当的刑法条文，修正案"为了"修正刑法而存在这种纯粹的单一的目的。而就刑法而言，其目的是多样的。[2] 在一般意义上，法律确实不服务于任何特定的单个目的，而只服务于不同个人的无数的不同目的。[3] 因而维拉曼特归纳的十种法律的目的实际上是多个并存的。刑法典的"为了"具有多重性，而修正案的"为了"具有单一性。

（二）目的的技术性与目的的实体性

如上而言，修正案的"为了"实质上是为了修正刑法，这种目的在于表明刑法修正的原因，其仅具有技术性意义，修正欲达到的目的是由修正的规范性条文的内容决定的。相反，刑法典的"为了"基于刑法典条文的全规范性质而具有实体性意义，这种实体性目的就是刑法目的。因此，刑法目的和修正案的修正目的并不是一回事，修正案的修正目的实际上是为

---

〔1〕 魏玮：《英国如何对待成文法中的立法目的条款》，《法律适用》，2002年第5期。
〔2〕 ［日］木村龟二：《刑法学词典》，顾肖荣等译，上海翻译出版公司1991年版，第7页。
〔3〕 ［英］哈耶克：《法律、立法与自由》（第一卷），邓正来等译，中国大百科全书出版社2000年版，第176页。

了刑法目的的实现服务的，刑法通过修正案对之完善，进而实现自身欲达到的目的。从实体意义上讲，刑法典的目的特别是具体条文的立法目的可以作为刑法解释的依据，因而所谓目的解释乃是基于具有实体性意义的目的而言的，显然，刑法修正案的修正目的并不具有该实体意义，故并不能对刑法解释产生意义。

（三）目的的中立性与目的的情感性

刑法典目的条文体现了立法者内心的真实想法，即欲以刑法惩治犯罪的情感倾向。无论如何，刑法典的目的不可能是中立的，它反映了对犯罪的谴责、意欲惩治的态度。这种态度具有广泛的民众基础，反映了社会公众的普遍道德情感——刑法应是对危害社会的罪恶的惩罚，因此，刑法典的目的离不开一定的情感倾向。相反，修正案的修正目的并不具有情感倾向，无论该种刑法为良法还是恶法，修正在所不问，它都是为了修正刑法而存在。从修正的实际情况看，通常情况下刑法的修正应是使刑法典更加科学和合理，变不合理的规定为合理的规定，使恶法转变为良法，但这更多的是法治观念、社会变革等实体性事项决定的结果，和修正的目的并没有直接关系。

三、"为了"的逻辑悖论与观念

刑法是以语言表述出来的，刑法修正案的目的条文是以典型的目的状语引导并表述的。以语言学作为分析工具可以发现刑法及其修正案目的条文存的悖论。

（一）语言学的预设理论

预设理论是语言学之语用学中的一个问题，它指的是"John has three cows"这样的句子的一种暗含意义，"There is a man called John"。这就是说，预设是使用一个句子的先决条件，如果没有 John 这个人，就不能说他是否有奶牛这件事。从逻辑角度讲，预设可以被定义为这样一种句间关系：当一个句子预设另一个句子时，第二个句子必定为真，不论第一个句子是真还是假。[1] 句子之间的这种关系实际上是由逻辑推衍出来的一种关

---

[1] 姜望琪：《当代语用学》，北京大学出版社 2003 年版，第 84 页。

系，第二个被推衍出来的事实实际上已经被暗含于第一个句子中，但基于句子之间的逻辑关系，第二个句子往往没有必要再表述出来。如在上句中用"John has three cows"即可以达到有个人叫 John 以及他有三头奶牛的事实，而无须分为"There is a man called John"和"John has three cows"两句进行表述，这实际上也是语言简洁性的需要。在刑法修正案中，关于修正条文的用语均表述为"为了惩治……的犯罪，保障……秩序（顺利进行），对刑法做如下修改补充：……"这个句子实际上含有一种预设，即存在某种犯罪，或者说某种犯罪的存在必定是事实。因此修正案的"为了"条文实际上可以换为"存在……的犯罪，为了对其进行惩治，……"这种预设犯罪事实存在的条件成为修正案存在的前提，只是没有必要这样表述而已，否则将使得刑法语言冗长、复杂，且不庄重。预设在本质上被认为是句子之间的逻辑关系，[1] 简约、庄重和严谨是刑事立法语言的特征，[2] 这种特征实际上也是由刑事立法语言句子之间的逻辑关系决定的。

（二）"为了"条文的逻辑悖论与观念

基于上述语用学的预设理论，如果不考虑笔者所持的修正案目的仅仅是为修正刑法而存在的技术性观点，只从刑法修正案关于修正目的的实际表述来看，此中的预设是现实中存在某种犯罪行为。这种预设反映了一个逻辑悖论和两个观念。逻辑悖论是现今的刑法乃为消除犯罪而生，"为了"条文的存在使得刑法一边欲消灭犯罪，一边欲期待犯罪的逻辑悖论产生。两个观念首先反映了个罪刑事立法的被动性特征；其次表明刑法的事后惩罚特征，与现代预防主义相距甚远。"为了"条文表明修正刑法乃基于惩罚，而惩罚犯罪的前提必须是有犯罪的存在。因而修正刑法一方面是为了惩罚犯罪，另一方面是为了惩罚却又不得不依赖于犯罪的现实存在，这同时造成了和现代预防主义的防止犯罪发生之立场完全相悖的结果。在现代刑法语境下，"为了"条文显然造成了这种不和谐。这种不和谐是因"为了"条文的预设功能产生的，即因其需要现实上出现犯罪行为才能够实现惩罚这一条件为真的结果。从表面上看，似乎修正刑法是为了惩罚，因而

---

〔1〕　姜望琪：《当代语用学》，北京大学出版社 2003 年版，第 106 页。
〔2〕　莫洪宪、王明星：《刑事立法语言之技术特点》，《现代法学》，2001 年第 5 期。

需要犯罪的出现，这似乎意味着刑法乃为惩罚而惩罚，为惩罚而存在。所以从预设理论而言，"为了"条文表面上是一种无关大问题的宣示性条文，但实质上预设功能导致和现代刑法立场相悖的结果。上面列举的 9 个国家的刑法典均没有目的条款，原因可能是多方面的，但这和西方语境中"为了"语句的预设功能更有关系。

预设反映了犯罪存在的现实性，为了惩治犯罪而修正刑法反映了刑事立法的被动性特征。如果刑法中的某个罪名在司法中从来都没有被适用过，排除司法腐败等情况，只能说明该种行为不应该被入罪，因为事实上没有发生过该种犯罪。刑事立法无论如何前瞻，都不应出现这种立法后罪名从没有被适用过的情况。刑事立法对具体犯罪的规定只能是在具体行为发生且经常发生后才有将该行为入罪的可能，换言之，刑法修正对具体个罪的修正永远只能是被动的，且也应该是被动的。这种被动性是指应该入罪的行为发生后，现刑法没有规定，因而需要通过修正将该行为予以犯罪化处理。这种被动修正和前瞻性修正原则并不矛盾，针对个罪的修正，前瞻性必须是在归纳现已发生的应入罪的行为之后才能考虑是否及如何入罪，因而也是在对既有行为分析的基础上进行的。修正的"为了"条文即反映了刑法修正使个罪入罪的被动性特征。

基于个罪之刑事立法的被动性特征，"为了"条文也反映了刑法事后惩罚的特征。从修正案"为了"条文的用语表述来看，其乃是为惩治犯罪才修正刑法，如前所述，这体现了惩罚主义的色彩，与现代刑法的预防主义相距甚远。在刑罚理论中，刑罚有立法上的一般预防功能，主要是立法鉴别和立法威慑两种。前者是指国家将刑罚作为犯罪的法律后果规定于刑法之中，以刑罚表明国家对犯罪的否定，可以使所有社会成员意识到犯罪是国家所否定、社会所不能接受的行为，从而自觉地顺应国家的要求、社会的意志，不实施刑法禁止的犯罪行为。后者是指国家将刑罚作为犯罪的法律后果规定于刑法之中，表明犯罪是应受刑法惩罚的行为，使意欲犯罪的人因对受刑之苦的畏惧而不敢犯罪，即为避免受刑之苦而避免作为受刑的原因的犯罪。[1] 修正案"为了"条文将修正目的表述为惩罚，实际上

---

〔1〕 邱兴隆：《刑罚理性导论——刑罚的正当性原论》，中国政法大学出版社 1998 年版，第 35 页。

是立法上的一般预防思想。但这种预防实际上只是通过一般社会成员的感知实现的，这从上述立法鉴别和立法威慑的界定中也可以看出来。因此，这种预防并不是刑法的立场，而是被规制对象的一种心理感知，这和现代刑法预防主义的趋势并没有多少关系。刑罚的一般预防功能对于任何刑罚而言都是存在的，但并不是任何刑罚都能体现出预防主义。修正案"为了"条文突出强调惩罚性并不适合现代刑法的语境。

第三节　修正用语的技术表达

一、修正用语的本质

刑法修正案的修正用语是表明如何修正刑法典的语言。以我国刑法修正案条文表述来看，按照修正类型，变更原文型修正有"将刑法第××条修改为……""将刑法第××条第××款修改为……""将刑法第××条第一款、第二款修改为……"等三种修正用语。增加条款型修正有"在刑法××条后增加一条作为第××条之一""在刑法第××条之一后增加一条，作为第××条之××""在刑法第××条中增加一款作为第××款""增加一款作为第××款""刑法第××条后增加一条，作为第××条之××""刑法第××条增加一项，作为第××项"等六种修正用语。废止型修正有"删去刑法第××条第××款"一种修正用语。修正用语本质上关系到一个问题，即修正用语是立法语言吗？如果不是，修正用语的本质是什么？

立法语言是立法主体按照一定的规则表述立法意图、设定法的规范、形成规范性法文件的一种专门语言文字，是一定的意志或利益得以表现为成文法或法的规范的专门载体。[1] 因此立法语言的直接后果是生成规范性

---

[1] 周旺生：《立法学》，法律出版社 1998 年版，第 586 页。

法律文件，成为法律规则的载体，是法律信息最直接的外在形式。[1] 通过立法语言可以对公民的行为产生直接影响，公民须服从这种表述产生的规则。在文本的表现形式下，产生的是可以直接适用的规则。修正语言是对刑法原有条文的修正，告诉读者刑法原有规定是如何被修正的，在文本的表现形式下，其记载于一定载体的文本并不可以被直接适用。因此，修正案的修正语言本身并不是规范，而是沟通新旧规则的一种联系语言。由此，修正用语并不是立法语言。

修正用语反映了新旧刑法之间的关系，即将旧的规定修正为新的规则。通过修正用语，读者可以很清楚地知晓刑法原有条文是怎样被修正的，新旧条文之间的沿革关系等，因此修正用语具有表明新旧刑法关系的作用，在刑法修正的情况下，只有通过这种修正用语才可能在旧条文的基础上生成新的条文。对于普通民众而言，知晓刑法新旧条文变化，才能更好地按新规则行事；对于司法者而言才能更好地理解、适用法律，在需对刑法条文进行历史解释的情况下尤其如此。

修正用语的沟通性本质也从另一个角度证明修正案不能作为刑法规范直接适用，修正案也不是刑法原有规范的替代物这一特征。正是修正用语的存在，才使得修正案在生成刑法新条文之后仅仅具有表明刑法条文沿革的理论意义，而不具实质规范性功能。

二、修正用语的特征

由于刑法修正案的修正用语不是一般的立法语言，修正用语并不具有立法语言的语体风格，修正用语同时也不具有立法语言的规范性特征。基于沟通语言的本质，修正用语具有概念明确性、沟通双向性和结构固定性三个特征。

（一）概念的明确性特征

修正用语由于要表明刑法原有条文是如何被修正的，因此必须具有明

---

[1] 李振宇：《漫谈立法语言的实现》，《应用语言学：法律语言与修辞国际研讨会》，上海大学法学院 2000 年，第 56 页。

确性。这种明确性和传统语义学中的模糊理论尤其是法律语言的模糊性恰恰相反。现代语义学在研究词义的同时，并重研究词与词之间存在的语义关系。[1] 词语内容与概念、意义理论一直是语言哲学的核心概念和中心问题，意义词群就成为理解意义的重要因素和方式。[2] 在意义词群下，概念意义成为语义的基础，反映了客观对象的本质特征和人们对对象的理性认识。[3] 以词语的概念意义为中心形成了语义场即具有相同义素的几个词的集合，如蔬菜、青菜、白菜、卷心菜、韭菜等，它们都具有共同的义素——蔬菜。[4] 在这个意义上，"蔬菜"是这个词群的理性意义和本质特征，在其周边是各种具有蔬菜特征事物的聚合。语义场能够对语义产生解释能力，[5] 这是以语义场的核心词汇为基础的。语义场中核心词汇和周边词汇的存在决定了语义场内各词汇之间具有一定的界限，但这个界限是无法确定的，这就是语义学中所谓语义模糊。在单纯语义学中语义模糊是其重要的内容和概念，在语言哲学中语义场和原型范畴、家族相似理论是一体的。所谓词语模糊性表现在它有一个应用的有限区域，但这个区域的界限是不明确的。[6] 故此模糊性最大的特点在于边界不明确，即词语标示的对象的边界不明。但是边界不明不意味着毫无范围，中心地段是明确的。[7] 在语义场中，各个词语之间的关系和模糊性是以隶属度来表述的，隶属度是美国控制论专家卢菲特·泽德（Lotfi Asker Zadeh）提出的，他以"中年"为例，将从40—53岁的人是否属于中年人用隶属度来标示[8]（见表5）。

表5 年龄与隶属度

年龄	40	41	42	43	44	45	46	47	48	49	50	51	52	53
隶属度	0.3	0.5	0.8	0.9	1	1	1	1	1	0.9	0.8	0.7	0.5	0.3

〔1〕 毛茂臣：《语义学：跨学科的学问》，学林出版社1988年版，第37页。

〔2〕 陈嘉映：《语言哲学》，北京大学出版社2003年版，第4页。

〔3〕 朱菊芬：《试论英汉词的概念意义与内涵意义》，《南京理工大学学报》（社会科学版），1999年第4期。

〔4〕 毛茂臣：《语义学：跨学科的学问》，学林出版社1988年版，第53页。

〔5〕 颜红菊：《语义场理论的认知拓展》，《求索》，2007年第4期。

〔6〕 沙夫：《语义学引论》，商务印书馆1979年版，第351页。

〔7〕 石安石：《语义论》，商务印书馆1993年版，第57—59页。

〔8〕 Lotfi Asker Zadeh, "Quantitative Fuzzy Semantics", *Information Sciences*, 1971（2）.

在表 5 中，44—48 岁的隶属度是 1，即这些人是地道的中年人。其余年龄相对应的隶属度，表示在一定程度上属于这个集合。隶属度为 1 的是这个集合的中心地带，隶属度在 0.3 与 0.9 之间的是边缘地带。隶属度如果为 0，表示完全与这个集合无关。[1] 如果从反向来看表 5，在 44 岁到 48 岁之间的人为中年人无疑，从 44 岁和 48 岁出发分别向两侧看，即从 43 岁开始到 40 岁，隶属度愈来愈低，同样地，从 49 岁往后也是如此。这说明越是靠近中心地带的，其具有的该集合核心特征越是明显，即使是 40 岁和 53 岁的，他们在一定程度上仍是中年人，只是特征愈弱而已。但无论如何，所有从 40 岁到 53 岁的人均具有一定的中年特征是毋庸置疑的。同样可以这样认为，40 岁到 44 岁人的中年特征愈发明显，53 岁到 48 岁人的中年特征也是愈发明显。从而，他们塑造了"中年"一词共同的、核心的特征。至此，可以认为，40 岁和 53 岁的人具有的中年特征在 44 岁到 48 岁的人之中必定具有。卢菲特·泽德用隶属度理论本来是为了说明词义模糊性的，但可以将其作为分析工具，给词义的界定提供相当指导。即，如果可以确定某一词语所属的语义场和此语义场中的周边词汇，则此语义场中的核心词语的意义就能够通过周边词汇的塑造而获得。从修正用语中的典型表述"修改为"的"修改"来看，与此近似的概念还有"修正""修订""改正""更正""更改"以及"纠正"等。因此，在对比的意义上，"修改"一词的语义仍具有一定的模糊性。模糊用语是调和刑法条文和社会现实的有效方式。

但是刑法修正用语并不是正式的法律用语，因而和确立法律规则的具体内容并没有关系。人类使用的语言还没有完善到可以绝对明确地表达一切立法意图的境界。[2] 修正语言承载的并不是立法意图的表达，其意义在于将旧的条文转变为新的条文，在生成新条文的意义上，"修改"一词的意义是明确的。这是修正用语和一般法律用语最大的区别。

（二）沟通的双向性特征

在沟通的视角上理解法律，哈贝马斯是首创者。哈贝马斯将其商谈理

---

〔1〕 石安石：《语义论》，商务印书馆 1993 年版，第 65 页。

〔2〕 ［英］彼得·斯坦、约翰·香德：《西方社会的法律价值》，王献平译，中国人民公安大学出版社 1990 年版，第 4 页。

论运用于欧洲一体化、国际人权事务和全球正义等跨国家的政治题域，进而形成了康德一脉的平等主义实质对话的"普遍主义"理论，同时也试图对文化多元背景下的全球政治秩序作出理论上的建构。在所有上述问题的理论叙述中，"沟通"和"沟通理性"是最为重要的关键词。[1] 从沟通存在的场合看，立法和司法均是沟通的过程。在今天的立法下，基于立法的民主性原则，普通民众越来越多地参与到立法的过程中来，但这不能在本质上改变立法权为国家立法机关掌控的公权属性这一事实。因而，法律的制定是一种单向沟通的过程，法律供给者单方面地将规则强施予法律主体——无论怎样，法律主体本身可能没有回应。[2] 法律制定的这种单向性特征是由立法权须为国家行使以及法律内容本身的规范性特征决定的。

修正用语是新旧刑法之间关系的纽带，新规定产生，意味着旧规定的改变，旧规定是新规定的基础，新规定是旧规定的升格。因此，修正用语具有典型的双向性特征，即新旧规定之间双向关系的沟通纽带。修正用语的双向性沟通特征也反映出上述刑法修正案存在的意义，并决定着修正案和刑法典之间的关系。

（三）结构的固定性特征

修正案的修正用语表明修正是如何进行的，因此变更型修正、增加型修正和废止型修正三种修正形式中修正用语是固定的，即变更修正有"将刑法第××条修改为……""将刑法第××条第××款修改为……""将刑法第××条第一款、第二款修改为……"等三种形式语。增加条款型修正有"在刑法××条后增加一条作为第××条之一""在刑法第××条之一后增加一条，作为第××条之××""在刑法第××条中增加一款作为第××款""增加一款作为第××款""刑法第××条后增加一条，作为第××条之××""刑法第××条增加一项，作为第××项"等六种形式。废止型修正有"删去刑法第××条第××款"一种形式。上述用语表达了变更型、增加型和废止型修正三种修正方式，在修正案中会一直使用，其格式基本是固定不变的，这种格式化的修正用语也成为修正用语的第三个显

---

〔1〕　邓正来：《后形而上时代的"沟通主义法律观"——〈法律的沟通之维〉代译序》，《社会科学》，2007 年第 10 期。

〔2〕　［比］马克·范·胡克：《法律的沟通之维》，孙国东译，法律出版社 2008 年版，第 177 页。

著特征，这显然区别于一般法律用语，在其他立法语言中这种基本固定的语言搭配和句式结构是少见的。修正用语从汉语句式结构上可以分为两种类型，一是变更修正和增加修正的介宾结构，二是删除修正的动宾结构。其中在增加修正中我国刑法修正案还存在动宾结构，而且作为宾语的成分在修正条文中都是由一个完整的句子构成的。

变更型修正的三种修正形式实际上是一回事。废止型修正由废除某项条款的直接性所决定，因此仅有一种形式。值得注意的是增加型修正，在这种修正中修正用语存在两种结构，归纳刑法修正案的修正用语，在《刑法修正案（一）》和《刑法修正案（三）》中存在一种不同于其他修正用语的情况。在《刑法修正案（一）》第1条、第8条和《刑法修正案（三）》第8条中，修正用语均为"刑法第××条后增加一条（项），作为第××条之一（项）"这种动宾结构句；而在除此之外的其他增加型修正中，用语均为"在刑法第××条后增加一条（款），作为……"这种介宾结构。同为增加型修正，介宾结构和动宾结构在汉语中的差别很大。在增加型修正中，严格来说应该使用介宾结构句式。从《刑法修正案（四）》开始增加型修正逐渐增多，但再也没有出现过动宾结构句式，因此，基于修正用语表述严谨性和结构协调性要求，增加型修正应统一表述为介宾结构句式。

三、刑法与宪法修正语言比较分析

在我国采用修正案的方式进行修正的法律最初是宪法，在目前4个宪法修正案中只存在变更和增加两种修正形式，不存在废止型修正这种情况。基于宪法自身的特点，其修正案修正用语和刑法存在一定差别。下文依据修正类型分别述之。

（一）变更型修正用语比较

归纳宪法修正案的变更型修正用语，有"宪法第××条修改为""宪法序言第××自然段中第××句修改为……，这一自然段相应修改为……""序言第××句修改为……""第××条第××款修改为……""第××项修改为"以及在2004年宪法修正案第31条对宪法第四章章名的修改等几种情况。

由于增加了"国歌"一项，2004 年《宪法修正案》将《宪法》第四章的名称由原来的"国旗、国徽、首都"修改为"国旗、国歌、国徽、首都"。刑法的章节名称具有较大的包容性，特别是分则的章节名称乃是对类罪的表述，因而涵盖性强，一般不会发生对章节名称的修正。在变更型修正用语中，在对具体条文修正时，《宪法修正案》使用的是动宾结构的句式表述。这和《刑法修正案（一）》第 1 条、第 8 条和《刑法修正案（三）》第 8 条的修正用语表述是一致的。前已述及，以介宾结构句式表述这种修正更符合语法要求，似乎更好一些。比较特殊的是《宪法》序言的修正。《宪法》把国家的理想目标写入条文从而产生一种象征功能，它们规定了政府的结构形式，以及政府统治的权力。因此宪法的目的一般体现在三个方面：表述国家的目标，形成政府的结构，以及确立政府的合法性。[1] 其中政府结构是由宪法正文规定的，国家目标以及政府合法性都是由序言完成的。从我国《宪法》序言的特点来看，它总结了历史经验，记载了革命胜利成果，规定了国家的总任务和奋斗目标，肯定了坚持四项基本原则，描述了实现总任务的国内外条件。[2]《宪法》序言的这种内容决定了它的表现形式不可能以字数较少的条的形式来表现。世界各国《宪法》的序言都是如此，都没有条文化。因此《宪法》序言的修正采用将某句直接修改的方式，在自然段较长而且被数次修正的时候，为消减本段内容凌乱之感，采用对句子修正之后将该自然段重述一遍的形式。这种修正的典型特征是仅仅对需要修正的长段之中的某个句子单独进行修正，对于不需要修正的不作修正表述，即使被修正的句子不是全部修正，仅仅修正句子中的某个部分也不和没有修正的句子一起被表述为修正。如果不看《刑法》条文的序号，在《刑法》中也存在类似的长段，如《刑法》第 164 对公司、企业、其他单位人员行贿罪，总共由四个自然段构成。对于这种情况，在刑法修正时如果是无须修正的，自然也应采取和宪法修正一样的方式，仅仅对需要修正的部分进行修正即可，尤其是刑法条文构成的"条—款—项"结构，各款与各项均是分开的、相对独立的，因此对没有

---

〔1〕　[美]迈克尔·罗斯金等：《政治科学》，林震等译，华夏出版社 2001 年版，第 53—55 页。
〔2〕　浦增元：《宪草序言的基本特点》，《政治与法律》，1982 年第 1 期。

被修正的款更应采取和宪法序言一样的修正方式。但现实中并没有如此处理，对于没有被修正的，在许多情况下也采用"将刑法××条修改为……"的方式，而该条中的某款并没有被修改。如《刑法》第 164 条第 1款是本条的基础款，其他三款均是以本款为基础的，《刑法修正案（八）》对基础款并没有修正，但仍然将原第 1 款重述一遍并表述为"修改为"的方式。这样的情况还出现在第 151 条第 3 款。更明显的是《刑法修正案（五）》对第 196 条第 1 款第 1 项的规定，本条内容繁多，第 1 款中有 4 项内容，《刑法修正案（五）》修正的只是第 1 项，增加了"或者使用以虚假的身份证明骗领的信用卡的"这种行为方式，共增加 19 个字，但仍然采用"将刑法第 196 条修改为……"的方式，除了在第 1 项中增加该种行为方式外，其他的内容重述。有学者对此提出批评，认为是浪费数亿人的时间，而且在印刷上也浪费纸张，浪费制版、印刷人员的劳动。[1] 我国仍然是一个立法资源非常紧缺的国家，[2] 这种情况不当增加了修正案的篇幅，这种没有修正的"修正"实际上更是对立法资源的浪费。

（二）增加型修正用语比较

第一，"增加款作为第 1 款"的使用。在宪法中，增加型修正有"宪法第××条增加一款，作为第××款""宪法第××条增加规定……""第××自然段末尾增加……"等三种形式。这三种修正方式中第三种实际上是对宪法序言的修正，可以看作变更修正。另外两种修正与刑法修正均有不同。在"宪法第××条增加一款，作为第××款"的修正方式中，宪法中将增加的款作为第 1 或第 2 或第 3 款的均有，如 1999 年《宪法修正案》对《宪法》第 5 条进行修正，将增加的一款作为该条的第 1 款。但在刑法修正中增加的条款没有出现作为第 1 款的情况。刑法中存在的原有条文均是修正的基础，针对该条的修正均是围绕该条第 1 款进行的，因此第一款可以称为基础条款。如果基础条款不需要修正，在基础条款的基础上新增加的修正款项不会成为该条的第 1 款。如果是新增加的罪，按照现行刑法的修正方式，是以"刑法第××条后增加一条（项），作为第××条之一

---

〔1〕　侯国云：《刑法修正案（五）的立法缺陷及理解》，《法学》，2005 年第 5 期。
〔2〕　鲁宁：《理想化立法透支立法资源》，《现代快报》，2009 年 9 月 23 日。

（项）"这种方式进行的，即使二者不具有依附关系将新罪作为原条之一存在问题，二者在行为方式、行为对象等方面仍存在依附性，因此，新增内容仍不会作为原条第1款或第1项。1999年《宪法修正案》对《宪法》第5条修正增加了"中华人民共和国实行依法治国，建设社会主义法治国家"的规定，这确立了国家治理的根本方式，具有根本性的导向意义，作为国家的大政方针，理应将其作为该条第1款。

1988年《宪法修正案》第1条对《宪法》第11条进行修正，采用的是对第11条增加修正的方式，在该条中将增加的内容直接作为该条第3款，并没有像其他条的修正一样指出将增加的款直接作为第3款。这是全部宪法修正案的第1个修正条文，很显然这种修正方式较为粗糙，此后再也没有出现过。在刑法修正案中，对于增加的内容分两种方式进行处理。一是在原有条或款、项之间增加部分内容的，刑法修正采用"将刑法第××条修改为……"的方式进行；二是增加的内容是独立的一条、一款或一项的，《刑法修正案（三）》用（1）"在刑法××条后增加一条作为第××条之一"，（2）"在刑法第××条之一后增加一条，作为第××条之××"，（3）"在刑法第××条中增加一款作为第××款"，（4）"增加一款作为第××款"，（5）"刑法第××条后增加一条，作为第××条之××"，（6）"刑法第××条增加一项，作为第××项"等六种方式中的一种进行。

第二，符号"，"的使用。刑法增加型修正的修正用语在宪法修正案中从没有出现过，在刑法修正案中除《刑法修正案（八）》第2条和《刑法修正案（七）》第2条采用"增加一款作为第××款"的方式外，其他对款的增加均采用在"在刑法第××条中增加一款，作为……"的方式。由于《刑法修正案（八）》第2条和《刑法修正案（七）》第2条增加的内容分别是在修正条文的第3款和第2款中，并不是单独修正的，所以不需要表述为"在刑法第××条中增加一款，作为……"的方式，否则就重复了。采用上述第（1）种方式进行修正的仅有《刑法修正案（七）》第13条，在"在刑法××条后增加一条"的后面没有标点符号"，"，除此之外均采用第（2）种修正方式，即在"在刑法××条后增加一条"后面增加了一个"，"，从汉语语言的表达习惯以及修正用语的一致性而言，这种情况的修正采用第（2）种形式显然更为科学。在汉语标点符号用法中，句子内部状语后边如需停顿的必须使用逗号。从修正用语"在刑法第××条中增加一条（款）"的句子用法来看，这属于典型的状语，因此，也应该按照第（2）种方式。第（2）种和第（3）种修正方式都是增加了一条或一款，在实质上是一样的，因此第（3）种修正方式似乎在"在刑法第××条中增加一款"的后面增加一个"，"为好。第（5）种和第（6）种修正方式使用的是动宾结构，如上所言，如使用介宾结构即在"刑法"两字前增加一个"在"字为好。

第三，"之"字的使用。"之"字在修正案增加新条时使用较为普遍，凡是新增一条，即表述为"作为第××条之××"的形式。我国刑法条文结构是"条—款—项"的形式，刑法修正案对新增加的条文作为基础条款的"之一"或"之一"后的"之二"，这实际上打破了刑法条文的传统结构，这里的"之一""之二"等实际上是一个单独的条文，是和"条—款—项"中的条并列的。因此，采用这种表述实际上是"条"中又出现了"条"。修正案本意是新增一条与原条文并列，但修正案使用的语言是"作为第××条之一"语言表达方式，这导致"条中条"的现象并致使二者并列的立法意图无从实现。其实按照语言的逻辑，新增的既然是一个"条文"，就只能作为原条文的"之二"，这样在"之"字的语境下，原有条文到底和新增条文是什么关系，就说不清楚了。在这方面日本和意大利的修正案中对"之"字的使用就较为合理。在日本刑法修正中对新增加的条文采用的是作为原条文的"之二"或"之三"等方式表述的，如其刑法第25、第26、第34、第105条等众多条文的规定，[1] 绝不存在新增条文作为"之一"这种情况。在《意大利刑法典》修正中则是采用"第××—2条"的表述方式，[2] 达到和《日本刑法典》相同的效果，使得新增之条完全以一个独立条文的形式出现在重新表述的刑法典中。

从近期看，刑法修正不可能改变原有"之一"的表达方式，该问题的解决仅仅是个技术性问题，或许也取决于立法者面对这个常识性错误的态度。

〔1〕《日本刑法典》，张明楷译，法律出版社 2006 年版。
〔2〕《最新意大利刑法典》，黄风译注，法律出版社 2007 年版。

第四节　倾向用语的合理选择

一、法律用语与政治用语

从发展的视角来看，刑法立法和修正体现出逐渐剔除法律俚语、从政治用语到法律规范用语发展的历程。刑法的科学性首先体现为条文的规范表达，这种规范表达一定是以科学的法律语言为基础的，这是规范性语言逐渐消除政治性语言的过程。

1979 年《刑法》中含有大量的政治语言。出现频率较多的是"反革命"，共 18 次，"社会主义"出现了 11 次，"无产阶级"出现了 6 次，"无产阶级专政"出现了 5 次，"社会主义革命"出现了 3 次，"马克思列宁主义毛泽东思想为指针""工农联盟""人民民主专政""干部、群众""人民公社"各 1 次。具有时代特色的政治性语言还有"大字报""小字报"等。基于当时的社会现实，政治性语言在刑法中出现是必然的。到 1997 年《刑法》，"人民民主专政"出现了 2 次，"社会主义"共出现 2 次，"群众"出现了 3 次。[1] 政治用语在 1997 年《刑法》中的数量已经绝对下降。1997 年《刑法》中"社会主义"一词，在具体规范性条文中仅在危害国家安全罪中出现。使用政治性术语的《刑法》第 2、第 13 条并不是对具体行为具有具体指导功能的具体刑法规范，在危害国家安全罪中都是和"国家政权"并列使用，因此严格来说，"社会主义"在刑法中的用法并不具有规范性意义，其政治术语的特征决定了该词在刑法中的使用仅具政治性形式表达意义。在刑法立法和修正逐渐步入规范的时代背景下，本就不具备特定规范性意义的"社会主义"等词的使用必然会逐渐减少。而更具时

---

[1] 学者认为，"群众"一词具有作为"非常普通的政治术语是我们这个时代最具典型意义的政治文化符号之一，它凝聚着非常丰富的政治文化内涵，反映着鲜明的政治特征"。丛日云：《当代中国政治语境中的"群众"概念分析》，《政法论坛》，2005 年第 2 期。因此，"群众"是典型的政治性词汇。

代性的"大字报""小字报""人民公社""神汉、巫婆"等词也会被时代舍弃。

此外，有些政治术语是随着政治事件的发生而产生的，如"大字报""小字报""人民公社"等，也随着政治事件的消失而消失，因此正常情况下难以进入法律。法制化程度较高的政治术语"反革命"，也由于国际社会刑法去政治性的要求而被删除。在经济一体化的全球村背景下，共同的市场要求刑法的去政治性以及对经济犯罪规制的趋同性，这必然会推动政治术语逐渐退出刑法。从十一个刑法修正案来看，只有第一、第四修正案分别出现2次"社会主义"。但该词只是在修正案开头作为修正说明使用的，在具体规范中并没有出现。修正案中"群众"出现3次，但在《刑法修正案（六）》第3条"举办大型群众性活动违反安全管理规定"中的"群众"已经不具有政治意义，其他各种政治性用语在刑法修正案中已经完全消失。

值得注意的是"聚众打砸抢"一词，这种现象是"文革"的产物，[1] 1997年《刑法》第289条规定，聚众"打砸抢"，致人伤残、死亡的，依照《刑法》第234条、第232条的规定定罪处罚。毁坏或者抢走公私财物的，除判令退赔外，对首要分子，依照《刑法》第263条的规定定罪处罚。本条为注意规定，没有该规定，对该种行为同样会以故意伤害罪、故意杀人罪和抢劫罪处理。随着国家的发展和社会的稳定，这种现象已经不复存在，因此在刑法中保留这种政治语言实无必要。1997年《刑法》对此仍予以保留，或许是对"文革"中的该种现象心有余悸而作的专门保留，该种通俗性政治语言的警示、提示性效果可能会更好。政治术语即便以法制化的面貌出现于刑法中，最终仍然会被剔除出刑法。

二、确定用语与模糊用语

基于罪刑法定原则的要求，刑法用语应具有明确性，即刑法语言具有确定性含义。刑法用语的确定性反对用语含混以及歧义。含混、歧义是指用语意义不清晰，具有复意、多意，刑法用语应具有唯一意义，指代明

---

[1] 高石：《关于刑事立法与执法的协调发展问题》，《法学》，1984年第4期。

确。刑法用语指代明确并不要求凡事均作具体规定，刑法规范是对众多社会现象的抽象，具有一定的类型化和高度概括性，因此刑法语言应该具有精炼性和概括性。刑法用语的确定性因此不是具体的描述，即便是对罪状构成要件的描述，也是对众多行为的高度概括。

由于人们对社会生活认识存在局限性、语言本身具有模糊性、立法者能力差异与立法技术选择会影响立法语言的明确性等，刑法用语不可避免地具有模糊性。[1] 模糊用语具有延续刑法条文的生命、严密刑事法网以及赋予法官自由裁量权等价值功能。[2] 立法者不可能故意使用含混不清、具有歧义的语言作为刑法用语，因此刑法模糊用语首先是一种立法技术，是立法者故意选择使用的语言。学者将立法模糊用语分为技术性模糊和策略性模糊，[3] 更深一步也更为合理地对模糊用语予以界分。与确定性用语所含内容的唯一、确定性不同，模糊用语具有包容性和弹性，是一种语言智慧。人类运用模糊性概念是一个巨大的财富而不是包袱，这一点，是理解人类智能和机器智能之间深奥区别的关键。[4]

刑法用语是模糊用语还是含混用语有时并不好区分。如对"情节严重"的规定，陈兴良教授认为这是立法粗疏的表现，[5] 也有很多学者认为这是一种模糊用语。[6] 我国刑法中存在大量关于情节严重或者数额较大的规定，并且通过司法解释对此情节或者数额予以明确，特别是我国刑法立法采用"定性 + 定量"的立法方式，说明定量要求实际上避免了处罚范围的扩大。因此，关于"情节严重"的立法认为是模糊立法更好。

刑法模糊用语除了上述"情节严重"或者"数额较大"的规定之外，比较难以处理的就是兜底性模糊用语，兜底性用语具有总括性，最为典型的是《刑法》第 225 条第（四）项规定的"其他严重扰乱市场秩序的非法经营行为"。上述"情节严重"或者"数额较大"通过司法解释产生的争

---

〔1〕 杨颖：《立法语言：从模糊走向明确》，《政法论丛》，2010 年第 6 期。

〔2〕 康均心、王敏敏：《刑事立法模糊性基础问题研究》，《北方法学》，2009 年第 2 期。

〔3〕 丁建峰：《立法语言的模糊性问题——来自语言经济分析的视角》，《政法论坛》，2016 年第 2 期。

〔4〕 刘应明、任平：《模糊性：精确性的另一半》，清华大学出版社、暨南大学出版社 2000 年版，第 16 页。

〔5〕 陈兴良：《刑法哲学》，中国政法大学出版社 1992 年版，第 563 页。

〔6〕 王洁：《法律语言学教程》，法律出版社 1997 年版，第 45 页。

议并不大，因为作为定量要求，行为的性质本身已经很清楚，不会把其他行为解释为不应处罚的行为。但对非法经营罪中的"其他严重扰乱市场秩序的非法经营行为"，目前比较一致的看法是非法经营罪已成为一种"口袋罪"。[1] 从本罪存在的司法解释的数量以及司法实践中不被认同的判决来看，其"口袋罪"罪名名副其实。比如，王力军收购玉米案，本是正常的市场行为，一审却被认定为非法经营罪，判决引起轩然大波在所难免。因此，对兜底性模糊用语应如何解释就成为问题。

我们以对非法经营罪第（四）项的解释为例。本罪采用"列举＋总括"的立法方式，详细规定了本罪的具体行为方式，三种非法经营行为方式分别为：未经许可经营法律、行政法规规定的专营、专卖物品或者其他限制买卖的物品的，买卖进出口许可证、进出口原产地证明以及其他法律、行政法规规定的经营许可证或者批准文件的，未经国家有关主管部门批准非法经营证券、期货、保险业务的，或者非法从事资金支付结算业务的。三种非法经营行为具有一个共同特征，即都是国家特许经营的业务。也就是说，从事上述经营业务时不仅需要一般的工商许可、进行工商营业登记，还要到特定部门进行特许经营许可登记。按照刑法同类解释或者同一性解释的方法，第（四）项中规定的经营行为同样应该是经特定许可才准予营业的行为。换言之，只有擅自经营须经特定许可的行为才能达到第（四）项要求的"严重"程度，由此对第（四）项的解释以及司法实践中的处理应该将无须经特定许可经营的行为排除于本罪之外。本来仅需一般工商登记即可经营的行为而没有进行工商登记的，按照现有国家市场监督管理总局的规定予以行政处罚即可，无须犯罪化处理。我国《公司法》的修改，已经废除了实缴资本制，立法反映的趋势是放开经营鼓励创业，把一般经营行为作为犯罪处理显然与国家政策、社会发展的方向相悖。

因此，即便是模糊用语，从应然层面讲，也应具有意义的明确性，这种明确性应遵从解释的同一性和协调性原则。非法经营罪的司法解释以及司法实践的混乱现象，说明在立法技术不断完善的情况下，应尽量不使用总括性的兜底用语。

---

[1] 丁建峰：《立法语言的模糊性问题——来自语言经济分析的视角》，《政法论坛》，2016年第2期。

三、中立用语与偏见用语

刑法用语应该是中性的，少用或者不用偏见性、贬义性词语，好恶判断性词语不应出现于刑法之中。偏见性用语又叫情绪性用语，偏见即内含说话者的观点，自己喜欢的就用好的词语，不喜欢的就用情绪性贬义词语。对于立法者而言，刑法中规定的行为不仅是立法者不喜欢的，也是社会民众不喜欢的，但这并不是说立法者、修法者就可以在刑法中为表达好恶使用情绪性语言。边沁曾言："立法科学要取得进步，必须舍弃这种'激发情感的名称'，使用中性的表述方式。"[1] 个别用语明显含有贬义，包含一定的憎恶因素，对于这种用语，在刑法中使用一定要慎重，只有当没有其他用语可以替代时才采用。[2] 我国 1979 年《刑法》中含有大量的贬义性词语，如"阴谋""勾结""煽动""流氓"等词语，在 1997 年《刑法》中，"阴谋""流氓"已经消失，但仍然有 13 处使用"煽动"、11处"不正当"、5 处"勾结"，另有"恶意""恶劣"等更具明显贬义性词语。从刑法用语的发展来看，情绪性的贬义词已经越来越少，乃至消失。但刑法及其修正过程中仍然使用或创造使用贬义词。刑法是理性思维的产物，在相当程度上，刑法和情绪是对立的，刑法杜绝情绪性语言，但是刑法无法完全避免贬义性语言。在社会科学中，当人们的行为被放在一个评价的体系中定位时，对事实的描述就不可避免地使用价值语言。[3] 再如刑法中的"聚众"一词，我们不会说"聚众开会"或者"聚众上课"，因"聚众"明显带有贬义，但这是对构成要件事实的客观描述，符合构成要件的行为推定为违法，对于违法性行为采用带有一定价值评价的贬义词就在所难免。

总的来说，刑法应尽可能使用中立性词语，不使用情绪性的偏见语言，但刑法不可避免地要使用贬义性语言，这是由刑法规范的评价机能决定的。

---

〔1〕　［英］边沁：《道德和立法原理导论》，时殷弘译，商务印书馆 2000 年版，第 9 页。
〔2〕　陈兴良：《相似与区别：刑法用语的解释学分析》，《法学》，2000 年第 5 期。
〔3〕　梁孝、张建伟：《从语言的视角看社会科学的"价值中立原则"》，《学术界》，2007 年第 2 期。

第六章

刑法修正案草案的起草和公开

第一节　刑法修正案草案的起草

刑法修正案草案在刑法修正过程中具有重要意义，经审议通过的草案即成为正式的修正文本。从理论研究来看，我国目前对刑法修正案草案进行研究的文献基本没有，而国外法律起草理论已有数个世纪的发展历史[1]，其关于法律案或者法律草案的研究也较为成熟。我国最近几年开始出现对法律草案的研究，但成果相对较少。

一、刑法修正案草案的起草者

（一）草案起草主体事实上的唯一性

我国《立法法》第47条规定，常务委员会工作机构研究拟订法律解释草案，没有规定法律修正或者修订草案的起草主体。但从逻辑上看，法律解释草案由常务委员会工作机构起草，那么刑法的修正案就不应由更为下级的机关或者其他机构起草，法律修正应该比法律解释更具正规性和严肃性，因此刑法修正案草案的起草主体至少应该是全国人大常务委员会相关工作机构。从实践中我国11次刑法修正案草案的拟定来看，都是由全国人大常委会法制工作委员会起草，历次草案说明中也明确了这一点。全国

---

〔1〕　赵庆培：《国外立法起草理论的研究和发展》，《中国法学》，1996年第4期。

人大常委会法制工作委员会是全国人大常委会的工作机构，其下由刑法室、民法室等具体科室组成。因此刑法修正草案的起草应为刑法室具体负责执笔。全国人大另有宪法和法律委员会，[1] 其职责主要是：统一审议列入全国人大或者全国人大常委会会议议程的法律案；提出全国人大或者全国人大常委会职权范围内同本委员会有关的议案；对于全国人大或者全国人大常委会职权范围内同本委员会有关的问题，进行调查研究，提出建议；向全国人大常委会提出五年立法规划和年度立法计划有关立法项目的建议；检查监督有关法律和有关法律问题决定的实施情况；办理全国人大会议主席团交付的代表议案；审议全国人大常委会交付的被认为同宪法或者法律相抵触的行政法规、地方性法规、自治条例和单行条例等；审议全国人大会议主席团或者全国人大常委会交付的质询案；与外国议会相关专门委员会和法律界进行交流；法律规定的其他职责或者全国人大会议主席团、全国人大常委会、委员长会议交办的其他事项。宪法和法律委员会依法承担推动宪法实施、开展宪法解释、推进合宪性审查、加强宪法监督、配合宪法宣传等工作职责。全国人大网站上关于全国人大常委会法制工作委员会职责的介绍，其中之一即是受委员长会议委托，拟订有关法律方面的议案草案。由于直接负责起草工作的是其下设机构刑法室，其组成人员都是从事刑法学研究的人，或是至少具有刑法学专业知识背景的人。因而起草人员的知识水平专业化，能够在一定程度上保证刑法修正案草案的质量。将我国历次刑法修正草案的一稿与审议通过的三稿对比来看，除了几个焦点问题外，通过的条文和最初的条文差别并不大。这也能够说明最初起草的草案质量以及草案起草的重要性。

　　从理想的情况看，我国参与起草法律草案的主体众多。从他国立法起草的实际主体看，有立法机关、提案机关以及专家学者。我国还有普通市民起草法案的情况，[2] 2014 年 10 月，中国共产党十八届四中全会通过的《中共中央关于全面推进依法治国若干重大问题的决定》指出："深入推进科学立法、民主立法……探索委托第三方起草法律法规草案。"我国《物

〔1〕　2018 年 3 月 11 日，十三届全国人大一次会议通过《中华人民共和国宪法修正案》，将"全国人大法律委员会"更名为"全国人大宪法和法律委员会"。
〔2〕　吕勇：《起草法律草案的两位郑州市民》，《中国消费者报》，2006 年 8 月 4 日。

权法（草案）》起草的时候还有一个专家建议稿，由我国物权领域的专家学者起草形成。那么，刑法修正案草案可以由全国人大常委会法制工作委员会之外的其他主体起草吗？或者全国人大常委会法制工作委员会可以将这种起草的权力委托他人或其他单位行使吗？毕竟从立法起草主体的角度看，立法起草权是可委托之权，立法决策与立法起草的分离也是现代法治发展的趋势和现实。[1] 我国《立法法》第9条规定了对第8条规定的事项没有制定法律的不可以委托授权立法，仍然是基于立法权的权力属性及事项之重要性作出的限制。《立法法》第53条第2款规定："专业性较强的法律草案，可以吸收相关领域的专家参与起草工作，或者委托有关专家、教学科研单位、社会组织起草。"起草法律或者起草修正案草案严格来说并不是立法活动，因此从立法的民主性角度理解，这项工作由其他非权力主体实施，或者由全国人大常委会法制工作委员会将自己因惯例形成的刑法修正案草案的起草权委托给其他主体行使也未尝不可。有学者提出法学家在私法草案起草中的作用应得到重视，并可以吸收法学家参与起草草案。[2] 实际上这对于作为公法的刑法修正案草案的起草也同样适用。我国目前并没有出现由全国人大常委会法制工作委员会之外的其他主体起草刑法修正案草案的情况，这应是基于刑法修正事关重大因而不便委托起草。

由于刑法修正关系到关键性、整体性的利益，特别是事关犯罪和刑罚的变化，因此即使由其他非权力主体起草，也应注意法制工作委员会应处于主导地位。要实现这种主导地位可以由法制工作委员会制定刑法修正目的、修正指导思想和修正原则等。这同时构成对修正条文理解的背景资料。换言之，在对修正条文的理解上全国人大常委会法制工作委员会刑法室及其成员的理解是具有权威性的。[3] 这是对非立法机关起草修正案草案的应有限制。同时，必须由具有刑法专业知识背景的人或组织接受委托起草，这是由知识的专业化和社会分工的精细化决定的。

（二）草案起草参与主体的多样性

如果说刑法修正案草案的起草主体事实上唯一的话，起草的参与主体

---

〔1〕 于兆波：《论立法决策与立法起草的法治定位》，《北京理工大学学报》（社会科学版），2002年第4期。

〔2〕 吴国喆：《法学家在私法草案提出中的作用探析》，《人大研究》，1999年第7期。

〔3〕 张波：《论刑法修正案——兼谈刑事立法权之划分》，《中国刑法杂志》，2002年第4期。

则不受限制。修正案草案起草的专业化、职权性特征并不排斥其他主体的参与。从我国刑法修正案草案起草的具体情况看，参与主体多样性是其基本特征。以《刑法修正案（八）（草案）》的具体拟定为例，全国人大常委会法制工作委员会在对新情况新问题调查研究的基础上，反复与最高人民法院、最高人民检察院、国务院法制办、公安部、国家安全部、司法部等部门进行研究，多次听取全国人大代表、地方人大代表、某些地方人大常委会以及专家学者的意见。同时，全国人大常委会法制工作委员会于2010年3—7月在北京召开了3次专家学者座谈会，广泛征求了一些专家学者的意见。在充分论证并取得基本共识的基础上，全国人大常委会法制工作委员会拟定了《刑法修正案（八）（草案）》。[1]《刑法修正案（十一）（草案）》也是在全国人大常委会法制工作委员会会同中央依法治国办公室、中央政法委、最高人民法院、最高人民检察院、公安部、司法部以及国务院有关部门反复研究沟通，广泛听取各方面意见，对主要问题取得共识的基础上形成的。[2]从刑法修正案草案拟定的具体过程来看，参与的主体众多，涉及国家司法机关、行政机关、权力机关代表以及非官方的专家学者。从中可以发现刑法修正的参与主体具有专业性和大众化两个典型特征。

由具有专业性知识的主体起草修正案草案可以保证草案的质量，参与主体的专业化和大众化则可以发挥起草的民主性，使草案质量更上一个台阶。唯此，草案才能是真正解决问题的草案，具有可接受性。

二、起草方式与起草程序

（一）草案起草方式的合作性

草案起草的方式乃为探寻塑造立法实体方法，这是目前国外立法起草理论研究的总体方向。[3]综观世界各国法律草案的起草，有多种方式。如法国法律起草在部门内进行，起草最好由那些对法律所涉及的主题具备专

---

〔1〕　李适时：《关于中华人民共和国刑法修正案（八）（草案）的说明》，2010年8月23日。
〔2〕　李宁：《关于中华人民共和国〈刑法修正案（十一）（草案）的说明〉》，2020年6月28日。
〔3〕　赵庆培：《国外立法起草理论的研究和发展》，《中国法学》，1996年第4期。

门知识的人来执行；瑞士则是将协商过程和起草过程放在一起[1]；在日本则有立法起草手册指导立法起草人生产出统一、标准和规范的立法文本。[2] 另有全民讨论起草、委托立法起草、授权政府部门起草、议员或议会的工作机构起草等形式。

刑法修正案草案的起草由于事关重大，关系我国刑法制度和具体规范的变化，因此起草的方式应根据修正的目的和要求，由作为立法机关的全国人大常委会法制工作委员会、司法机关、政府有关部门、社会组织、专家学者和其他社会相关人员组成修正案起草小组，在充分调研和论证的基础上协同完成修正草案的起草工作。事实上，以上论及的我国修正案草案起草的参与主体众多，从另外一个角度来看，可以认为是合作起草。合作起草应以立法机关为主导，确保专门机关、专业人员的参与，保证草案起草的科学性、民主性。这样既可以保证草案的质量，又可以实现起草的效率。

（二）草案起草程序的制度化

修正案草案的起草从我国的实践来看，并没有法律上明确规定的要求。但起草的过程有一些必不可少的步骤，我国有学者将起草过程分为十大步骤：作出法案起草的决策；确定起草机关；组织起草班子；明确立法意图；进行调查研究；搭架子和拟出法案提纲；正式起草法案；征求有关方面意见和协调论证；反复审查和修改；形成法案正式稿。[3] 也有将此过程归结为六个步骤的：确定法律起草主体，组织起草班子；调查研究，明确立法目的和立法任务，界定立法调整对象；确定法律外在结构，即对该规范性法律文件布局谋篇；具体调查研究，配置实体权利义务，设定法律程序；立法协调，专家论证等听取意见、建议，作出修改；规范法律语言、整理立法说明和背景材料。[4] 无论将起草过程分为几个步骤，其中有些是必不可少的，如确立起草班子、明确立法意图、征求意见等。这些都事关草案的起草质量，因此

〔1〕［美］罗伯特·B. 塞德曼：《立法服务手册》，赵庆培、杨华译，中国政法大学出版社 1992 年版，第 253 页。

〔2〕赵庆培：《国外立法起草理论的研究和发展》，《中国法学》，1996 年第 4 期。

〔3〕周旺生：《论法案起草的过程和十大步骤》，《中国法学》，1994 年第 6 期。

〔4〕李建强、石东坡：《法律起草刍议》，《河北大学学报》（哲学社会科学版），1997 年第 3 期。

应将这些步骤制度化，尤其是从刑法修正案的起草由全国人大常委会法制工作委员会主导的现实看，其具有一定的职权性。

第二节　刑法修正案草案的公开

"开门立法"的修正案草案的公布，体现了我国法制建设的民主和进步，更直接的意义是能够实现刑法修正的科学化。

一、修正案草案的公开功能

近年来有学者提出法律草案公开征求意见制度的法理，草案构成了提交立法机关审议和表决的法律的原型，成为公众直接参与立法的方式，也是有效征求意见的前提。[1] 修正案草案的公开具有相应的功能，这些功能构成了修正案草案公开的基础和依据。

（一）民主修正刑法功能

我国《立法法》第5条规定，立法应当体现人民的意志，发扬社会主义民主，保障人民通过多种途径参与立法活动。修正案草案的公开是《立法法》第5条的直接体现和立法民主的要求。我国实行人民代表大会制的代议制度，普通民众并不能直接参与包括立法在内的国家管理事项，人民代表能否代表人民参与实现立法和法律修正并表达意见，需要受人民的监督。经间接选举产生的代表，并无任何避免曲解民意的先天免疫力。[2] 而实现民众监督和保证民主实现的直接措施就是将间接代表人民产生的草案公开。全体公众广泛分享参与决策的机会，所有公众都有同等的资格参与政策制定过程。[3] 如此才能真正实现刑法修正的民主化。

（二）科学修正刑法功能

公开草案最直接的效果是可以集思广益，实现刑法修正的科学化。刑

---

〔1〕　栾绍兴：《法律草案公开征求意见制度的法理》，《中国社会科学报》，2019年1月2日。
〔2〕　宋冰：《程序正义和现代化》，中国政法大学出版社1988年版，第377页。
〔3〕　［美］罗伯特·达尔：《论民主》，李柏光、林猛译，商务印书馆1999年版，第43页。

法修正质量的提高不可能由闭门造车式的修法方式实现。在修正案草案起草的过程中有众多主体参与可以保证草案起草的质量，草案初稿的形成需要集思广益，在此基础上需要面向全社会将草案公开，使社会公众参与讨论提出意见或不同看法，才能进一步发现并解决草案存在的问题。从我国刑法修正案草案通过的情况来看，除了《刑法修正案（二）》就一个条文一次审议通过外，其他几个修正案都是经三次审议通过。在修正案草案初稿拟定并向社会公开后，均收集到许多修正建议，在对修正案草案的继续修改过程中，一些建议被吸收采纳，使得草案进一步完善，刑法修正的质量进一步提高。以《刑法修正案（八）》第46条的修改为例，将重大环境污染事故罪的入罪条件由原来的"造成重大环境污染事故、致使公私财产遭受重大损失或者人身伤亡的严重后果"修改为"造成严重环境污染"，即体现了科学修正刑法功能。在草案的讨论过程中，有观点认为，环境污染事故在许多情况下不会即时发生人身伤亡事故，这种后果可能要几年甚至多年后才能出现，因此这种情况下原有要件实际上取消了本罪的构成，修正后降低了犯罪成立的条件，体现了科学修正的功能。

（三）思想观念修正功能

修正案草案公开的第三个功能是思想修正功能。草案中涉及的被修正的内容无论是否被通过，经过草案向社会的公开，大家都可以了解刑法修正案草案及修正的基本情况，乃至哪个条款可能被修正。从我国刑法修正案草案公开的情况看，除《刑法修正案（二）》之外，其他修正案草案的公开均掀起了全民讨论热潮，学界也有了新的研究热点，因而修正案草案的公开实际上相当于一个普法的过程。虽然最终通过的修正案和最初的草案在内容上存在一定差别，但正是这种差别才给参与者、讨论者留下更深刻的印象，民众也基本上清楚了刑法如何修正。因此如果说刑法修正案正式条文对于司法机关而言实现了规范适用上的修正，修正案草案的公布则实现了思想上的修正，它使人们认识到刑法发生了何种转变，尤其是通过草案说明，人们能够了解为何要发生这种转变。

思想修正的功能还体现在，草案的公布使人们了解到刑法修正的基本程序，能够提高民众对国家政治生活的参与热情，从而公民的法律素质、法律意识和社会责任感均可能有一定的提升。公民对刑法的这种感性认知，也是形成公民现代法治观的必需品。[1]

思想修正的第三个体现是通过草案的公布，人们认识到刑法的禁止规定，促使人们对自己类似的行为产生警觉，这能够使修正案正式生效后得到有效实施。"法律可能是不好的（我还可以反对），但我所参与的确定法律的过程使我有义务承认它们的合法性并服从它们……那种义务来自这一事实：我是构成社会的成员之一，社会的法律就是我的法律，制定法律时我出过力。如果法律是公正的，我可以引以为荣；如果法律是不公正的，我继续有义务为其改善而努力。"[2] 美国学者科恩的话更为清楚地显示了这层意义。

（四）权力控制功能

修正案草案公布的第四个功能是对权力的控制。我国现行立法存在大量的部门立法现象，有学者认为我国立法是部门立法体制。[3] 部门立法导致部门立法纷争，法案迟迟不能出台，其弊端甚大。刑法的修正并不涉及部门利益的问题，但仍然存在立法权的过度扩张导致不公正立法的问题。草案的公开将其置于民众监督之下，对于草案不合理的条文可以提出反对意见，虽然这种反对并不一定被立法者最终认可，但立法机关也不会忽视这种呼声。刑法的修正本质上是权利义务的配置过程，在国家刑罚权的设定和公民个体权利之间需要理性立法求得多元价值实现中的利益均衡，而公权与私权的博弈打破了立法被公权垄断的传统，在国家主义为重的现实国情下，以公开草案的方式让私权监督公权的法律配置以求得私权与公权的平衡，或许可以成为更深层的解决问题的方法。

二、修正案草案的公开

（一）草案公开的基础

刑法修正案草案的公开，在今天似乎是个常识性的民主问题，但事实

---

〔1〕 傅达林：《开门修法寻求公私权博弈均衡配置》，《法制日报》，2011 年 9 月 5 日。

〔2〕 ［美］科恩：《论民主》，聂崇信、朱秀贤译，商务印书馆 2007 年版，第 97 页。

〔3〕 毛磊：《从特例到常态的跨跃——中国立法机关公开立法草案回顾》，《法治与社会》，2008 年第 8 期。

上在人类历史发展中经历了一个缓慢的过程，我国虽从 1954 年第一部宪法制定时即公开了草案，但直至 2008 年草案的公开化才成为常态。草案缘何要公开，存在三种理论。修法修正案草案作为法律草案之一种，其公开的基础也存在于这些理论中。

第一，代议制民主理论。代议制是指公民通过选举代表，组成代议机关行使国家权力的制度，这是间接民主形式。当今世界大多数国家都实行代议制民主，资本主义国家的代议机关是议会，所以资本主义代议制又称议会制。我国人民代表大会制度是新型的代议制，人民选举代表组成人民代表大会统一行使国家权力。代议制最早产生于古希腊城邦，作为人类历史上的最初民主形式，成为近代民主制的基础。近代意义上的代议制缘起于英国，议会作为国家的最高立法机关凌驾于国王之上。"关涉大家的事需得到大家的同意"成为当时立法、建立政府及其他政治决策的基本原则。那么在代议制下，如何才能实现"大家的同意"呢？法国启蒙思想家卢梭提供了将"大家的同意"和法律问题联系在一起的理论。卢梭指出，人民集体经常表达出来的意志成为"公意"，公意的运用就是主权，主权运用公意行为的结果就是法律，所以法律必须具有"意志的普遍性"和"对象的普遍性"，法律必须是全体人民作出的规定。[1] 法律既然由全体人民作出规定且具有意志的普遍性，立法权即属于人民，在实行代议制的立法体制下，要体现法律的普遍意志性以及使立法权真正属于人民，法律生效之前的公开就成为必要，因为只有在草案未生效前民众的参与才能体现真正的人民主权。卢梭同时倡导直接民主，即人民直接参与立法。这更直接体现了法律及法律草案公开的基础。

第二，程序正义理论。程序正义理论虽没有代议制理论的历史那么久远，但对立法草案的公开具有更为直接的说服力。程序正义堪称立法程序的道德基石。[2] 程序正义的核心在于以正当的程序促使公正结果的产生，结果的正当性只能通过程序本身的正当性来实现。正义的程序虽然并不必

---

〔1〕 李杰：《民众参与立法的制度模式研究》，中共中央党校 2005 年博士学位论文，第 37—38 页。

〔2〕 刘武俊：《立法程序的法理分析》，《渝州大学学报》（社会科学版），2002 年第 1 期。

然导致公正的结果，但要获得公正的结果却必须存在程序的正义。[1] 立法的程序正义要求以平等参与、公开透明的规则为依据，尽力排除任意、混乱和专断的立法程序。在公正的法律程序中，人民可以充分表达主张和意见，使各种利益得到综合考虑与权衡，形成相对完善的法律规定。平等参与立法过程使人民相信法律是人民共同意志与利益的体现，使他们信任法律和认同法律的权威性。[2] 立法程序正义的实现依赖于一系列立法程序制度，其中立法草案公开征求公众的意见即为重要一环。

第三，利益博弈理论。博弈理论是研究博弈行为发生相互作用时的决策以及决策均衡问题的理论。冯·诺依曼最早证明了利益博弈的基本原理，到 20 世纪中后期，利益博弈理论成为一种应用于各个领域的方法论。[3] 立法作为分配权利和义务的活动，实质上就是一种利益博弈的过程。博弈应体现在立法的每一个环节，如此方能显现法律公平公正的精髓。[4] 很明显，法律草案的公开可以使社会各方的利益诉求得到表达，促使立法机关综合考虑社会各个方面的要求，以实现各个利益集团的利益均衡。不仅社会利益的多元化要求立法应公开，而且民众需求的差异以及认识的多样性和价值的多元化也使立法必须面对各种错综复杂的问题，只有充分的博弈，才会有相互妥协的方案与和谐、合理的立法。在刑法修正中，社会各方的利益诉求是很明显的，也同样需要利益关系的平衡。[5] 如《刑法修正案（八）》对民生问题的关注，恶意欠薪等行为的入罪，未尝不是一直处于弱势地位的农民工这一社会主体的利益诉求。刑法的修正在根本上也是国家刑权力和公民私权利配置的过程，草案的公开可以避免利益博弈出现偏差，在公开透明的平台下二者进行博弈、商讨、妥协，最后达成共识，在兼听的基础上法律修改方能更为科学。[6] 从另外一个角度讲，将修正案草案公开，和关门立法相比，或许这也可以理解为作为普通权利

---

〔1〕 佟吉清：《论我国立法公众参与的法理基础》，《河北法学》，2002 年第 5 期。

〔2〕 张进：《公开地方立法草案征求公众意见的实证研究》，上海社会科学院 2009 年硕士学位论文，第 9 页。

〔3〕 同上，第 7—8 页。

〔4〕 丁爱萍：《开门立法有益于提高立法质量》，《人大研究》，2008 年第 3 期。

〔5〕 张勇：《民生刑法的品格：兼评刑法修正案（八）》，《河北法学》，2011 年第 6 期。

〔6〕 傅达林：《开门修法寻求公私权博弈均衡配置》，《法制日报》，2011 年 9 月 5 日。

主体的民众和作为权力机关的立法机关在立法权力问题上的博弈，立法草案公开的历史发展其实也可以反映这一点。

（二）草案公开的形式

草案公开的形式有多种。传统上常见的公开方式是在全国性的媒体上公开，还有将草案纸质文本邮寄或直接送交各种研究机构或高校专家的方式。在互联网发达的今天，在全国人大网站上公开成为最常使用的一种方式，也是民众最容易获取草案信息的方式。但公布应有一个时间的限制，如至迟在下次讨论审议前的一定时间前公布，给相关人员留出查阅及提出建议的时间。草案的公开还应同时附上草案说明，对于一些特别专业的规定，如证券、期货内幕交易罪的"内幕交易"普通民众可能并不十分清楚，因此有必要附上通俗的说明或解释。对于新增罪名也应在草案说明中附加新增理由。

从我国草案公布的现实来看，提请全国人大常委会审议的法律草案，经常委会初次审议后，一般都会在全国人大网站上予以公布；二是对关系改革发展稳定大局、关系人民群众切身利益、社会普遍关注的重要法律草案，经委员长会议决定，同时在中央主要新闻媒体和我国人大网站公布[1]。现实情况是，中央主要新闻媒体如《人民日报》《光明日报》等基本是一些机关单位订阅，普通老百姓看这种报纸的并不多[2]。而且这种报纸的发行量一般不大，如果按照普通民众的数量估算，实际上发行数远远不够。就互联网方式的公布看，对于偏远落后地区的群众和年长者而言，这种方式也不是一个有效获取草案信息的方式，某些社会群体实际上失去了获取信息的机会。因此，公开的方式应该不限于上述两种官方形式，应根据各地的具体情况采用更为切合实际的方式公开，如电视广播播放、参与立法人员的巡回讲演等。

草案的公布不是为了公布而公布，而是为了收集意见进一步完善草

---

〔1〕 蔡定剑：《走向有法可依》，《太平洋学报》，2008年第12期。

〔2〕 笔者亲身经历的一件事颇能说明这个问题：身份证丢失，第二天在丢失的省会城市声明身份证丢失、作废，本人慎重选择了全省范围发行的《长春日报》声明作废。在该报的出版日，笔者在离报社不远的邮政报刊亭中买不到这个报纸，因为买的人太少了，所以报刊亭老板不进这个报纸卖。后来只能直接去报社买。

案，建立完善的意见反馈机制至关重要。如建立问卷调查制度、听证会制度、协商谈判制度等。[1] 草案的公开必须和完善的意见反馈机制协调起来，公开无反馈只会流于形式。同时，应对意见的采纳情况进行公布，说明有些意见没有被采纳的原因。

---

〔1〕　毛磊：《从特例到常态的跨跃——中国立法机关公开立法草案回顾》，《法治与社会》，2008年第8期。

第七章
刑法修正进路的调和

第一节　刑法修正的适度扩张与限缩

一、刑法修正的适度扩张

从我国刑法修正的现实看，通过共犯行为单独设罪、预备行为单独设罪、增加持有型犯罪、扩张危害行为、扩充作为义务的来源、扩充犯罪主体和犯罪对象、加重部分犯罪的法定刑、对部分罪名增加罚金刑、增设职业禁止等方式，使刑法所调整与保护的社会关系在深度与广度上均有一定的拓展，这些修改很大程度上反映了刑法保护机能扩张的发展趋势，[1] 针对这种趋势，主流的看法认为是犯罪圈的正常扩张和刑事处罚范围的适度扩大。也有相反观点认为是过度犯罪化的恶浪，[2] 如何确定合理的犯罪化边界是一个世界性的难题，况且刑事处罚范围即便是大范围的扩张能否就认定为是过度犯罪化也是疑问。我国学者从象征性立法[3]、预防刑法[4]、

---

[1]　马长生、申纯：《刑法保护机能扩张的立法范式——以刑法修正案九为例》，《知与行》，2016 年第 1 期。

[2]　胡莎：《缓解过度犯罪化问题的公正应得报应理论》，《宁夏大学学报》（人文社科版），2015 年第 5 期。

[3]　刘艳红：《象征性立法对刑法功能的损害——二十年来中国刑事立法总评》，《政治与法律》，2017 年第 3 期。

[4]　何荣功：《预防刑法的扩张及其限度》，《法学研究》，2017 年第 4 期。

司法与行政权消长变化[1]等方面论证刑法修正扩大处罚的原因，也有从风险社会刑法的提前介入、刑法的提前管控等角度进行论述的。这些理论从不同的视角提供了刑法处罚范围扩张的解释，但刑法处罚范围的扩张毋宁说是多种因素导致的结果。

任何社会的发展，都导致刑法发生相应变化。从传统农业社会到工业社会、信息社会，社会变化可谓沧海桑田，必然产生不同于传统社会形式的新型行为。由此，刑事处罚的适度扩张应该为刑法的正常发展状态。当然，刑法的发展并不仅仅是扩张刑法处罚范围。正常的刑法发展之所以会出现过度犯罪化，原因即在于刑法设立的规范对不该处罚的行为予以处罚了。对某种行为是否应该予以犯罪化，我国学者张明楷教授提出了精到观点，白建军教授也对犯罪化理论进行了详细论证。[2]这是从实质内容上看是否过度化的标准，此处不再赘言。

从我国与西方国家犯罪化的比较而言，一方面，我国采用的是"定性＋定量"的立法模式，许多在国外被认为是犯罪的行为在我国由于不具备量的要求因而不构成犯罪。这样在形式上我国刑法的扩张范围实际上远较西方国家小。另一方面，在我国根本不可能构成犯罪的行为，在西方有些国家的定性式一元立法模式下却作为犯罪处理。事实上，在西方国家，犯罪化的问题不是过度的问题而是一定程度的泛化了——立法几乎无限扩张了犯罪。例如，在美国的佛罗里达州，无偿向无家可归者提供食物可能会面临500美元的罚款和两个月的监禁；在特拉华州，把香水或乳液当饮料来卖，最高处以6个月监禁；在亚拉巴马州，故意自残博取同情或训练一头熊摔跤都是重罪；内华达州把制造喧闹打扰教堂集会的行为犯罪化；田纳西州法律认为，从飞机上猎取野生动物是一个轻罪；印第安纳州禁止给鸟和兔子染色；马萨诸塞州处罚惊吓鸽巢里鸽子的行为；得克萨斯州宣布，在赛狗中用活的动物做引诱物是重罪；在弗吉尼亚州，在公共场合吐痰被认为是一项轻罪；在南卡罗来纳州，匿名发送下流的或挑逗性的信息，最高可判3年监禁；联邦政府禁止在哥伦比亚特区范围内，在美国国旗上做

---

〔1〕　陈兴良：《犯罪范围的扩张与刑罚结构的调整——刑法修正案九述评》，《法律科学》，2016年第4期。

〔2〕　白建军：《犯罪圈与刑法修正的结构控制》，《中国法学》，2017年第5期。

广告，也禁止未经授权使用"红十字"标识和"烟仔熊"（Smokey Bear）及"森林猫头鹰"（Woodsy Owl）卡通形象；在盐湖城，没有按时归还从图书馆借的书也是一项可以入狱的犯罪；在俄克拉荷马城，没有保险驾车最高会处以 250 美元罚款或 30 天监禁，可以并罚；[1] 在加利福尼亚州的地方法律中，在游泳池中骑自行车将被认为是犯罪；而在南达科他州一条古老的地方法律规定，在一个干酪工厂睡觉将被逮捕；在康涅狄格州哈特福德市，用双手倒立横穿大街将被逮捕；加利福尼亚州安大略市，禁止公鸡在不该鸣叫的时候乱叫，否则主人将吃官司；俄亥俄州克里夫兰市，如果没有合法的捕鼠执照，使用老鼠夹逮老鼠是非法行为；康涅狄格州哈特福德市，丈夫不准在星期天亲吻妻子，否则将被罚款；爱达荷州，情人节连续接吻时间不能超过 5 分钟；路易斯安那州，用真牙咬人，是"简单攻击行为"，用假牙咬人，是"严重攻击行为"；在佛罗里达州，未婚女子星期天跳伞会面临牢狱之灾。[2] 在日本，东京曾经颁布一个地方法规规定，女性在电车上抹口红给别人以不愉快的感觉构成犯罪；见了老人和小孩不让座位也是犯罪；拿着手机大声打电话同样是犯罪。[3] 在萨尔瓦多，醉酒司机若出现在行刑队面前，则被会判处死刑。印度尼西亚，对手淫的处罚是斩首。在英国，把带有英国君主像的邮票上下贴反会被视为一种叛国行为。总的来看，上述行为犯罪化基本都是较为古老的规定，而且大多是发生在英美法系国家，或者受其影响较大的国家。按照遵循先例的原则，此前发生的一个具体案例成为以后判决的参考，此前的具体行为就被判例固定下来进而形成了较为奇怪的犯罪形式。但这些在要求犯罪必须具有严重社会危害性的我国根本不可能构成犯罪。所以即便是法学教授，也会对在美国绕过警戒线踏入公园封闭区遭受刑事指控而感到匪夷所思。[4] 尤其是现代国家王权的式微导致弑君罪、侵害王室和王权等罪名的消失，社会和法律的世俗化导致亵渎圣物、辱骂宗教等罪名的消失，以及道德风俗的自由化和新的社会价值观的出现导致通奸、堕胎、同性恋等犯罪行为的非犯

---

〔1〕　王林：《美国刑事司法过度犯罪化——成因、后果及对策分析》，《理论界》，2015 年第 4 期。

〔2〕　《英国学生欲赴美"犯罪旅行"故意触犯古怪法律》，《齐鲁晚报》，2005 年 3 月 22 日。

〔3〕　王云海：《日本刑罚是重是轻》，中国人民大学刑事法律科学研究中心编：《明德刑法学家讲演录（第一卷）》，北京大学出版社 2009 年版，第 462 页。

〔4〕　王晨：《在美国出庭》，《法学家茶座》，2014 年第 43 辑。

罪化，[1] 这些均成为西方国家非犯罪化的重要依据。但这些在我国本来就不是犯罪，因此也谈不上非犯罪化的问题。但是西方国家并不是完全的非犯罪化，在世界性的"重重轻轻"以及新型犯罪不断出现的影响下，西方国家也出现了一定程度的犯罪化浪潮，国外刑法修正现状也清楚地反映了这一点。我国学者分别对德国、芬兰、日本、美国、英国等国家以及联合国一些公约的规定进行总结，[2] 认为世界范围内的刑事立法正处于"高潮期"，[3] 在一定程度上犯罪化重新成为各国刑法发展的主流。

从我国刑事立法的发展历程来看，犯罪处于明显的扩张趋势，无论罪名个数还是刑法条文数量均是如此。从我国与西方国家刑法的比较角度而言，我国自始即不存在所谓非犯罪化的问题，正经历着犯罪化趋势，西方国家则经历着从非犯罪化到重新犯罪化的趋势。从 1979 年《刑法》到现在，我国仅仅废除了投机倒把罪和嫖宿幼女罪两个罪名。由此，犯罪化在我国不存在泛化或者过度化的问题，从犯罪形势发展的国际趋势以及我国的现实来看，刑事处罚适度扩张的犯罪化是现实的选择。在这个过程中或许会出现个别行为入刑不当，但这并不是刑法修正中犯罪的泛化，更谈不上是犯罪化。即便如此，以学者提出的象征性立法的观点来看，将这种个别行为入刑仍然具有一定的意义。如果我国刑法修正过程中不存在过度犯罪化的问题，目前修正的犯罪化就是适度的。但是，犯罪圈的扩张应缓慢前进，而不应急遽扩张，因为当下中国社会虽然正处于转型期，但是基础性的社会关系并没有发生大的变动。[4]

二、刑法修正的限缩

一个国家的犯罪化与一定程度的非犯罪化基本是并行的，二者只是存在程度与量的差别。现代各国在"重重轻轻"以及"两极化"刑事政策影响下，刑事处罚逐渐限缩。刑事处罚的限缩在实践中是社会变革的要求，

〔1〕 ［法］马克·安塞尔：《新刑法通论》，卢建平译，天地图书有限公司1990年版，第90页。
〔2〕 卢建平、刘传稿：《法治语境下犯罪化的未来趋势》，《政治与法律》，2017年第4期。
〔3〕 冯军：《和谐社会与刑事立法》，《南昌大学学报》（人文社会科学版），2007年第2期。
〔4〕 时延安：《刑法立法模式的选择及对犯罪圈扩张的控制》，《法学杂志》，2013年第4期。

在理论上是刑法严重惩罚性本质所致，在一般性理论上是刑法谦抑性的要求。在刑法修正中注意犯罪圈合理扩张的同时，更需注意修正时犯罪的合理限缩。因而应警惕泛犯罪化的出现。[1]

我国刑法修正过程中也有一定程度的限缩，如对一些罪名死刑的废除；对呼声较大的入罪行为没有增设新罪；设定了数量较多的从宽处罚规定；并在总则中对刑罚量予以限制，如第 69 条中增加的"数罪中有判处有期徒刑和拘役的，执行有期徒刑"的规定；降低了绑架罪的法定刑起点；通过修改贪污罪的处罚标准为数额较大并委之于司法解释将数额提高，间接提高了本罪的法定刑起点；增加规定了逃税罪不予追究刑事责任的特殊条款；增加了对老年人特殊处理方式。我国刑法修正在上述较小范围内以轻刑化的方式对刑罚予以限缩，大量的犯罪化一定程度上遮蔽了刑法修正对刑罚限缩的表达。轻刑化一定程度上是刑罚的发展趋势，经济犯罪更是如此，严刑酷法是和现代法治社会相悖的，文明的进步实际上意味着社会宽容度的增加。我国刑法修正出现的大量新增犯罪一定程度上正在逐渐弱化犯罪是具有严重社会危害性的行为这一观念，犯罪有害性观念的弱化也成为刑罚限缩的观念基础。"严而不厉"的刑事立法观正是这种观念的规范表达。

一个国家的刑事立法如果使刑事处罚的扩张与限缩达到适度的比例，是最完美的结果。然而，由于社会的变化发展、对犯罪观念的变化、对新型侵害行为的认识、社会的可接受程度的逐渐理性与稳定，都需要一个过程。因此，或许可以说二者的比例永不可能达到完美的程度，只能是一种动态的相对合理而已。

第二节　刑法修正的精细化与合理类型化

一、刑法修正的精细化

精细化立法是十二届全国人大立法工作的指导思想，被认为标志着一

---

〔1〕 龚红卫：《我国刑法修正中犯罪化现象反思》，《犯罪研究》，2017 年第 5 期。

个精细化立法时代的正式到来。[1] 2015 年十二届全国人大第三次会议通过的《关于修改〈中华人民共和国立法法〉的决定》则为刑事立法精细化提供了规则指引。在理论上，立法精细化是指通过精细化的立法准备、精细化的内容选择、精细化的程序设定和精细化的立法技术，来实现立法目的正当、立法内容科学、立法程序民主和立法实施有效的目的。[2] 也有学者以"精确""精密"来描述精细立法。[3] 从立法精细化包含的内容来看，其涵盖了立法前期准备精细、立法内容精细、立法程序精细以及立法技术精细。这实际上要求立法的每一项工作、每一步进程都要精细化。在刑法修正问题上，立法的前期准备最重要的工作就是立法评估，本章将此作为刑法修正前提处理。立法程序精细本章作为刑法修正的程序规则进行论证。本章将刑法修正的语言技术表达的处理技术作为刑法修正技术精细化进行论证。因此本章所讲的刑法修正精细化是指刑法修正内容精细化。刑法修正内容精细化是指规范具有较强的可操作性，避免原则性、宣示性条文，避免法条资源的浪费，合理使用法条。以此来看，我国刑法仍存在有悖精细化的立法现象。

（一）条款设置不精细

第一百一十四条　放火、决水、爆炸以及投放毒害性、放射性、传染病病原体等物质或者以其他危险方法危害公共安全，尚未造成严重后果的，处三年以上十年以下有期徒刑。

第一百一十五条　放火、决水、爆炸以及投放毒害性、放射性、传染病病原体等物质或者以其他危险方法致人重伤、死亡或者使公私财产遭受重大损失的，处十年以上有期徒刑、无期徒刑或者死刑。

过失犯前款罪的，处三年以上七年以下有期徒刑；情节较轻的，处三年以下有期徒刑或者拘役。

这两条是我国《刑法》中唯一的将过失犯罪与其依附的故意犯罪分两个条文、三个法条规定的犯罪，其他过失犯罪都与其依附的故意犯罪规定

---

[1]　汪铁民：《中国立法步入"精细化"时代》，《中国人大》，2014 年第 3 期。

[2]　郭跃：《论立法精细化的标准与实现路径》，《学术界》，2016 年第 2 期。

[3]　王洁：《从"立法时代"到"修法时代"的中国大陆法律语言研究》，《语言文字应用》，2010 年第 4 期。

于一个法条中。另外，第 115 条第 1 款将第 114 条的结果加重犯以第二个单独的条文予以规定也是《刑法》中唯一的，其他结果加重犯都是与基本犯规定于一个法条，这种特殊规定导致明显的立法资源浪费。这两个条文完全可以规定于如下形式的一个法条中：

第一百一十四条　放火、决水、爆炸以及投放毒害性、放射性、传染病病原体等物质或者以其他危险方法危害公共安全，尚未造成严重后果的，处三年以上十年以下有期徒刑。致人重伤、死亡或者使公私财产遭受重大损失的，处十年以上有期徒刑、无期徒刑或者死刑。

过失犯前款罪的，处三年以上七年以下有期徒刑；情节较轻的，处三年以下有期徒刑或者拘役。

修改后仅以一条两款的形式予以规范地表达，同时删除了重复性规定，修正前共有 172 个字、19 个标点，修正后共有 138 个字、15 个标点，显然后者更为精练，也和刑法其他条文的规定方式一致。

第一百二十八条　违反枪支管理规定，非法持有、私藏枪支、弹药的，处三年以下有期徒刑、拘役或者管制；情节严重的，处三年以上七年以下有期徒刑。

依法配备公务用枪的人员，非法出租、出借枪支的，依照前款的规定处罚。

依法配置枪支的人员，非法出租、出借枪支，造成严重后果的，依照第一款的规定处罚。

单位犯第二款、第三款罪的，对单位判处罚金，并对其直接负责的主管人员和其他直接责任人员，依照第一款的规定处罚。

本条第一款中"私藏枪支"本就是"非法持有"的一种形式，显然规定多余，私藏枪支也不应作为一个独立的罪名存在。本条第二、第三两款规定的是非法出租、出借枪支罪，适用的法定刑都是第一款的规定，因此完全可以合并表述为："依法配备公务用枪的人员，非法出租、出借枪支的，或者依法配置枪支的人员，非法出租、出借枪支造成严重后果的，依照前款的规定处罚。"

刑法中这种情况较多。一方面是刑法分则条文的类型化不够，有时需要用一个条文表述的，实际中使用二三十个条文去描述，比如背任罪或者背信罪，国外只用一个条文，我国刑法用了几十个条文。[1]另一方面，是立法不精练导致重复，浪费条文资源。

（二）语言表达不精细

第一百五十二条

……

逃避海关监管将境外固体废物、液态废物和气态废物运输进境，情节严重的，处五年以下有期徒刑，并处或者单处罚金；情节特别严重的，处五年以上有期徒刑，并处罚金。

本款规定的是走私废物罪，废物的种类无非是固体形式、液态形式和气态形式三种，因而立法表述的时候完全没有必要将废物的形式在此列举出来。刑法中存在较多的注意规定，注意规定起提示裁判者的作用，没有这个提示裁判者仍然应做此种裁判。因而注意规定并不创制新罪，其一定是以既存之罪作为存在的依据。第125条是独立规定走私废物罪的条文，因此本条不是注意规定，也没有必要提醒裁判者废物的形式有固体、液态和气态三种形式。因此本条前半部分完全可以精练地表述为"逃避海关监管将境外废物运输进境"。《刑法》第181条使用"监督管理部门"，第286条使用的是"监管部门"，应予以统一。《刑法》分则第七章危害国防利益罪中"战时"一词出现了37次，属于高频词汇。《刑法》分则最后一章军人违反军职罪最后一条对"战时"作出界定："本章所称战时，是指……"此处的"本章"应为"本法"。

（三）行为方式设置不精细

《刑法修正案（九）》增设了287条之一，内容如下：

第二百八十七条之一　利用信息网络实施下列行为之一，情节严重的，处三年以下有期徒刑或者拘役，并处或者单处罚金：

（一）设立用于实施诈骗、传授犯罪方法、制作或者销售违禁物品、管制物品等违法犯罪活动的网站、通讯群组的；

（二）发布有关制作或者销售毒品、枪支、淫秽物品等违禁物品、

---

[1]　张明楷、陈兴良、车浩：《立法、司法与学术——中国刑法二十年回顾与展望》，《中国法律评论》，2017年第5期。

管制物品或者其他违法犯罪信息的;

（三）为实施诈骗等违法犯罪活动发布信息的。

从刑法使用语言的统一性来看，本条第（三）项中的"为"应该是"代替"或者"帮助"之意，如果解释为"为了……目的"就应该使用"为了"而不是"为"；从本条第（二）项的规定来看，有"发布……或者其他违法犯罪信息的"表述，显然，第（三）项的"发布实施诈骗等违法犯罪活动"仍然属于第（二）项中的"发布其他违法犯罪信息"，如果第（三）项中的"为"是"为了"的目的用语之意，显然不应该另行以第（三）项单独规定。因而《刑法修正案（九）》将其单独规定，对此处的"为"只能解释为"代替"或者"帮助"之意。但是，如果将此处的"为"解释为"代替"或者"帮助"之意，则没有必要单独规定。第287条之二规定了"帮助信息网络犯罪活动罪"，该条明确规定，"明知他人利用信息网络实施犯罪，为其犯罪提供互联网接入、服务器托管、网络存储、通讯传输等技术支持，或者提供广告推广、支付结算等帮助，情节严重的……"第287条之一第（三）项规定的"为实施诈骗等违法犯罪活动发布信息的"很明显属于第287条之二中的"提供广告推广"的具体方式。因此，将第287条之一第（三）项中的"为"解释为"代替"或者"帮助"是有待商榷的。

（四）法定刑设置不精细

第一百三十条　非法携带枪支、弹药、管制刀具或者爆炸性、易燃性、放射性、毒害性、腐蚀性物品，进入公共场所或者公共交通工具，危及公共安全，情节严重的，处三年以下有期徒刑、拘役或者管制。

本条规定的是非法携带枪支、弹药、管制刀具、危险物品危及公共安全罪，法定刑是三年以下有期徒刑、拘役或者管制，并且构成本罪还需要"情节严重的"要件。第128条规定的是"非法持有、私藏枪支、弹药罪"，法定刑为"处三年以下有期徒刑、拘役或者管制；情节严重的，处三年以上七年以下有期徒刑"，并且不需要"情节严重"这一构成要件。"非法携带枪支、弹药、管制刀具或者爆炸性、易燃性、放射性、毒害性、腐蚀性物品"，本就是非法持有的具体形式，如果这种非法持有危及公共安全，应处以比单纯的非法持有更重的法定刑，入罪门槛应该比单纯的非法持有罪更低。但恰恰相反，第130条不仅法定刑低于第128条，入罪条件也附加了"情节严重"的要求，显然逻辑错误，法定刑和入罪条件设置错误。

> 第三百九十八条　国家机关工作人员违反保守国家秘密法的规定，故意或者过失泄露国家秘密，情节严重的，处三年以下有期徒刑或者拘役；情节特别严重的，处三年以上七年以下有期徒刑。

> 第四百三十二条　违反保守国家秘密法规，故意或者过失泄露军事秘密，情节严重的，处五年以下有期徒刑或者拘役；情节特别严重的，处五年以上十年以下有期徒刑。

这两条分别对泄露国家秘密和军事秘密作出规定，故意、过失均构成犯罪。同一犯罪行为对过失犯的处罚一定小于故意犯，但这两个罪没有将故意犯与过失犯的处罚相区别，有违刑罚设置的基本原则。如果基于特殊的原因无须对故意和过失行为的处罚进行区分，在故意与过失均构成犯罪的情况下，可以将条文中的"故意与或者过失"删除。

二、刑法修正的合理类型化

（一）类型化的抵牾

马克思·韦伯首先将类型化思维引入社会学研究，H. J. 沃尔夫指出了包括刑法学在内的四种类型化的法学应用形态，[1] 晚近类型化思维在我国刑法研究中渐成气候。以目前的研究来看，对我国刑事立法的类型化一方面存在过度类型化的批判，[2] 另一方面存在对类型化不足的指责。[3] 从中可见关于刑事立法类型化的争议。

类型化是一种精细化的思考方式，因而具有一定的抽象性。罪刑法定原则要求刑事立法应具有明确性。在最一般的意义上，刑事立法采用列举立法方式最能体现出这种明确性，但由于行为的无限性、语言表达的有限

---

〔1〕　［德］卡尔·拉伦茨：《法学方法论》，陈爱娥译，商务印书馆2005年版，第337页。
〔2〕　王志远：《论我国刑法各罪设定上的"过度类型化"》，《法学评论》，2018年第2期。
〔3〕　罗猛：《对我国刑法"类型化"不足之思考》，《国家检察官学院学报》，2010年第6期。

性以及法律条款的资源性特征，刑事立法不可能全部采用列举立法方式，事实上我国刑法列举立法条文的数量仅是一小部分，因而立法不可避免地需要采用抽象归纳的方式即类型化的方式进行。由此就产生了如何协调精细化与类型化关系的问题。在一定程度上，刑法修正的精细化与合理类型化是永恒的命题，需要解决的是二者的合理配置与平衡问题，类型化需要有一定的限度，精细化同样需要有应有的范围。

（二）类型化的进路

关于类型化的进路目前众说纷纭。从我国刑法条文的具体实际来看，有些条文需要进一步的类型化表述以及罪名概括，另一些条文则由于过于抽象化而导致模糊性。这的确是需要解决的问题。对此，按照我国刑法个罪的设定方式，需要从三个方面考虑类型化问题，一是行为方式类型化，二是行为主体类型化，三是行为对象类型化。但由于社会现象的复杂性，这三种方式不可能是完全单一的，其中存在交叉、包容现象。以走私犯罪为例，基于行为对象的不同，刑法在不同章节设定了不同的犯罪。那么，是否有必要对同质的行为仅基于对象的不同而采用不同的立法个罪设定呢？在本质上，枪支、弹药、毒品、爆炸物、核材料以及毒害性、放射性、传染病病原体等物质，均属于禁止公民个人持有的管制性物品，贵重金属、文物、珍贵动物、珍贵动物制品均属于限制公民个人经营买卖的物品。因而在现有法定刑差别不大的情况下，单纯以对象来设定个罪似乎过于精细化，完全可以用走私禁止个人持有的物品罪等来处理。再比如《刑法》第147条规定的"生产、销售伪劣农药、兽药、化肥、种子罪"，条文表述采用列举立法的方式，列举了四种农业生产资料，农业生产资料并不仅限于上述四种，这种列举式立法无法解决农业科技进一步发展产生的问题，如现在农业地膜大量使用，劣质地膜会导致播下的种子由于保温效果差，受冻无法出苗的问题，这会产生和使用伪劣农药化肥种子一样的后果。因而本罪名完全可以进一步类型化。刑法以规制行为为中心，因而犯罪对象和犯罪主体的类型化应是行为类型化之后的次要选择，对于极为特殊的对象和主体宜采特殊的类型化处理。

另外一个较易忽略的问题是，我国刑法存在大量的司法解释，按照我国司法解释的特点，其具有一定程度立法的性质，对这些具有立法性质的司法解释而言，类型化是否适用？我国刑法司法解释是对刑法条文的进一步细化和明确，因此绝大部分司法解释都具有列举立法的性质，尤其是对兜底条款的列举。对于具有立法性质的司法解释而言，类型化与精细化的抵牾更加明显。我国的司法解释在列举之后往往和刑法条款一样，最后加上诸如"其他情节严重的情形""其他致使国家利益遭受重大损失的情形""其他严重后果"等兜底条款，似乎又回到了原初的问题。即便司法解释采用较多的列举方式，仍然难以穷尽复杂的社会现实。以非法经营罪为例，本罪可能是个罪中司法解释最多的一个，似乎司法解释非常详细、精细和明确了，但本罪在实践中的适用仍然存在较大争议，这说明即便是列举较为详尽的司法解释，仍然存在类型化与精细化的问题。这种司法解释是我国的特色，未来或许不会存在。当下类型化的处理仍应遵循上述方式进行。

第三节　刑法修正的活性化与稳定性

一、刑法修正的活性化

刑事立法活性化一词源于日本学界，核心之意为刑事立法频繁多变。[1] 我国刑法自 1997 年至今，已经有 11 个修正案，5 个单行刑法，13 个立法解释，再加上众多的刑法司法解释，我国已经进入刑法立法活性化时代。我国学者认为，我国活性化刑法立法体现在犯罪化、处罚早期化以及重刑化三个方面。[2] 活性化一词分别在"活化作用""使……活跃""活力"三种意义上使用，立法活性化显然为立法活跃之意。活跃性立法产生大量刑事法律，这些法律的内容体现出犯罪化、处罚早期化以及重型化三个方面的特征。因此，活性化立法是指立法的动态频率，而不是所立

---

〔1〕　〔日〕井田良：《刑事立法の活性化とそのゆくえ》，《法律時報》，2003 年第 75 卷第 2 号。

〔2〕　程红、吴荣富：《刑事立法活性化与刑法理念的转变》，《云南大学学报》（法学版），2016 年第 4 期。

法律的内容。

活性化立法不是灵活性立法。灵活性立法是指灵活处理立法中的具体问题，或者采取灵活性方式对某一问题以合适的立法方式予以处理。灵活性立法和原则性立法相对，原则性立法是指立法时必须遵循原则性要求，不可改变，如坚持合宪性原则、民主原则等。灵活性立法是在坚持上述原则的前提下处理具体问题时的一种具体方法，而活性化立法是对立法频率的一种描述，二者应对的是不同的问题。活性立法和稳定性立法相对，刑法变动应处理好其与刑法稳定的关系。活性化立法是应对急剧变化的社会之要求，但刑法活性化的变动必须有适度要求，无论从刑法本身的性质来看，还是从社会变化产生的需求以及观念的转变来看，刑法修正的频率都不宜过于频繁，刑法修正应该缓慢进行，不可急剧扩张。

二、刑法修正的稳定性

基于法典是我国刑法唯一的体现形式，活性立法必然导致刑法典变动频繁，过于频繁的变动必然影响法典的稳定。法典是法的最高形式，[1] 但并不是法的表达的完美形式。法以何种形式表达取决于多种因素，其中最重要的是法律规制的内容。从我国目前存在的刑法典这一刑法规范而言，无论采用何种刑法修正模式都会引起刑法典的变动，而修正的频繁必然导致刑法典经常变动。法典的稳定性不仅是指刑法典形式的稳定性，还指其内容的稳定性。

法律的变化是必然的，要保持法典的相对稳定，从形式上看，就必须保持多种立法形式，单行刑法或者附属刑法就是必要的，形式上的稳定对于促成刑法的权威具有重要性，但刑法权威的建立更多地依赖于公众认同。[2] 公众对刑法认同的基础在于刑法观与公众价值观的交流与共通。刑法观念不仅对刑事立法、司法具有重要性，也是社会观念的引导器。刑法的修正必然引起刑法规范的变化，规范变化的背后是刑法观念的转变。刑

---

〔1〕 封丽霞：《法典编纂论——一个比较法的视角》，清华大学出版社 2002 年版，第 25 页。
〔2〕 周光权：《公正认同、诱导观念与确立忠诚——现代法治国家刑法基础观念的批评性重塑》，《法学研究》，1998 年第 3 期。

法规范、刑法观念的转变可以引起公众观念的变化，刑法规范对公众观念的转变具有重要作用。关于这一点，最明显的体现是醉驾入刑对公众醉酒驾驶观念的影响上。[1] 公众观念的变化也能引起刑法观的转变。[2] 刑法的稳定在一定程度上是观念的稳定，刑法修正不应该导致公众观念上的无法接受，即刑法引起的公众观念的转变应该是渐进式的，不应导致公众的茫然失措与莫名惊诧，通过刑法修正推动人们观念的转变也必须是渐进式的。由此，在一定期限内刑法的风格是相对固定的，体现的观念是渐进连续的。刑法的稳定和发展是在观念稳定基础上的渐进发展。刑法修正的稳定性只是一种表面需求，更重要的是观念稳定基础上的观念逐步发展。

解决刑法修正的活性与稳定问题，由此看来最重要的是处理好刑法观念的稳定与发展问题。不理性的刑法只能煽动人与人之间的仇恨，加深犯罪人与受害人、犯罪人和社会之间的仇恨。它所应该做的就是怎么理性引导受害人。对受害人的抚慰和对犯罪人的惩罚是刑罚功能的两个方面。对犯罪人的惩罚并不是为了满足被害人精神上的报复要求；对被害人精神上的抚慰也不是建立在犯罪人精神损害的基础之上的。随着时代的发展，刑罚的诱导功能应该超越强制功能成为其首要的功能。[3]

第四节　刑法修正的依附性与独立性

一、增设条文的依附性

刑法修正的依附性和独立性问题目前并没有得到重视。修正的依附性是指修正增设新罪应依附于刑法典中保护同一法益的某一条文之下，因此依附性实际上仅适用于对个罪的修正。对个罪的修正主要是修正现有犯罪方式，

---

〔1〕　刘长青：《刑法新规改变市民法律观念——我市实施刑法修正案（八）新规解读》，《安阳日报》，2011年5月17日。
〔2〕　宋伟卫、丁玉玲：《刑法良善观念之引导》，《行政与法》，2004年第3期。
〔3〕　同上。

即补充、变更、新增行为或废止原行为方式，或者对原有个罪的刑罚进行修正。从对刑法总则的修正来看，其内容均属于新创制的制度，这种制度突破了刑法典总则原有的规定。即便是从总则的变更型修正来看，也具有创设新制度的成分在内。如对恐怖活动犯罪、黑社会性质组织犯罪新设为累犯的规定，即突破了原有特殊累犯仅限于国家安全罪的规定。因此，总则的修正不具有依附性，而是突破和创新。依附性修正仅限于对分则个罪的修正。

修正依附性在形式上体现为修正的条款依附于原有刑法典中的某一条款，我国刑法修正案中对修正增加的条款表述为"在刑法第×××条后增加一条（款），作为×××条之×××"的形式，表明修正内容和原有条文之间的依附关系。刑法修正采用这种方式必须有一个前提，即立法者在原有刑法中已经清晰预见并规定了所有可能被侵害的法益，这样在出现新的犯罪行为时仍然能够将该行为归于原有条款下进行修正。修正用语"作为第×××条之×××"反映出修正条文和原条文之间的依附关系。虽然我国有学者分析认为，在有些情况下二者并不存在附属关系，但立法意图似乎并非如此。如果修正不按照上述方式进行的话，则必然突破刑法典原有条文，补充新增的修正必然导致刑法典条文不断增加，而有些条文被删除后，被删除条文的序号如何处理也成为一个难题。或许为维护刑法典体系结构的完整性，修正刑法才采用了这种依附性的修正方式，进而内容上也必然被解读为修正条文和增加条文之间的依附关系，这种依附关系乃基于侵犯法益的同一性。

从刑法修正案与单行刑法、附属刑法的功能划分上来看，修正案的修正也应该是依附性的，刑法不同修正方式决定了其不同的功能。从另一个角度看，也正是由于刑法修正案修正依附性特征的存在，使得刑法修正的多种修改方式成为可能。从修正的应然层面看，如果是现有条文没有规定的法益，不应采用刑法修正案的方式进行修正，那是单行刑法或附属刑法的功能，或许这才合修正案"修正"之原意。

按照传统刑法理论中犯罪客体的分类，有一般客体、同类客体和直接客体。[1]《刑法》分则条文是对直接客体的保护。从刑法修正案修正条文

---

[1] 高铭暄、马克昌主编：《刑法学》，北京大学出版社、高等教育出版社 2005 年版，第 62—63 页。

和《刑法》原条文之间的依附关系来看，二者应是对同一直接客体的侵害，因为只有这样才能将二者归于同一条文之下。但问题是，我们目前无法穷尽对行为所侵犯的全部客体的认识，可能会出现新型客体。从我国刑法修正的情况来看，现在基本上采用的是修正案方式，如果修正案为唯一修正模式，该如何通过修正刑法的途径解决新客体被侵害的犯罪问题呢？换言之，同一的直接客体给以刑法修正案方式修正带来了麻烦，如果没有直接客体这一问题即不产生。因此，想要解决这个问题，使修正成为真正的"修正"，只有一个办法，即放弃直接客体的概念。我国《刑法》对分则的规定是按照同类客体进行划分的，虽然直接客体的形式很可能会被突破，但目前十大类客体涵盖的范围极广，因此在同类客体的概念下，新出现的直接客体被归入这十种客体是不存在问题的，而同类客体实际上就是刑法上的法益。法益是根据宪法的基本原则，由法所保护的、客观上可能受到侵害或威胁的人的生活利益，其中由刑法所保护的人的生活利益就是刑法上的法益。[1] 刑法的十类客体也可以说是十类具体法益或直接法益，在直接法益的统领下，针对新客体的犯罪可以归于某类具体法益之下。接下来的问题是新增加的条文应依附于哪一具体条文呢？

如果放弃了直接客体的概念，新增加的犯罪条款可以不依直接客体进行"入条"，这个时候可以选择最能体现新罪特征的要点进行"入条"。如新罪最典型的特征是主体，则可将其归入具有同一主体的条文；如果规定相同主体的条文有多个，则可再按照行为方式的典型特征进行"入条"，选择与其行为方式相当的法条附属于其下；如果行为方式不典型，则可按照侵害的直接对象进行"入条"，如侵害的对象相同，则可将其附加于对象相同的原条文下。我国1999年12月25日《刑法修正案》第1条修正的内容是："第一百六十二条后增加一条，作为第一百六十二条之一："隐匿或者故意销毁依法应当保存的会计凭证、会计账簿、财务会计报告，情节严重的，处五年以下有期徒刑或者拘役，并处或者单处二万元以上二十万元以下罚金。"有观点认为，基于直接客体不同，增加的这条和原第162

---

[1] 张明楷：《法益初论》，中国政法大学出版社2000年版，第167页。

条不具有依附关系，并不能将增加的这条附加于第 162 条之下。[1] 但从两个法条的内容来看，均是对会计凭证、会计账簿和财务会计报告的犯罪，犯罪对象完全相同，在法益的概念下，基于犯罪对象的同一性从而使条文仍然具有依附关系。法益概念的提倡可以将刑法修正案的依附性予以扩展，此时依附的是法益而不是直接客体，修正案模式成为刑法的修正唯一模式就成为可能。但是，这又会导致对同一犯罪对象的侵害因侵害法益的不同、刑法方式的不同或者行为主体的不同而构成不同犯罪进而依附于不同章节的不同条文之下的局面，这同样产生观感上的凌乱。

二、增设条文的独立性

由于我国刑法立法完全采用刑法典的方式，刑法的修正势必会出现某法条被众多条文依附的情况。西方有些国家有"交通刑法""经济刑法"等"专业刑法"，我国交通刑法修正之后仍然只有两个条文，但按照"交通刑法"的立法方式会有众多条文。假如仍然按照这种依附型方式修正刑法，会出现某条之二十乃至更多的情况，这显然不甚协调。同时，如果新出现某种法益或某种新的犯罪行为就可能出现无法确定可依附之法条的情况。我国近年屡次发生校园霸凌事件，但由于一些案件没有造成受害人轻伤等后果，往往只以校规处理或者依《治安管理处罚法》处理。假如将来设立欺凌罪或者无须达到轻伤害程度的暴行罪，该罪可以依附于目前刑法的第 234 条。还有许多行为无法找到依附条款，如强迫他人做某种行为——持刀威胁司机将行为人送到机场的行为。在目前刑法条文中，抢劫罪、强奸罪、强令违章冒险作业罪、强迫交易罪、强迫卖血罪、强迫卖淫罪、强迫他人吸毒罪、强迫劳动罪、强制穿戴宣扬恐怖主义极端主义服饰标志罪、强制猥亵罪都包含有强制行为，但持刀威胁他人仍难以被归入上述各罪之中。再如，西方国家普遍规定的虐待动物罪，我国《刑法》中的虐待罪是对公民权利的保护，因此虐待动物在我国也无法找到可依附的条文。

---

[1] 齐文远、刘代华：《关于中华人民共和国刑法修正案第 1 条的研讨》，《法商研究》，2001 年第 2 期。

因此，刑法立法方式应保持多样性，单一刑法典的立法方式会导致上述"依附无门"的局面，或者出现勉强依附于某一条文的不适。如《刑法》第284条之一规定的是组织考试作弊罪，非法出售、提供试题答案罪，代替考试罪。其侵害的法益是国家的正常考试秩序和公平竞争秩序，这和第284条的非法使用窃听、窃照专用器材罪侵害的法益完全不同，两罪的行为方式也不同。因此，将第284条之一的内容依附于第284条显然较为牵强。解决这种"依附无门"或者牵强依附的方法就是刑事立法采用不同的方式，如采用单行刑法、附属刑法、刑法典的方式进行。由于增加之罪往往是经济犯罪等行政犯，较具易变性，因此对这种单行刑法或者附属刑法修正的时候可以采用单独增加条款而不是附属于原有条文的形式，刑法修正的依附性和独立性问题要求刑法修正方式应具有多样性。

第五节 刑法修正的严密性与刑罚宽缓化

一、刑法修正的严密性

刑法的严密性与刑罚宽缓化并不是新鲜的话题，但却是刑法发展的趋势和追求，尤其是自宽严相济的刑事政策提出以来，我国刑法修正过程中修正的严密性与刑罚宽缓化体现得更为明显。自有刑法开始，基于刑罚权扩张的天然冲动，刑事立法及刑法适用即处于扩张状态。但刑法的扩张不等于刑法的严密性，也不会自然产生严密性刑法。刑罚的宽缓化是对刑法功能理性认识的效果；在讲求刑法威慑恐吓的时代，盛行的是重刑主义，以刑罚的严酷苛刻达到抑制犯罪的效果；在刑罚宽缓化的当下，是以刑法的严密性达至抑制犯罪的效果，因此，刑罚宽缓并不是放纵犯罪，而是以刑法严密为前提，导致刑罚适用的必然性，从而达到抑制犯罪的效果。

刑法严密是指刑事法网的严密，犯罪行为在刑法上能被规制，难逃打击。打击犯罪需要构建严密的刑事法网，储槐植教授在20世纪80年代末即对此作出科学的论证，提出"严而不厉"的刑事政策。但是刑事法网的严密不等于将任何对社会有害的行为乃至一般越轨行为规定为犯罪。刑法如何设定定罪规范，最终取决于刑事政策，定罪政策要解决的问题是如何编织刑事法网：刑事法网伸展到何处，即犯罪圈（打击面）划到多大，以及刑事法网的疏密程度怎样，即从不轨行为中筛选出何等行为进入犯罪圈。[1] 刑事法网的严密性要求合理选择进入犯罪圈的行为，这是刑事法网严密的边界和关键，因而并不是刑事法网越严密越好，否则会导致刑法对私人领域的过度入侵，造成社会治理泛刑法化的不当现象。

刑法对法益保护周延，将应该作为犯罪处理的行为没有遗漏地规定于刑法之中予以打击，这仅仅是刑法严密的初始意义，或者说是实体性严密；在刑事程序上还包括刑罚的及时性、不可避免性和处罚科学性，这是刑法适用上的严密性。迟来的正义非正义，迟来的刑罚会严重弱化法律的权威，削弱其一般预防效果。刑法适用严密不仅要求司法机关及时侦破案件，及时剥夺犯罪人的再犯能力，还要求有严密、科学的刑罚体系作为前提，使犯罪人受到合理的刑事处罚。在安徽省阜阳市原市长肖作新、胡继美夫妇受贿案中，法庭认定肖作新夫妇的各种非法所得折合人民币达 2000 多万元，但共同或者单独受贿的仅 200 余万元。最终，1000 多万元的赃款被归在巨额财产来源不明罪之下，二人得以保全性命。[2] 巨额财产来源不明罪的法定刑和贪污受贿罪的法定刑相比较低，于是犯罪人往往会选择巨额财产来源不明来减轻自己的罪责。但巨额财产来源不明罪和贪污受贿罪都是国家工作人员侵害职务廉洁性犯罪，事实上被认定为巨额财产来源不明的部分也多是行为人通过贪污受贿获得的，因此二者的法定刑不应有过大悬殊。

刑法法网的严密性目前是世界性趋势。像加拿大等国家，法律之详备，有时令我们意想不到。例如，在加拿大安大略省的道路交通法上有这样一条："任何人骑自行车上路，其自行车上至少要装有一个作用于后轮的制动系统，这样可以使骑车人在干燥、水平和清洁的路面上进行有效的制动。毫无疑问，法律的刚性来自它的严密。"[3] 法律的刚性或者说权威

---

〔1〕　储槐植：《刑事一体化论要》，北京大学出版社 2007 年版，第 82 页。

〔2〕　陈立峰：《严密法网　堵绝漏洞》，《检察风云》，2002 年第 17 期。

〔3〕　陆士华：《法律的刚性来自严密》，《今晚报》，2009 年 3 月 11 日。

性来自法律的严密性，危害程度相似的行为如果不作相似的处理，对法律权威的损害无疑更甚。

我国刑法修正体现了典型的修正严密性特征。从第一个刑法修正案到第十一个修正案，犯罪圈不断扩大，刑法调整的范围不断扩张，各种新型社会危害行为不断作犯罪化处理，对犯罪的处罚越来越严密。正如学者指出的，我国目前刑法修正既没有明显改变原有实然犯罪圈的基本结构，也没有突破应然犯罪圈的比例关系，是严密刑事法网的积极立法实践。[1]

刑事法网应如何严密，一定程度上就是合理犯罪化的问题，或者说是入罪条件设置的标准问题。从刑法修正严密性的技术上考察目前刑法修正的方式，第一是增设新罪。从历次刑法修正情况看，主要在恐怖主义犯罪、涉黑犯罪、性犯罪、环境犯罪、诈骗犯罪、食品药品安全犯罪、知识产权领域犯罪等方面不断扩大犯罪圈，将原来不作为犯罪的行为进行犯罪化处理。第二，通过司法解释严密刑事法网。比如，南京同性卖淫案即通过全国人大常委会法制工作委员会批复认定同性卖淫为卖淫；另外，比较典型的是非法经营罪，通过司法解释不断扩大本罪的调整范围。第三，通过修正个罪的构成要件达到刑法修正严密的效果。比较典型的是《刑法修正案（八）》对第338条污染环境罪的修改，通过删除不必要的构成要件"致使公私财产遭受重大损失或者人身伤亡的严重后果"降低了本罪的入罪门槛，扩大了处罚范围。可以预见在将来，对普通受贿罪的修正需要去掉"为他人谋取利益"的要件。金融诈骗类犯罪由于要求以"非法占有"为目的，实践中认定非法占有目的的存在较大困难，多采用推定的方式进行。最高人民法院2001年1月21日《全国法院审理金融犯罪案件工作座谈会纪要》（法〔2001〕8号）关于金融诈骗罪列举了几种非法占有的情形即为典型的推定。[2] 但其中第一种情况"明知没有归还能力而大量骗取资金的"之"明知"还是一种主观心理状态，对是否有归还能力仍然存在认定上的困难。在第四种情况下，"使用骗取的资金进行违法犯罪活动

---

〔1〕　白建军：《犯罪圈与刑法修正的结构控制》，《中国法学》，2017年第5期。

〔2〕　这几种情形为：（1）明知没有归还能力而大量骗取资金的；（2）非法获取资金后逃跑的；（3）肆意挥霍骗取资金的；（4）使用骗取的资金进行违法犯罪活动的；（5）抽逃、转移资金、隐匿财产，以逃避返还资金的；（6）隐匿、销毁账目，或者搞假破产、假倒闭，以逃避返还资金的；（7）其他非法占有资金、拒不返还的行为。

的",有些行为人没有非法占有的目的,甚至有时行为人使用骗取的资金进行违法犯罪活动就是为了多赚钱然后偿还之前的借款。可以预见,在今后的修正中,金融诈骗类犯罪会基于"非法占有目的"的弱化乃至排除,修正部分罪名。就洗钱罪而言,刑法通过修改洗钱罪的构成要件,不断扩大洗钱行为的上游犯罪,以达到严密打击洗钱行为的效果。第四,以积极预防的修正理念,通过刑法提前介入社会关系的调整,早期介入保护,达到严密之效果。这一点在恐怖主义犯罪、食品药品安全犯罪、网络犯罪和环境犯罪的修正中体现得尤其明显。第五,通过协调个罪关系达到严密之效果。法的严密性必然要求刑法规范具有系统性。刑法规范的系统性就是要求有关刑法的要素,诸如刑法原则、犯罪规范、刑法规范、罪刑关系等内容形成一个有机协调的整体,各条文、各部分之间相互补充,相互联系。[1] 目前我国涉及腐败犯罪的罪名分布于《刑法》分则第三章和第八章,已经形成了较为完善的反腐败罪名体系,但各罪名之间仍然存在不协调问题。以行为性质相同的挪用型腐败犯罪来看,挪用资金和挪用公款对于超期型、营利型和非法活动型规定的要件顺序不一致且表达方式有较大差别。[2] 实际上,二者主要是对象不同,行为本质均为"挪用",在行为方式和表达顺序上作相同处理为宜。

刑法修正的严密性需要处理好与兜底条款、过度刑法化之间的关系。兜底条款是列举式立法后为防止行为遗漏的无奈之举。兜底条款能够将新出现的而列举式立法又没有列明的行为方式作为犯罪处理,一定程度上兜底条款能够解决刑法立法滞后的问题,也能够体现刑法处罚的严密性,但兜底条款和构成要件的明确性要求相排斥,和罪刑法定原则有抵牾之处。清晰界定刑法应该处罚的每一种行为,才能保证处罚的严密性,因而刑法

---

〔1〕 刘孝晖:《论刑法的严密性》,《当代法学论坛》,2007年第4辑。

〔2〕 第384条挪用公款罪规定:"国家工作人员利用职务上的便利,挪用公款归个人使用,进行非法活动的,或者挪用公款数额较大、进行营利活动的,或者挪用公款数额较大、超过三个月未还的,是挪用公款罪,处五年以下有期徒刑或者拘役;情节严重的,处五年以上有期徒刑。挪用公款数额巨大不退还的,处十年以上有期徒刑或者无期徒刑。"第272条挪用资金罪规定:"公司、企业或者其他单位的工作人员,利用职务上的便利,挪用本单位资金归个人使用或者借贷给他人,数额较大、超过三个月未还的,或者虽未超过三个月,但数额较大、进行营利活动的,或者进行非法活动的,处三年以下有期徒刑或者拘役;挪用本单位资金数额巨大的,或者数额较大不退还的,处三年以上十年以下有期徒刑。"

修正的严密性也要求构成要件的明确性，应避免兜底条款的过度使用侵害刑法的明确性和严密性，出现"口袋条款"。在当下，刑法修正的严密性相当程度上就是犯罪圈的不断扩大过程，但犯罪圈的不当扩张会导致泛刑法化。由于对刑法的迷信，刑罚权具有天然的扩张冲动，更容易使得刑法陷入泛化的陷阱。刑法作为防范社会风险的手段，越来越成为预防犯罪的工具，而不是恢复正义的武器。[1] 在过度刑法化之下，刑法更可能成为侵害民众个人权利的"凶器"。合理划定犯罪圈，应以法益侵害作为基本指引，将具有法益侵害性的行为予以犯罪化处理，法益应是具体的，防止将抽象的社会秩序作为法益予以保护，所保护的集体法益应能还原成为具体的个人法益。

二、刑罚宽缓化

近来虽有学者从刑罚体系、刑罚改革理论供给不足以及刑罚改革方向性偏差等三个方面对刑罚宽缓化命题提出检讨，认为这是个似是而非的命题，[2] 但总的来看，刑罚宽缓化已成为一个世界性的趋势。刑罚宽缓化，也被称为刑罚轻缓化，是指刑罚的轻缓、宽容或宽和。我国目前刑法修正的过程中并没有出现非犯罪化的调整，因而刑罚宽缓化应将非犯罪化除外。刑罚宽缓化并不排斥诸如死刑等重刑的适用，在宽严相济的刑事政策之下更是如此，但刑罚宽缓化一定排斥严苛残酷的刑罚，刑法之初，重刑居多，且多为残暴苛酷之刑罚，刑罚宽缓化因而是人类文明发展的结果，只有文明程度提升到一定层次，才会出现刑罚宽缓化。正如美国作家房龙所言，人类的历史就是一部为争取宽容而战的历史，刑罚的发展史也恰恰印证了这一点。其实，刑事诉讼法的发展也清晰体现了被告人权利不断得到保障的状况，体现了刑事司法渐向宽容的发展过程。

由于刑罚的宽缓，犯罪人对刑罚感知力一定程度上会弱化，刑法的一

---

〔1〕 刘艳红：《积极预防性刑法观的中国实践发展——刑法修正案（十一）背后立法理念的反思》，《比较法研究》，2021 年第 1 期。

〔2〕 朱建华、彭景理：《刑罚变动根据与趋势的应然分析——基于刑罚轻缓化的反思》，《社会科学研究》，2020 年第 2 期。

般预防效果就会被减弱，对此种可能弊端的预防须以刑法的严密性来杜绝。犯罪行为必定产生刑罚的结果，因此刑罚的威慑性才不会因刑罚的轻缓化受到影响，一般预防效果才不会受到影响。刑罚宽缓化一定应以刑法的严密性为前提。我国刑法修正一方面具有刑罚宽缓化的特征，另一方面犯罪圈不断扩大，刑法修正不断严密，体现出典型的修正严密化特征，这也正是刑罚宽缓化应以刑法修正严密性为前提的修正规律作用的结果。

在刑法修正过程中，刑罚宽缓化一是体现在死刑罪名的减少上。我国《刑法修正案（八）》和《刑法修正案（九）》一共废除了 22 个罪名的死刑，司法实践中也通过各种程序限制死刑的适用。二是刑种的宽缓化，主要是财产刑开始成为刑罚的中心。三是行刑方式的宽缓化，这主要表现为以社区矫正为特征的行刑社会化。非监禁刑在目前得到了一定程度的适用，行刑过程中社会公众参与度越来越高。四是通过提升个罪的入罪门槛严格限制个罪的成立条件，从而达到刑法适用的宽缓化。如按照修正之前的《刑法》第 383 条关于贪污罪的规定，个人贪污数额五千元以上不满五万元的，无须具备特定情节即构成贪污罪。按照修正之后的该条以及 2016 年 4 月 18 日《最高人民法院、最高人民检察院关于办理贪污贿赂刑事案件适用法律若干问题的解释》的规定，个人贪污在一万元以上不满三万元，但不具有特定情节的，则不构成贪污罪，这事实上提高了贪污罪的入罪门槛。随着社会经济的发展，包括贪污罪、盗窃罪等罪在内的犯罪起点均应提高，否则实践中数额较小的贪污、盗窃犯罪数量将极大增加，司法机关则案牍劳行，应接不暇，进而导致司法资源的浪费。

刑罚宽缓化和刑法的谦抑性具有密切关系。刑法谦抑性一是要求尽可能不用刑法调整社会关系，即尽可能地缩小刑法处罚的范围，二是在适用刑法时，尽可能地采用较轻的处罚方式。因此，刑法谦抑性的范围比刑罚宽缓化更为广泛。刑法谦抑性的本意之一，即凡是使用较轻的制裁方法足以抑制某种犯罪行为、足以保护合法权益时，就不要规定较重的制裁方法。[1] 因而刑罚宽缓化也是刑法谦抑性的要求。

---

[1] 张明楷：《论刑法的谦抑性》，《法商研究》，1995 年第 4 期。

结　语

1979 年《刑法》立法之时，基于当时的社会背景、"宜粗不宜细"的立法指导思想以及立法技术的限制，刑法的政治刑法色彩浓厚。同时，基于对刑法所谓"阶级本质"的认识，刑法对经济关系的调整缺乏前瞻性。因此这部《刑法》很快无法适应社会的巨变。当时刑法的修正主要采用单行条例、补充规定和决定的形式进行。由于存在的众多的单行刑法、附属刑法，刑法规范严重分散，并难免有重合、矛盾之处。这在相当程度上影响了刑法的稳定性、统一性和权威性。此后，基于对刑法法典化的追求以及受世界主要国家刑法法典化影响，1997 年《刑法》在整合原单行刑法、附属刑法的基础上产生，至今已经有 24 个年头。此后刑法修正主要采用修正案、单行刑法和立法解释的形式进行。目前共有 11 个刑法修正案，13 个立法解释，5 个单行刑法。通过对我国刑法修正案的实证分析，可以发现其形式上具有修正时间审势即时、修正前瞻性弱以及修正频率高等特征。由条文数量过于悬殊反映出立法机关在 1997 年《刑法》出台后并没有对刑法条文进行过系统梳理。修正案具有溯及力的依附性、生效时间的应急性和时间规定的重复性特征。现行《刑法》条文编号具有正当性，并不能以宪法修正案的编号来对待刑法修正案的编号。在条文序号上，生效时间条款的序号应予以变通。修正案内容反映出以实用性为修正的指导思想，同时突出民生的刑法保护。修正内容广泛，并突出经济犯罪的修正重点。修正案进行大规模的犯罪化，犯罪圈在形式上极大扩张。受积极刑法观影响，预防性条款增多。从《刑法》总则到具体制度，刑事政策影响刑法修正较为明显。

从国外刑法修正情况看，大陆法系主要国家的刑法修正方式多样，刑法修正案只是其中的一种。修正程序上，刑法修正都是通过议会投票通过，且修正频繁。在内容上，刑事政策、社会现实、观念的变化以及民意对刑法修正影响甚巨，新型犯罪虽不断出现，但对刑法典的修正慎之又慎。英美法系国家的刑法修正，体现出典型的犯罪化的特征，并注重立法清理，修正一般不采用修正案的方式进行。刑法修正案可以保证刑法典的稳定性并维持法典的结构，但保持这种结构和稳定性并不是刑法终极的追求。法典是为维护社会秩序服务的，也必然会因社会形势的变化发生变革，法典的稳定性由此只能是暂时的和相对的。修正案是目前刑法修改的主要形式，但不应是唯一的形式。成文法主义不是法典主义，无论法典的形式有多完美，都不应作为一种终极追求。刑法的整体性并不在于有一部形式统一的刑法典，而在于所有的刑事法律都具有一个"精神领袖"，即现代刑法应具有的人权保障、谦抑理念以及刑事法治的品格，刑法的整体性应该主要是指刑法精神的整体性，而不是仅指其形式上的统一和整体性。由此，刑法修正维护刑法典的结构等形式意义就不是绝对的，这意味着刑法修正不必一定要以修正案的方式进行，采用单行刑法、附属刑法等修正方式就成为必要的选择。未来我国刑法修订应摒弃单一的刑法典模式，改为分散式、多种法律渊源并行的模式。[1]

刑法修正的乱象一定程度上反映出刑法修正需要具备必要条件，方可启动修正。刑法修正首先需要进行现有条文的适用评估。法律作为一种资源性存在决定了评估规范的必要性，评估需要规范的穷尽适用、不再适用和不能适用的结论，条文评估可以通过刑法解释、条文清理以及价值判断进行。同时需要协调不同条文之间的关系，使刑法的制裁体系规范有序、协调衔接。刑法修正增设条文的规范性标准，需要具备合宪性以及不具有消极影响，入罪设置和刑罚设置是其中关键之处，并且需要评估新增罪名的可行性与实效性，避免坠入表面的象征意义。在具备上述两个条件的情况下，仍需要注意修正的慎重性，对修正《刑法》总则、设立新罪和加重刑罚均应慎重进行。慎重性要求的实现可以通过确定修正规划、完善修正技术以及厘清修正权限途径等完成。

刑法修正中的核心问题，即法益的确定、选择。刑法以法益保护为任务，因而修正时应以法益保护为中心确立修正方向，选择保护对象，设定保护条款。基于自由主义的价值预设，刑法法益概念在我国具有自由主义的研究范式。从法益概念发展史来看，法益自由主义的基因实际上是种误

---

〔1〕 林乐鸣：《我国刑法修订模式的反思与展望》，《中国社会科学报》，2020 年 9 月 9 日。

解。在其初期的"财侵害"阶段，法益已经与启蒙主义的自然法思想产生断裂，宾丁的"理性的民族精神"又使其坠入了另一个玄思之中导致无法明晰或权威主义。纳粹德国时期，精神化的法益概念急剧扩张，其"结果相对性"导致结果定型性的丧失，构成要件明确性受到损害。此后伦理化法益的"文化财"概念出现，其与国家权力的限制、自然权尊重的自由主义的个人主义倾向已经相去甚远。威尔哲尔提出的"法的心情的基本价值"的内容非常模糊，难以实现构成要件的个别化、明确化。二战之后，法益才开始与启蒙主义相关联。20世纪70年代德国的除罪化改革，并不能简单地认为是法益影响下的胜利，而是挑战传统性观念和性道德的社会思想和社会运动的结果。法益概念在我国司法实践中的使用极其混乱，法益的实质在于提供了处罚确定性的导向。在所谓风险社会的安全刑法之下，刑法法规领域中的法益关联性已极为稀薄化，安全无论是作为法益还是与法益并立的立法转向，都要求处罚的确定性指向。法益确定的标准在于保护的必要性、可接受性与现实性。

德国大联合政府通过大量的个别措施几乎从根本上修改了刑法典，刑法科学家批评每一次的修改，指责其缺少"指导思想"（idée directrice）。[1]我国刑法修正同样需要一定的指导思想。在罪刑法定原则安定价值之下，频繁修正刑法并不符合罪刑法定的要求。罪刑法定原则要求的是法律主义而不是法典主义，由此旨在维护刑法典完整性的刑法修正案就不应是刑法变动的唯一形式。同时，刑事法律的整体性之"整体"在于刑法应具有的统领全部条文的精神而不是形式上统一的一部法典，这也意味着刑法修正案维护刑法典的结构等形式意义是次要的。社会变化、对犯罪现象认识的逐渐深入、摆脱刑法修正的随意性以及刑法修正的目的都需要前瞻性理念。前瞻性意味着一定程度上刑法修正的理想化状态，但仍需注意刑法修正的理想和现实之间的关系，即注意前瞻性理想化修正的同时，需要协调修正的现实性，即可操作性，毕竟法律的生命在于实施，这要求前瞻性应是必要和可行的，前瞻性修正需要进行前瞻性调查以及合理使用抽象性用语和类型性用语。刑法修正目的应明确和理性，修正不应盲目或进行冲动

---

〔1〕 ［德］米夏埃尔·库比策尔：《德国刑法典修正视野下的刑事政策与刑法科学关系研究》，谭淦译，《中国应用法学》，2019年第6期。

性立法。作为刑法的基本品格，刑法修正当然需要遵循谦抑性原则。

刑法修正案不是刑法文本，也不是刑法的渊源，其意义仅在于生成新的刑法文本。刑法修正案在修正旧刑法的基础上使新的刑法文本得以产生，在新的刑法文本产生后刑法修正案的使命实际上已经完成。单行刑法主要基于规制新的经济犯罪行为而出现，因而有时可能具有"应急性"，但从社会现实变化的恒久性来看，这种应急性又会长期存在，这决定了单行刑法也会长久存在。刑法修正案则依存于刑法典而存在。单行刑法与修正案都具有创制新罪名、解释新概念、调整犯罪主体、改变犯罪成立要件、修改法定刑等功能，但单行刑法更具创制和适用上的灵活性。在内容上，附属刑法专门针对易变的社会现实作出反应，故其多是一些新型的较为复杂的犯罪，一般不关涉传统型犯罪。而从目前的现实看，修正案可以说无所不能，从总则到分则，从罪的构成到刑罚的调整，均可以采用修正案的形式进行。附属刑法以非刑事法律的存在为前提，非刑事法律成为附属刑法的前置性法律，而刑法修正案则附属于刑法典而存在。刑法立法解释只有在原条文本身存在需要厘清的问题或者产生理解上的分歧时，才有解释的必要。在刑法条文本身比较概括时应采用立法解释的形式予以细化。在刑法条文需要废止时只能采用修正案的形式而不可采用立法解释的方式。刑法立法解释是对刑法的明确和补充，是在刑法原规定基础上的进一步延伸，因此其不应超越刑法的既有规定，不能突破刑法既有规定预示的可能范围，这使得刑法立法解释在性质上具有受刑法限制的特点。刑法修正案虽然在形式上依附于刑法，但在内容上是对刑法既有规定的变革、颠覆或完善。刑法修正案具有"如何修正＋修正内容"的结构，"如何修正"的语言不同于刑法典规范所使用的语言，这种语言差异构成了刑法修正案的基本特征。修正用语是修正案突出的语言表达形式。修正用语的类型共有三种，即变更原文型、增加条款型和废止型。三种类型的修正适应不同类型的修正需求。修正用语本身并不是刑法规范，它是沟通新旧规则的一种联系语言，因而其本质是沟通用语，目的在于促生新的刑法规范。从语义学角度分析，修正用语具有概念明确性和结构固定性两个特征，其中介宾结构句式和动宾结构句式存在误用情形。宪法修正和刑法修正均采用修正案形式，但两者的修正用语存在较大区别，尤其是在符号"，"和

"之"字的使用上。修正语言的表达技术要处理好三种关系：一是法律用语与政治用语，二是确定用语与模糊用语，三是中立用语与偏见用语。

刑法修正案草案是刑法修正案原型，因而其质量至关重要。依据现有规定，起草主体可以多样，但事实上我国目前刑法修正案草案的起草具有起草主体的唯一性特征，但起草参与主体比较多。这决定了起草方式具有一定的合作性，起草程序具有规范性步骤，因而起草程序具有制度化特征。修正案草案的公开具有民主、科学修正刑法功能，思想观念修正功能和权力控制功能。代议制民主理论、程序正义理论和利益博弈理论是刑法修正案草案公开的基础，草案公开的方式具有多样性，针对不同地区的现实情况，可以采用多种方式。目前网络参与成为主要的方式，但应注意数据鸿沟等信息分化导致的信息垄断衍生的参与性差异。

学者提出刑法修正的平衡思维，即严密法网、宽缓刑罚以及平等和均衡。[1] 刑法修正体现出不同的修正进路和修正价值趋向，因而还应处理好刑法修正的适度扩张与限缩，刑法修正的精细化与合理类型化，刑法修正的活性化与稳定性，刑法修正的依附性与独立性之间的关系。上述修正事项的平衡一定程度上是刑法修正科学化的保证。如果使刑事处罚的扩张与适度限缩达到合适的比例，是最完美的结果。然而，由于社会的变化发展、犯罪观念的变化、对新型侵害行为的认识、社会的可接受程度的逐渐理性与稳定，都需要一个过程。因此，或许二者的比例永不可能达到完美的比例，只能是一种动态平衡下的相对合理。二是刑法修正的精细化与合理类型化。我国刑法修正仍然存在条款设置不精细、语言表达不精细、行为方式设置不精细以及法定刑设置不精细的问题。基于法律的资源性存在要求，刑法修正的精细化必须同时注重修正的合理类型化。三是刑法修正的活性化与稳定。活性化立法是应对急剧变化的社会之要求，但刑法活性化的变动必须适度，无论是从刑法本身的性质来看，还是从社会变化产生的需求以及观念的转变来看，刑法修正都不宜过于频繁，刑法修正应该缓慢进行，而不可急剧扩张。刑法的稳定更重要的是观念的稳定，是观念稳定基础上的渐进发展式稳定，刑法修正的形式稳定性只是一种表面需求，

---

[1]　付立庆：《平衡思维与刑法立法科学化》，刘仁文主编：《刑法修正评估与立法科学化》，社会科学文献出版社2018年版，第75—78页。

更重要的是观念稳定基础上的逐步发展。四是刑法修正的依附性与独立性。刑法的增设条文须依附于现有条文而存在，个罪的修正更是如此。因此，合理认定被依附的条文至关重要。在新罪无法依附于合适的条文时，增设条文具有独立性，这倒逼刑法修正形式应具有多样性。五是刑法修正的严密性与刑罚宽缓化。刑法修正需要刑事法网的严密，但刑罚宽缓是刑法发展的趋势。

从我国刑法修正现状来看，刑法正"疾驰"在高速扩张犯罪圈的修正道路上，在积极预防观的指引下，处罚不断前置，许多犯罪的法定刑被提高。数量较少的宽缓化修正难以遮掩上述现实。这究竟是犯罪圈的合理严密，还是内涵不当的情绪化修正？究竟是合理的提前预防，还是过度对社会生活的介入？这些都是需要反思的问题。民主法治社会，国家权力合法性的全部基础在于保障公民的权利与自由，一切法规范皆应朝着足以防堵公民权利遭受侵害之方向发展，而不是无目的地扩张自己的领地。[1] 2019年11月14日《最高人民法院关于依法妥善审理高空抛物、坠物案件的意见》（法发〔2019〕25号）发布，对高空抛物行为的处理做了详细的解释，分别可按以危险方法危害公共安全罪、故意杀人罪、故意伤害罪、过失致人重伤死亡罪、重大责任事故罪处理。一年后，《刑法修正案（十一）》增设高空抛物罪："从建筑物或者其他高空抛掷物品，情节严重的，处一年以下有期徒刑、拘役或者管制，并处或者单处罚金。有前款行为，同时构成其他犯罪的，依照处罚较重的规定定罪处罚。"显然，高空抛物罪只能适用于没有产生现实危害结果但具有危险发生的情形，发生具体结果构成其他犯罪的，按照上述司法解释确定的罪名处理。因而新设的高空抛物罪的实际适用范围可能极低，其最大的意义在于保护民众的心理安全感这一抽象法益以及由此带来的立法回应效果，通过对民意的顺从获取政治性意义。

有学者认为，当前的刑法修正是对刑法典多频次、大范围的修改，很难说刑法典现在有完整性、稳定性和连续性。因此，要破除单一法典化的

---

〔1〕 何荣功：《谨慎对待积极刑法立法观》，刘仁文主编：《刑法修正评估与立法科学化》，社会科学文献出版社2018年版，第105页。

立法方式，将刑法典、单行刑法与附属刑法相结合。[1]　笔者以为，1997年《刑法》发布至今已有 24 个年头，但由于主要采用刑法修正案的方式，刑法的形式统一和完整性得到较好的保持，因而大规模修改刑法的必要性仍然不足。未来仍然会以刑法修正案为主、单行刑法为辅，附属刑法则基本上难以被适用。立法解释在时机成熟的时候会被吸收到刑法修正案之中，因而刑法立法解释的独立性和价值相对于修正案而言实为孱弱。像1979 年《刑法》那样的修订时机仍然未到。

　　未来刑法对有些犯罪的修正会进一步分解、细化，经济领域犯罪、知识产权领域犯罪、金融安全领域犯罪、国家安全领域犯罪、公共卫生领域犯罪的修正仍然会继续。对恐怖主义、极端主义、分裂主义的打击会加大，并强化对这些犯罪处罚的早期化。对公民个人权利的保护与对抽象法益的保护会并行修正。刑罚的设置会更加科学合理，轻罪的处罚将更加突出宽缓性，新的刑罚种类可能出现。刑法修正的公众参与会更加明显，回应民众对热点问题的关切、公开民主修正刑法将成为常态。

---

〔1〕　童德华：《当代中国刑法法典化批判》，《法学评论》，2017 年第 4 期。

参考文献

著作类文献

1. 陈嘉映：《语言哲学》，北京大学出版社 2003 年版。

2. 陈兴良：《本体刑法学》，商务印书馆 2001 年版。

3. 陈兴良：《刑法哲学》，中国政法大学出版社 1992 年版。

4. 陈兴良：《刑法的知识转型（方法论）》，中国人民大学出版社 2012 年版。

5. 储槐植：《美国刑法》，北京大学出版社 2005 年版。

6. 储槐植：《刑事一体化与关系刑法论》，北京大学出版社 1997 年版。

7. 封丽霞：《法典编纂论——一个比较法的视角》，清华大学出版社 2002 年版。

8. 高铭暄、陈璐：《〈中华人民共和国刑法修正案（八）〉解读与思考》，中国人民大学出版社 2011 年版。

9. 高铭暄、马克昌主编：《刑法学》（第三版），北京大学出版社、高等教育出版社 2019 年版。

10. 高铭暄、王作富主编：《新中国刑法的理论与实践》，河北人民出版社 1988 年版。

11. 高铭暄、赵秉志编著：《新中国刑法学研究历程》，中国方正出版社 1999 年版。

12. 高铭暄主编：《刑法学原理》（第 1 卷），中国人民大学出版社 1993 年版。

13. 高铭暄：《中华人民共和国刑法的孕育诞生和发展完善》，北京大学出版社 2012 年版。

14. 高铭暄、赵秉志：《中国刑法立法之演进》，法律出版社 2007 年版。

15. 郭立新：《刑法立法正当性研究》，中国检察出版社 2005 年版。

16. 姜望琪：《当代语用学》，北京大学出版社 2003 年版。

17. 李洁：《论罪刑法定的实现》，清华大学出版社 2006 年版。

18. 李卫红：《刑事政策学》，北京大学出版社 2009 年版。

19. 李卫红：《刑事政策学的重构及展开》，北京大学出版社 2008 年版。

20. 李旭东：《法律话语论——法律本位之研究》，山东人民出版社 2009 年。

21. 李泽厚：《中国古代法律思想史论》，生活·读书·新知三联书店 2008 年版。

22. 林山田：《刑法特论》（上册），台湾三民书局 1978 年版。

23. 刘仁文主编：《刑法修正评估与立法科学化》，社会科学文献出版社 2018 年版。

24. 刘应明、任平：《模糊性：精确性的另一半》，清华大学出版社、暨南大学出版社 2000 年版。

25. 罗传贤编著：《立法程序》，龙文出版社 1993 年版。

26. 马长山：《法治的社会根基》，中国社会科学出版社 2003 年版。

27. 毛茂臣：《语义学：跨学科的学问》，学林出版社 1988 年版。

28. 邱兴隆：《刑罚理性导论——刑罚的正当性原论》，中国政法大学出版社 1998 年版。

29. 沈岿：《公法变迁与合法性》，法律出版社 2010 年版。

30. 石安石：《语义论》，商务印书馆 1993 年版。

31. 宋冰编：《程序、正义和现代化——外国法学家在华演讲录》，中国政法大学出版社 1988 年版。

32. 苏国勋：《理性化及其限制——韦伯思想引论》，上海人民出版社 1988 年版。

33. 苏力：《法治及其本土资源》，中国政法大学出版社 2004 年版。

34. 孙万怀：《在制度和秩序的边际——刑事政策的一般理论》，北京大学出版社 2008 年版。

35. 孙新强：《法典的理性——美国统一商法典法理思想研究》，山东人民出版社 2006 年版。

36. 万其刚：《立法理念与实践》，北京大学出版社 2006 年版。

37. 王宏玉主编：《刑事政策学》，中国人民公安大学出版社 2011 年版。

38. 王洁主编：《法律语言学教程》，法律出版社 1997 年版。

39. 王利明：《侵权行为法归责研究》，中国政法大学出版社 1992 年版。

40. 王世杰、钱端生：《比较宪法》，商务印书馆 1999 年版。

41. 王政勋：《刑法修正论》，陕西人民出版社 2001 年版。

42. 谢望原、卢建平等：《中国刑事政策研究》，中国人民大学出版社 2006 年版。

43. 许章润等：《法律信仰——中国语境及意义》，广西师范大学出版社 2003 年版。

44. 杨春洗主编：《刑事政策论》，北京大学出版社 1994 年版。

45. 杨斐：《法律修改研究：原则·模式·技术》，法律出版社 2008 年版。

46. 易有禄：《正当立法程序研究——以立法权正当行使的程序控制为视角》，中国社会科学出版社 2009 年版。

47. 张明楷：《法益初论》，中国政法大学出版社 2000 年版。

48. 张明楷：《外国刑法纲要》（第二版），清华大学出版社 2020 年版。

49. 张文显：《法哲学范畴研究》（修订版），中国政法大学出版社 2001 年版。

50. 章国锋：《关于一个公正世界的"乌托邦"构想——解读哈贝马斯〈交往行为理论〉》，山东人民出版社 2001 年版。

51. 周旺生：《立法学》，法律出版社 1998 年版。

52. 周晓虹：《现代社会心理学——社会学、心理学和文化人类学的综合探索》，江苏人民出版社 1991 年版，第 473 页。

53. ［奥］欧根·埃利希：《法社会学原理》，舒国滢译，中国大百科全书出版社 2009 年版。

54. ［波兰］沙夫：《语义学引论》，罗兰、周易译，商务印书馆 1979 年版。

55. ［澳］维拉曼特：《法律导引》，张智仁、周伟文译，上海人民出版社 2001 年版。

56. ［比］马克·范·胡克：《法律的沟通之维》，孙国东译，法律出版社 2008 年版。

57. ［德］阿图尔·考夫曼：《法律哲学》，刘幸义等译，法律出版社 2004 年版。

58. ［德］弗里德里希·卡尔·冯·萨维尼：《论立法与法学的当代使命》，许章润译，中国法制出版社 2001 年版。

59. ［德］古斯塔夫·拉德布鲁赫：《法律智慧警句集》，舒国滢译，中国法制出版社 2001 年版。

60. ［德］汉斯·海因里希·耶塞克、托马斯·魏根特：《德国刑法教科书》，徐久生译，中国法制出版社 2001 年版。

61. ［德］拉德布鲁赫：《法哲学》，王朴译，法律出版社 2005 年版。

62. ［德］乌尔里希·贝克：《世界风险社会》，吴英姿、孙淑敏译，南京大学出版社 2004 年版。

63. ［德］乌尔里希·齐白：《全球风险社会与信息社会中的刑法：二十一世纪刑法模式的转换》，周遵友、黄笑岩译，中国法制出版社 2012 年版。

64. ［德］乌尔斯·金德霍伊泽尔：《刑法总论教科书》，蔡桂生译，北京大学出版社 2015 年版。

65. ［俄］Н.Ф.库兹涅佐娃、И.М.佳日科娃：《俄罗斯刑法教程（总论）上卷·犯罪论》，黄道秀译，中国法制出版社 1999 年版。

66. ［法］马克·安塞尔：《新刑法通论》，卢建平译，香港天地图书有限公司 1990 年版。

67. ［法］托克维尔《论美国的民主》（下），董国良译，商务印书馆 1996 年版。

68. ［美］G. A. 阿尔蒙德：《比较政治学：体系、过程和政策》，曹沛霖等译，上海译文出版社 1987 年版。

69. ［美］安·赛德曼、［美］罗伯特·鲍勃·赛德曼、［斯里兰卡］那林·阿比斯卡：《立法学——理论与实践》，刘国福译，中国经济出版社 2008 年版。

70. ［美］本杰明·N. 卡多佐：《法律的成长——法律科学的悖论》，董炯等译，中国法制出版社 2002 年版。

71. ［美］房龙：《人的解放》，郭兵、曹秀梅、季广志译，北京出版社 1999 年版。

72. ［美］富勒：《法律的道德性》，郑戈译，商务印书馆 2005 年版。

73. ［美］哈伯特·L. 帕克：《刑事制裁的界限》，梁根林等译，法律出版社 2008 年版。

74. ［美］汉密尔顿等：《联邦党人文集》，程逢如等译，商务印书馆 1980 年版。

75. ［美］科恩：《论民主》，聂崇信、朱秀贤译，商务印书馆 2007 年版。

76. ［美］罗伯特·B. 塞德曼：《立法服务手册》，赵庆培、杨华译，中国政法大学出版社 1992 年版。

77. ［美］罗伯特·达尔：《论民主》，李柏光、林猛译，商务印书馆 1999 年版。

78. ［美］罗斯科·庞德：《通过法律的社会控制》，沈宗灵等译，商务印书馆 1984 年版。

79. ［美］迈克尔·罗斯金等：《政治科学》，林震等译，华夏出版社 2001 年版。

80. ［美］约翰·V. 奥尔特：《正当法律程序简史》，杨明成、陈霜玲译，商务印书馆 2006 年版。

81. ［美］约翰·吉本斯：《法律语言学导论》，程朝阳、毛凤凡、秦明译，法律出版社 2007 年版。

82. ［美］约翰·克莱顿·托马斯：《公共决策中的公民参与：公共管理者的新技能与新策略》，孙柏瑛等译，中国人民大学出版社 2005 年版。

83. ［美］约翰·罗尔斯：《政治自由主义》，万俊人译，译林出版社 2000 年版。

84. ［日］木村龟二主编：《刑法学词典》，顾肖荣等译，上海翻译出版公 1991 年版。

85. ［日］西原春夫：《刑法的根基与哲学》，顾肖荣等译，法律出版社 2004 年版。

86. ［意］贝卡里亚：《论犯罪与刑罚》，黄风译，中国大百科全书出版社 1993 年版。

87. ［意］杜里奥·帕多瓦尼：《意大利刑法学原理》，陈忠林译，法律出版社 1998 年版。

88. ［意］恩里科·菲利：《犯罪社会学》，郭建安译，中国人民公安大学出版社 1995 年版。

89. ［英］戴维·赫尔德：《民主的模式》，燕继荣等译，中央编译出版社 1998 年版。

90. ［英］彼得·斯坦、约翰·香德：《西方社会的法律价值》，王献平译，中国人民公安大学出版社 1990 年版。

91. ［英］边沁：《道德与立法原理导论》，时殷弘译，商务印书馆 2000 年版。

92. ［英］哈耶克：《法律、立法与自由》（第一卷），邓正来等译，中国大百科全书出版社 2000 年版。

93. ［英］拉兹：《法律体系的概念》，吴玉章译，中国法制出版社 2003 年版。

94. Caryl E. Rusbult et al. , *Forgiveness and Relational Repair*, *in Handbook of Forgiveness*, Taylor and Francis Press, 2007.

95. Douglas Hay & Peter Linebaugh, *Property*, *Authority and the Criminal Law in Albion's Fatal Tree*：*Crime and Society in Eighteenth － Century England*, Uni. Verso Press, 1975.

96. Hannah Arendt, *The Human Condition*, the University of Chicago Press, 1998.

97. John Hospers, *Psychoanalysis and Moral Responsibility*, *in The Prob-*

lems of Philosophy, William P. Alston & Richard B. Brandt eds. 1978.

98. Lucia Zedner, "Preventive Justice or Pre – Punishment? The Case of Control Orders", *Current Legal Problems*, Oxford University Press, 2007.

99. M. L. Friedland, *A Century of Criminal Justice*, Carswell Pub. , 1984.

100. Mahmoud Ayoub, *Repentance in the Islamic Tradition*, in Repentance: *A Comparative Perspective*, Amitai Etzioni & David E. Carney eds. 1997.

101. Robert Luce, *Legislative Procerdure Parliamenttary Practices and the Course of Business in the Framing of Statutes*, Boston and New York Houghton Company, 1922.

102. Sullivan & Ian Dennis (eds.), *Seeking Security: Pre – Empting the Commission of Criminal Harms*, Oxford and Portland, 2012.

期刊类文献:

103. 〔德〕米夏埃尔·库比策尔:《德国刑法典修正视野下的刑事政策与刑法科学关系研究》,谭淦译,《中国应用法学》,2019 年第 6 期。

104. 〔德〕汉斯·约格·阿尔布莱希特:《安全、犯罪预防与刑法》,赵书鸿译,《人民检察》,2014 年第 16 期。

105. 〔德〕克劳斯·罗克辛:《刑法的目的难道不是保护法益吗?》,樊文译,陈兴良主编:《刑事法评论》(第 19 卷),北京大学出版社 2006 年。

106. 〔日〕井田良:《刑事立法の活性化とそのゆくえ》,《法律時報》,2003 年第 75 卷第 2 号。

107. 〔德〕罗伯特·阿列克西:《法律的重构、论证与实践——于尔根·哈贝马斯的法律商谈理论》,万平译,《中南财经政法大学研究生学报》2006 年第 4 期。

108. 白建军:《犯罪圈与刑法修正的结构控制》,《中国法学》,2017 年第 5 期。

109. 蔡定剑:《走向有法可依》,《太平洋学报》,2008 年第 12 期。

110. 常安:《国家社会科学基金法学类立项项目分析——从基金的角

度看当代中国法学发展状况》，《法商研究》，2006 年第 1 期。

111. 陈红萍、郑爱菊：《理论思维的前瞻性》，《学术研究》，2006 年第 11 期。

112. 陈晖：《刑法学科学主义倾向之反思》，陈兴良主编：《刑事法评论》（第 19 卷），北京大学出版社 2007 年版。

113. 陈家林：《论刑法中的危险概念》，《云南大学学报》（法学版），2007 年第 2 期。

114. 陈璐：《犯罪化如何贯彻法益侵害原则》，《中国刑事法杂志》，2014 年第 3 期。

115. 陈兴良：《从政治刑法到市民刑法》，陈兴良主编：《刑事法评论》（第 1 卷），中国政法大学出版社 1997 年版。

116. 陈兴良：《法学：作为一种知识形态的考察——尤其以刑法学为视角》，陈兴良主编：《刑事法评论》（第 7 卷），中国政法大学出版社 2000 年版。

117. 陈兴良：《犯罪范围的扩张与刑罚结构的调整——刑法修正案九述评》，《法律科学》，2016 年第 4 期。

118. 陈兴良：《风险刑法与刑法风险双重视角的考察》，《法商研究》，2011 年第 4 期。

119. 陈兴良：《宽严相济刑事政策研究》，《法学杂志》，2006 年第 1 期。

120. 陈兴良：《宪政视野中的刑法》，《华东刑事司法评论》，2002 年第 2 期。

121. 陈兴良：《相似与区别：刑法用语的解释学分析》，《法学》，2000 年第 5 期。

122. 陈兴良：《刑事政策视野中的刑罚结构调整》，《法学研究》，1998 年第 6 期。

123. 程凡卿：《社会变迁与新中国刑法发展的良性互动》，《法律适用》，2011 年第 4 期。

124. 程红、吴荣富：《刑事立法活性化与刑法理念的转变》，《云南大学学报》（法学版），2016 年第 4 期。

125. 程鸿勤：《"宽严相济"法律文化的思考》，《北京政法职业学院学报》，2006 年第 1 期。

126. 储槐植：《刑罚现代化：刑法修改的价值定向》，《法学研究》，1997 年第 1 期。

127. 丛日云：《当代中国政治语境中的"群众"概念分析》，《政法论坛》，2005 年第 2 期。

128. 邓正来：《后形而上时代的"沟通主义法律观"——〈法律的沟通之维〉代译序》，《社会科学》，2007 年第 10 期。

129. 丁爱萍：《开门立法有益于提高立法质量》，《人大研究》，2008 年第 3 期。

130. 丁建峰：《立法语言的模糊性问题——来自语言经济分析的视角》，《政法论坛》，2016 年第 2 期。

131. 杜邈：《反恐背景下澳大利亚刑法修正及其借鉴》，《南都学坛：南阳师范学院人文社会科学学报》，2007 第 1 期。

132. 段立文：《简述十年来单行刑事法规对刑法的补充、修改》，《当代法学》，1991 年第 2 期。

133. 范立波：《原则、规则与法律推理》，《法制与社会发展》，2008 年第 4 期。

134. 范忠信：《再论新刑法的局限与缺陷》，《法学》，1999 年第 6 期。

135. 冯军：《和谐社会与刑事立法》，《南昌大学学报》（人文社会科学版），2007 年第 2 期。

136. 付立庆：《论刑法适用中的隐性不平等——以刘海洋案为视角的考察》，《法律科学》，2004 年第 2 期。

137. 高铭暄、郭玮：《我国刑法修正模式辨正》，《法学杂志》，2018 年第 12 期。

138. 高铭暄、吕华红：《刑法修正案对刑法典的修订》，《河南省政法管理干部学院学报》，2009 年第 1 期。

139. 高铭暄、苏惠渔、于志刚：《从此踏上废止死刑的征途——刑法修正案（八）草案死刑问题三人谈》，《法学》，2010 年第 9 期。

140. 高铭暄、孙道萃：《预防性刑法观及其教义学思考》，《中国法学》，2018 年第 1 期。

141. 高铭暄、孙晓：《论国家政治决策与刑法的变革》，《法学杂志》，2009 年第 3 期。

142. 高铭暄、王秀梅：《当代国际刑法的新发展》，《法律科学》，2006 年第 2 期。

143. 高铭暄、赵秉志：《改革开放三十年的刑法学研究》，《中国刑事法杂志》，2009 年第 3 期。

144. 高铭暄：《风险社会中刑事立法正当性研究》，《法学论坛》，2011 年第 4 期。

145. 高铭暄：《社区矫正写入刑法的重大意义》，《中国司法》，2011 年第 3 期。

146. 高石：《关于刑事立法与执法的协调发展问题》，《法学》，1984 年第 4 期。

147. 龚红卫：《我国刑法修正中犯罪化现象反思》，《犯罪研究》，2017 年第 5 期。

148. 龚培华：《我国刑法修正的特点及发展》，《东方法学》，2010 年第 5 期。

149. 郭健、周建军：《我国台湾地区宽严并进的刑事政策与刑法修正》，《云南大学学报》（法学版），2006 年第 6 期。

150. 郭跃：《论立法精细化的标准与实现路径》，《学术界》，2016 年第 2 期。

151. 郭泽强：《从立法技术层面看刑法修正案》，《法学》，2011 年第 4 期。

152. 郝兴旺：《我国单行刑法的若干基本理论问题研析》，《法学家》，1999 年第 4 期。

153. 何炬：《围观者融入群体性事件的成因及防治对策》，《福建警察学院学报》，2009 年第 3 期。

154. 何鹏、张凌：《法国新刑法总则的若干特色》，《法制与社会发展》，1995 年第 3 期。

155. 何鹏：《评日本刑法的修改》，《现代日本经济》，1988 年第 2 期。

156. 何鹏：《评意大利刑法的修改》，《政法论坛》，1987 年第 6 期。

157. 何勤华：《立法超前——法律运行的规律之一》，《法学》，1991 年第 4 期。

158. 何荣功：《预防刑法的扩张及其限度》，《法学研究》，2017 年第 4 期。

159. 何泽锋、李永广：《成文法典局限性及其克服》，《河南科技大学学报》（社会科学版），2007 年第 2 期。

160. 黑静洁：《刑法修正案之立法质量的实证考察》，《中国刑事法杂志》，2010 年第 5 期。

161. 侯国云：《刑法修正案（五）的立法缺陷及理解》，《法学》，2005 年第 5 期。

162. 侯艳芳：《刑罚轻缓化趋势及其价值基础研究》，《河南大学学报》（社会科学版），2008 年第 4 期。

163. 胡莎：《缓解过度犯罪化问题的公正应得报应理论》，《宁夏大学学报》（人文社科版），2015 年第 5 期。

164. 胡霞：《国家安全视阈下刑法的预防性路径研究》，《中国刑事法杂志》，2017 年第 5 期。

165. 黄京平、彭辅顺：《刑法修正案的若干思考》，《政法论丛》，2004 年第 3 期。

166. 黄京平：《新刑法实施十周年的走向及评价》，《法学家》，2008 年第 1 期。

167. 黄明儒：《论刑法的修改形式》，《法学论坛》，2011 年第 3 期。

168. 黄太云、高翔：《〈中华人民共和国刑法修正案〉简介》，《中国司法》，2000 年第 3 期。

169. 黄太云：《刑法修正案（六）的理解与适用》（上），《人民检察》，2006 年第 7 期（下）。

170. 黄太云：《刑法修正案和刑法立法解释溯及力问题探析》，《人民检察》，2006 年第 10 期。

171. 冀莹：《"英国预防性刑事司法"评介与启示——现代刑法安全保障诉求的高涨与规制》，《政治与法律》，2014 年第 9 期。

172. 姜敏：《刑法预防性立法对犯罪学之影响：困境与出路》，《政治与法律》，2020 年第 1 期。

173. 姜涛：《谁之修正——对我国刑法修正案制定权的反思与重构》，《中国刑事法杂志》，2011 年第 5 期。

174. 焦富民、盛敏：《论荷兰民法典的开放性、融和性与现代性——兼及对中国制定民法典的启示》，《法学家》，2005 年第 5 期。

175. 晋涛：《合宪性原则在风险刑法修改中的运用》，《浙江树人大学学报》，2017 年第 3 期。

176. 康均心、王敏敏：《刑事立法模糊性基础问题研究》，《北方法学》，2009 年第 2 期。

177. 康伟：《对风险社会刑法思想的辩证思考》，《河北法学》，2009 年第 6 期。

178. 赖登赞、林庆坚：《司法解释与法律的稳定性》，《人民检察》，1998 年第 3 期。

179. 赖宇：《论当代资本主义国家的刑法修改——兼谈刑事立法的新趋势》，《法学评论》，1983 年第 1 期。

180. 朗胜：《我国刑法的新发展》，《中国法学》，2017 年第 5 期。

181. 劳东燕：《风险社会与功能主义的刑法立法观》，《法学评论》，2017 年第 6 期。

182. 李凤梅：《个人信息安全的刑法保障——刑法修正案（七）第 7 条析解》，《河北法学》，2009 年第 12 期。

183. 李建强、石东坡：《法律起草刍议》，《河北大学学报》（哲学社会科学版），1997 年第 3 期。

184. 李洁：《遏制重刑：从立法技术开始》，《吉林大学社会科学学报》，2009 年第 3 期。

185. 李长新：《群体性事件的多发原因及其处置原则》，《辽宁警专学报》，2005 年第 5 期。

186. 利子平：《风险社会中传统刑法的立法困境与出路》，《法学论坛》，2011 年第 4 期。

187. 梁根林：《公众认同、政治抉择与死刑控制》，《法学研究》，

2004 年第 3 期。

188. 梁孝、张建伟：《从语言的视角看社会科学的"价值中立原则"》，《学术界》，2007 年第 2 期。

189. 刘丁炳：《刑法立法解释问题探析》，《国家检察官学院学报》，2008 年第 2 期。

190. 刘风景：《超前立法论纲》，《中国人民大学学报》，1999 年第 3 期。

191. 刘利：《法律的开放性——中国法治建设的模式选择》，《阜阳师范学院学报》（社会科学版），2007 年第 4 期。

192. 刘伟：《刑法修正的基本动向及客观要求研究》，《政治与法律》，2011 年第 5 期。

193. 刘武俊：《立法程序的法理分析》，《渝州大学学报》（社会科学版），2002 年第 1 期。

194. 刘宪权：《刑事立法应力戒情绪——以刑法修正案（九）为视角》，《法学评论》，2016 年第 1 期。

195. 刘晓莉、贾国发：《论刑法立法解释之废止》，《理论界》，2004 年第 4 期。

196. 刘晓梅：《建设和谐社会进程中群体性事件的法社会学思考》，《中国人民公安大学学报》，2005 年第 3 期。

197. 刘亚静：《群体性事件相关概念之界定》，《河北公安警察职业学院学报》，2007 年第 3 期。

198. 刘艳红：《象征性立法对刑法功能的损害——二十年来中国刑事立法总评》，《政治与法律》，2017 年第 3 期。

199. 刘艳红：《刑法立法解释若干问题新析》，《华东政法学院学报》，2007 年第 1 期。

200. 刘艳红：《刑法修正案八的三大特点》，2011 年中国刑法学年会文集《社会管理创新与刑法变革》（上卷），中国人民公安大学出版社 2011 年版。

201. 柳忠卫：《刑法立法模式的刑事政策考察》，《现代法学》，2010 年第 3 期。

202. 柳忠卫：《刑事政策刑法化的一般考察》，《法学论坛》，2010 年第 3 期。

203. 龙敏：《秩序与自由的碰撞——论风险社会刑法的价值冲突与协调》，《甘肃政法学院学报》，2010 年第 5 期。

204. 卢建平、刘传稿：《法治语境下犯罪化的未来趋势》，《政治与法律》，2017 年第 4 期。

205. 卢勤忠：《我国刑法修正案立法的问题及对策》，《南京大学学报》（哲学·人文科学·社会科学），2009 年第 3 期。

206. 罗瑞林：《关于群体性事件的法律思考》，《政法学刊》，2006 年第 4 期。

207. 马费成、张勤：《国内外知识管理研究热点——基于词频的统计分析》，《情报学报》，2006 年第 3 期。

208. 马克昌：《我国台湾地区刑法修正述评》，《中国刑事法杂志》，2005 年第 4 期。

209. 马利和：《试述立法活动中的法律草案说明》，《法学杂志》，1991 年第 3 期。

210. 马长生、申纯：《刑法保护机能扩张的立法范式——以刑法修正案九为例》，《知与行》，2016 年第 1 期。

211. 满达人：《战后日本现行刑法全面修改的特点及其争论》，《兰州大学学报》（社会科学版），1987 年第 1 期。

212. 毛磊：《从特例到常态的跨跃——中国立法机关公开立法草案回顾》，《法治与社会》，2008 年第 8 期。

213. 梅传强、李洁：《我国反恐刑法立法的"预防性"面向检视》，《法学》，2018 年第 1 期。

214. 孟庆华、樊书哲：《附属刑法的基本构成特征探析》，《学理论》，2010 年第 11 期。

215. 孟庆华：《附属刑法的立法模式问题探讨》，《法学论坛》，2010 年第 3 期。

216. 莫洪宪、王明星：《刑事立法语言之技术特点》，《现代法学》，2001 年第 5 期。

217. 彭辅顺：《刑法修正的利益失衡问题：表征、原因与对策》，《兰州学刊》，2016 年第 3 期。

218. 浦增元：《宪草序言的基本特点》，《政治与法律》，1982 年第 1 期。

219. 齐文远、刘代华：《关于〈中华人民共和国刑法修正案〉第 1 条的研讨》，《法商研究》，2001 年第 2 期。

220. 齐文远：《我国刑法完善应当遵循的几个原则》，《法治研究》，2017 年第 4 期。

221. 钱琛：《中国刑事立法的犯罪化与轻刑化——以刑法修正案一至八为视角》，《枣庄学院学报》，2011 年第 3 期。

222. 时延安：《刑法立法模式的选择及对犯罪圈扩张的控制》，《法学杂志》，2013 年第 4 期。

223. 宋杰：《刑法修正需要国际法视野》，《现代法学》，2017 年第 4 期。

224. 宋伟卫、丁玉玲：《刑法良善观念之引导》，《行政与法》，2004 年第 3 期。

225. 孙春伟、许彦华：《法律资源的界定》，《哈尔滨学院学报》，2003 年第 9 期。

226. 唐稷尧：《事实、价值与选择：关于我国刑法立法解释的思考》，《中外法学》，2009 年第 6 期。

227. 唐京：《惩治酒后驾车的狠招奇招》，《黄金时代》，2011 年第 6 期。

228. 唐绍均：《试论对全国人民代表大会立法权的监督》，《河北法学》，2005 年第 7 期。

229. 陶凤：《刑法修正是大事也是"身边"事》，《北京商报》，2020 年 12 月 28 日。

230. 田宏杰：《中西刑法现代化起源之比较考察》，陈兴良主编：《刑事法评论》（第 7 卷），中国政法大学出版社 2000 年版。

231. 佟吉清：《论我国立法公众参与的法理基础》，《河北法学》，2002 年第 5 期。

232. 童星、张海波：《群体性突发事件及其治理——社会风险与公共危机综合分析框架下的再考量》，《学术界》，2008 年第 2 期。

233. 汪全胜：《立法的合法性评估》，《法学论坛》，2008 年第 2 期。

234. 汪铁民：《中国立法步入"精细化"时代》，《中国人大》，2014 年第 3 期。

235. 王云海：《日本刑罚是重是轻》，中国人民大学刑事法律科学研究中心编：《明德法学家讲演录》（第一卷），北京大学出版社 2009 年版。

236. 王晨：《在美国出庭》，《法学家茶座》，2014 年第 43 辑。

237. 王洁：《从"立法时代"到"修法时代"的中国大陆法律语言研究》，《语言文字应用》，2010 年第 4 期。

238. 王磊：《宪法如何面对未来？修宪与宪法的稳定性和连续性》，《中外法学》，2005 年第 1 期。

239. 王林：《美国刑事司法过度犯罪化——成因、后果及对策分析》，《理论界》，2015 年第 4 期。

240. 王牧：《我国刑法立法的发展方向》，《中国刑事法杂志》，2010 年第 1 期。

241. 王培斌：《刑事立法摆脱被动应对局面的思考——评全国人大常委会关于信用卡犯罪的立法解释与刑法修正案》，《天津市政法管理干部学院学报》，2005 年第 3 期。

242. 王强军：《实用主义刑法修正的进化论观察》，《政法论丛》，2018 年第 1 期。

243. 王永兴：《综述历次刑法修正：内容、特点和原因——兼论和谐社会视野下的刑法修正案》，《西南政法大学学报》，2009 年第 5 期。

244. 王振海：《台湾地区刑法新修正介评》，《台湾法研究》，2005 年第 4 期。

245. 王政勋：《危险驾驶罪的理论错位和现实危险》，《法学论坛》，2011 年第 3 期。

246. 王玉珏、曲玉梁：《论刑法修正案对法定犯之修正》，《法学》，2011 年第 4 期。

247. 王玉珏：《对刑法修正案模式之再思考》，《社会科学家》，2011

年第 3 期。

248. 王作富：《新中国刑事立法的进程》，《法学家》，2009 年第 5 期。

249. 魏昌东：《贿赂犯罪"预防型"刑法规制策略构建研究》，《政治与法律》，2012 年第 12 期。

250. 魏玮：《英国如何对待成文法中的立法目的条款》，《法律适用》，2002 年第 5 期。

251. 吴国喆：《法学家在私法草案提出中的作用探析》，《人大研究》，1999 年第 7 期。

252. 吴基增：《论合法性》，《法学杂志》，1999 年第 3 期。

253. 吴情树、陈开欢：《附属刑法规范的理性分析与现实选择》，《福建警察学院学报》，2008 年第 5 期。

254. 吴情树、夏晨旭：《试论我国刑法修正技术的改进》，《山东警察学院学报》，2009 年第 6 期。

255. 吴秀荣：《试论突发群体性事件的原因及治理方略》，《陕西行政学院学报》，2009 年第 3 期。

256. 谢晖：《中国古典法律解释中的目的智慧——追求法律的实用性》，《法学论坛》，2005 年第 4 期。

257. 熊万林：《单行刑事法律若干问题研讨》，《法学评论》，1993 年第 3 期。

258. 徐岱：《刑法的立法解释论》，《吉林大学社会科学学报》，2003 年第 6 期。

259. 徐岱：《刑法修正案（十一）（草案）的修订进路》，《法治研究》，2020 年第 5 期。

260. 许章润：《多元社会利益的正当性与表达的合法化》，《清华大学学报》（哲学社会科学版），2008 年第 4 期。

261. 薛晓源、刘国良：《全球风险世界：现在与未来——德国著名社会学家、风险社会理论创始乌尔里希·贝克教授访谈录》，《马克思主义与现实》，2005 年第 1 期。

262. 严存生：《法的合法性问题研究》，《法律科学》，2002 年第 3 期。

263. 严存生：《法律、规范、规则、原则——西方法学中几个与法相关的概念辨析》，《法制与社会发展》，2005 年第 5 期。

264. 颜红菊：《语义场理论的认知拓展》，《求索》，2007 年第 4 期。

265. 杨兴培：《"风险社会"中社会风险的刑事政策应对》，《华东政法大学学报》，2011 年第 2 期。

266. 杨兴培：《公器乃当公论，神器更当持重——刑法修正方式的慎思与评价》，《法学》，2011 年第 4 期。

267. 杨颖：《立法语言：从模糊走向明确》，《政法论丛》，2010 年第 6 期。

268. 杨增兵：《持枪抢劫中的"枪"应包括"仿真枪"》，《人民检察》，2006 第 17 期。

269. 姚建龙：《论刑法的民法化》，《华东政法学院学报》，2001 年第 4 期。

270. 于建嵘：《当前我国群体性事件的主要类型及其基本特征》，《中国政法大学学报》，2009 年第 6 期。

271. 于兆波：《论立法决策与立法起草的法治定位》，《北京理工大学学报》（社会科学版），2002 年第 4 期。

272. 于志刚：《刑法修正何时休》，《法学》，2011 年第 4 期。

273. 张百庆：《礼治、法治与合法性》，《学术论坛》，2002 年第 2 期。

274. 张波：《关于单行刑法的立法技术的历史考察和展望》，《安徽大学法学评论》，2007 年第 2 期。

275. 张波：《论刑法修正案——兼谈刑事立法权之划分》，《中国刑事法杂志》，2002 年第 4 期。

276. 张德政：《美国法学中的"预防性刑法"》，《法学研究》，1964 年第 3 期。

277. 张开骏：《建构"宽严相济、宽和为主"的老年人犯罪刑事政策》，《广西大学学报》（哲学社会科学版），2010 年第 5 期。

278. 张廉：《论法制统一的实现途径与措施》，《法律科学》，1997 年第 1 期。

279. 张明楷、陈兴良、车浩：《立法、司法与学术——中国刑法二十年回顾与展望》，《中国法律评论》，2017 年第 5 期。

280. 张明楷：《"风险社会"若干刑法理论问题反思》，《法商研究》，2011 年第 4 期。

281. 张明楷：《法益保护与比例原则》，《中国社会科学》，2017 年第 7 期。

282. 张明楷：《立法解释的疑问——以刑法立法解释为中心》，《清华法学》，2007 年第 1 期。

283. 张明楷：《使法律相协调是最好的解释方法》，《人民法院报》，2005 年 1 月 12 日。

284. 张明楷：《刑事立法的发展方向》，《中国法学》，2006 年第 4 期。

285. 张伟珂：《理想与现实：死刑改革与公众死刑威慑观念的转变》，《江西科技师范大学学报》，2016 年第 6 期。

286. 张笑英、谢焱：《动态犯罪圈的完善——以刑法修正案的实体考量为视角》，《法学杂志》，2009 年第 3 期。

287. 张旭：《风险社会的刑事政策方向选择》，《吉林大学社会科学学报》，2011 年第 2 期。

288. 张勇：《民生刑法的品格：兼评刑法修正案（八）》，《河北法学》，2011 年第 6 期。

289. 张勇：《刑法修正案立法功能及其矫正》，《时代法学》，2011 年第 1 期。

290. 张志刚：《转型期中国刑法立法的回顾与展望——"历次刑法修正评估与刑法立法科学化理论研讨会"观点综述》，《人民检察》，2017 年第 21 期。

291. 钊作俊、刘蓓蕾：《犯罪化与非犯罪化论纲》，《中国刑事法杂志》，2005 年第 5 期

292. 赵秉志、王燕玲：《改革开放 30 年刑法立法基本问题研究述评》（下），《法学杂志》，2009 第 3 期。

293. 赵秉志、于志刚：《中国台湾地区之单行刑法要论》，《湖南省政法管理干部学院学报》，2001 年第 1 期。

294. 赵秉志：《积极促进刑事立法的改革与完善——纪念 97 刑法典颁行 10 周年感言》，《法学》，2007 年第 9 期。

295. 赵秉志：《论刑法典自身完善的方式》，《法学杂志》，1990 年第 4 期。

296. 赵秉志：《我国宪法修正与刑事法治的进步》，《法学家》，1999 年第 3 期。

297. 赵秉志：《刑法修正案（八）宏观问题探讨》，《法治研究》，2011 年第 5 期。

298. 赵庆培：《国外立法起草理论的研究和发展》，《中国法学》，1996 年第 4 期。

299. 赵渊：《英国刑法中公司过失杀人刑事责任之发展与改革》，《刑法论丛》，2008 年第 1 卷。

300. 钟育周：《是"冲动的惩罚"还是"惩罚的冲动"——评刑法修正案九（草案）若干扩张性条款》，《法治论坛》，2015 年第 37 辑。

301. 周光权：《公正认同、诱导观念与确立忠诚——现代法治国家刑法基础观念的批评性重塑》，《法学研究》，1998 年第 3 期。

302. 周光权：《积极刑法立法观在中国的确立》，《法学研究》，2016 年第 4 期。

303. 周少华：《刑法之灵活性及其意义》，《现代法学》，2011 年第 1 期。

304. 周旺生：《论法律的秩序价值》，《法学家》，2003 年第 5 期。

305. 周新铭、陈为典：《试论法律的稳定性、连续性和权威性》，《社会科学》，1979 年第 4 期。

306. 周赟：《法典的未来——论原则性法典》，《现代法学》，2008 年第 6 期。

307. 朱景文：《关于立法的公众参与的几个问题》，《浙江社会科学》，2000 年第 1 期。

308. 朱菊芬：《试论英汉词的概念意义与内涵意义》，《南京理工大学学报》（社会科学版），1999 年第 4 期。

309. 左良凯：《试论我国刑法修正案的现状、问题与完善》，《广西政法管理干部学院学报》，2007 年第 1 期。

法典类文献：

310.《澳大利亚联邦刑法典》，张旭、李海滢等译，北京大学出版社2006年版。

311.《法国新刑法典》，罗结珍译，中国法制出版社2003年版。

312.《芬兰刑法典》，肖怡译，北京大学出版社2005年版。

313.《加拿大刑事法典》，卞建林等译，中国政法大学出版社1999年版。

314.《蒙古国刑法典》，徐留成译，北京大学出版社2006年版。

315.《挪威一般公民刑法典》，马建松译，北京大学出版社2005年版。

316.《日本刑法典》，张明楷译，法律出版社2006年版。

317.《瑞典刑法典》，陈琴译，北京大学出版社2005年版。

318.《泰国刑法典》，吴光侠译，中国人民公安大学出版社2004年版。

319.《最新意大利刑法典》，黄风译注，法律出版社2007年版。

报纸类文献：

320.《常州一初中女教师与男学生发生性关系，犯猥亵儿童罪获刑3年》，《现代快报》，2017年5月31日。

321.《美国大陆航空犯过失杀人罪》，《武汉晚报》，2010年12月8日。

322.《刑法修正案：彰显人文关怀精神》，《法制周报》，2011年3月1日。

323.《英国学生欲赴美"犯罪旅行"故意触犯古怪法律》，《齐鲁晚报》，2005年3月22日。

324.庄永康：《一名记者对刑法修改的14个追问——全国人大法律委委员周光权详尽作答》，《检察日报》，第5版，2010年8月30日。

325. 傅达林：《开门修法寻求公私权博弈均衡配置》，《法制日报》，2011 年 9 月 5 日。

326. 葛洪义：《法律人与知识分子的良知》，《人民法院报》，2002 年 3 月 25 日。

327. 李宝山：《关于精细化立法的思考》，《人民代表报》，2015 年 4 月 7 日。

328. 刘仁文：《刑法修正应注意的几个问题》，《人民法院报》，2010 年 8 月 11 日。

329. 刘长青：《刑法新规改变市民法律观念——我市实施刑法修正案（八）新规解读》，《安阳日报》，2011 年 5 月 17 日。

330. 鲁宁：《理想化立法透支立法资源》，《现代快报》，2009 年 9 月 23 日。

331. 吕勇：《起草法律草案的两位郑州市民》，《中国消费者报》，2006 年 8 月 4 日。

332. 王磊：《法律修正案的形式问题》，《法制日报》，2003 年 1 月 30 日。

333. 王渊：《从 1997 年刑法颁行 20 周年看修法变化与未来发展》，《检察日报》，2017 年第 19 期。

网络文献类：

334. 蔡桂生：《中国当代知识分子角色之检讨：刑法学科学主义反思》，2011 年 9 月 2 日，http：//www. chinalawedu. com/news/16900/173/2008/8/wy094564850111880021058 - 0. htm。

335. 朱艳：《意大利 7 名科学家被控过失杀人　因未能预测地震》，搜狐新闻，http：//news. sohu. com/20110526/n308592452. shtml，最后访问时间：2021 年 2 月 1 日。

336. 彭梦瑶：《空客公司因巴西空难受调查　被控过失杀人罪》，中国新闻网，http：//www. chinanews. com/cj/2011/03 - 18/2914581. shtml，最后访问日期：2021 年 2 月 1 日。

337. 王维洛：《从滑冰馆屋顶倒塌事件看德国对于"豆腐渣"工程的处理》，超级大本营论坛，http：//lt. cjdby. net/thread – 500638 – 1 – 1. html，最后访问日期：2021 年 2 月 1 日。

338. ［美］海因伯格：《多数决原则的历史》，2011 年 8 月 1 日，http：//www. fashi. net。

339. 赵秉志、蒋熙辉：《试论刑法修正案》，2011 年 1 月 10 日，http：//bnulaw. bnu. edu. cn/fvzx/2007/0709/fvzx_ 414. htm。

后 记

　　本书是在博士论文的基础上经大幅修改而成。第三章和第七章于2020年增加，其他部分均写作于2011年之前，此次出版对博士论文的部分观点做了一定修改。第六章是原博士论文的第五章，本没有打算将其收入书中，但考虑到最近几年开始出现法律草案的相关研究，遂保留本章内容。

　　虽然对刑法修正一般理论的关注较早，但总有本人的研究流于技术性因而深度不够的感觉，这或许与没有和刑法修正的实体内容相结合进行研究有关。但既然关注的是刑法修正的一般理论，本书追求的就是避开刑法修正的实体内容——修正的具体犯罪和具体制度——进行一般性理论研究。即本书不研究修正的具体犯罪的构成以及修正的具体制度的内容，而将重点放在刑法修正的一般性理论。

　　本书从选题到成稿，得益于导师李洁教授、王政勋教授、徐岱教授的悉心指导，长念师恩，谢无疆焉！并有幸得到周少华教授、蔡道通教授、冯卫国教授、马荣春教授的指导，不胜感激！

　　本书出版得到黄太云教授主持的国家社科基金重大项目"我国刑法修正的理论模型与制度实践研究"（16ZDA061）的资助，谨致谢意。

　　这是第二次与知识产权出版社合作，感动于薛迎春编辑出色、细致的工作，她以极其认真的态度，将我本人难以发现的形式上的小问题都一一发现并解决，真诚感谢。

高永明

2021.2.20